D1662629

Witold Milewski

Meine Pflicht war die Flucht

Für Alexandra und Tatjana

Witold Milewski

Meine Pflicht war die Flucht

Als Partisan in Polen

Aus dem Polnischen
von Izabella Dorota Rüger,
geb. Milewska

Edition Förg

Titel der polnischen Originalausgabe:
Obowiązek Uciekać
erschienen bei Ministerstwo Obrony Narodowej,
Warszawa 1989

Titelfoto und Foto auf der Buchrückseite:
Privatbesitz Izabella Dorota Rüger
Abbildungen im Innenteil: Privatbesitz Izabella Dorota Rüger
Lektorat: Richard Prechtl, Rosenheim
Satz: Bernhard Edlmann Verlagsdienstleistungen, Raubling
Druck und Bindung: GGP Media GmbH, Pößneck
Printed in Germany

ISBN 978-3-96600-033-8

Inhalt

Über den Autor

Witold Milewski

Die stürmischen Jahre des Ersten Weltkriegs bestimmten die Kindheit von Witold Milewski. Mit seinem Vater, dem Kommandanten des 4. Regiments des I. Polnischen Korps in Russland unter General Dowbor-Muśnicki, teilte er alle Kriegsstrapazen und Kriegsgefahren. Die Familientradition verband ihn sein Leben lang mit der Militäruniform.

Als Oberleutnant des 3. Schlesischen Ulanen-Regiments kämpfte er ab September 1939 um die Verteidigung der mit so großer Mühe wiedergewonnenen Unabhängigkeit seiner Heimat. Die Bitterkeit der Niederlage wurde ihm nicht erspart.

Vom ersten Tag der deutschen Gefangenschaft an hielt er es für eine Ehrensache und für seine Soldatenpflicht, aus der Offiziersgefangenschaft zu entkommen, um den Kampf gegen die Deutschen fortzusetzen.

Im Herbst 1941 gelang es ihm, Untergrundkämpfer der Heimatarmee in Warschau zu werden.

Unter dem Pseudonym Mestvin kommandierte er eine Partisanenkompanie, die unter anderem zwischen dem 4. und 6. Mai 1945 dreihundert Frauen aus dem Konzentrationslager bei Neuměře in der Tschechei befreite (worüber er leider keine Aufzeichnungen hinterließ). Dafür erhielt er die Ehrenurkunde der Stadt Neuměře.

Nach dem Krieg war er als polnischer Offizier in Einheiten der US-Armee in Ingolstadt, Bayern, stationiert. Dort gründete und kommandierte er eine polnische Kompanie.

Als freier Journalist schrieb er jahrelang Artikel über die Weltkriege für die Lokalzeitung »Prawo Ludu« in Kielce und hielt zahlreiche Vorträge zu diesem Thema.

Witold Milewski, Oberstleutnant der Heimatarmee, der mit vielen Verdiensторden ausgezeichnet wurde, starb im Alter von 89 Jahren am 10. Januar 1997 in Kielce.

Ehrenurkunde der Stadt Neuměře

Vorwort

Die Übersetzung dieses Buches entstand erstmals für meine Töchter, denen ich den langen und spannenden Lebensweg meines geliebten Vaters veranschaulichen wollte. Es ist eine historische Dokumentation eines Augenzeugen der Geschehnisse des Zweiten Weltkrieges und der Umstände, die Menschen miterleben mussten.

Mit lebendigen und subjektiven Schilderungen stellt mein Vater das Leben der polnischen Offiziere in deutscher Kriegsgefangenschaft dar.

Nach der Kapitulation der letzten polnischen Truppen am 6. Oktober 1939 gerieten etwa 400 000 polnische Soldaten, davon etwa 16 000 Offiziere, in deutsche Gefangenschaft. Ungefähr 10 000 polnische Kriegsgefangene starben, darunter auch Zivilisten.

Die bildliche Dokumentation habe ich aus dem privaten Fotobesitz vielfach ergänzt. Die Passagen, die der kommunistischen Parteidoktrin nicht entsprachen und sich nur im Manuskript, aber nicht in der ponischen Originalausgabe befanden, habe ich eingefügt.

1989 wurde das Buch in Polen mit großem Interesse aufgenommen und von den Medien positiv kommentiert.

Im Besitz der Familie befand sich ein Manuskript zum zweiten Teil des Buches, in dem mein Vater sein weiteres Schicksal im Untergrundkampf als Kommandant einer Partisaneneinheit sowie die Lebensumstände der polnischen Offiziere der Heimatarmee (AK – Armia Krajowa) bei der US-Armee schildert, die ab 1945 in Bayern stationiert war.

Danksagung

In erster Linie möchte ich mich ganz herzlich bei Harald Noeggerath bedanken für die Unterstützung und die Motivation zu dieser Übersetzung.

Ebenfalls auch für den unermüdlichen Einsatz von Hayden Verry, der mir bei der Bildbearbeitung geholfen hat. Meiner Nichte Maja Gilmore danke ich für die Hilfestellung, das Engagement und die Beratung.

Ganz besonders danke ich Heide Woeske, die die Korrekturen des Manuskripts mit Hingabe durchgegangen ist, und Franziska Beckmann Jacobs für ihre stets engagierte Beratung zu Syntax und sprachlichem Ausdruck.

Dr. Rudolf Georgi möchte ich meinen besonderen Dank aussprechen für sein Engagement beim Lesen des Manuskripts, seine Textkorrekturen und seine fachlichen Hinweise bezüglich des Inhalts und der Gestaltung. Ebenso bedanke ich mich für die Mithilfe bei meinen Freundinnen ganz herzlich: Monika Neldner, Annilie Hillmer und Marlies Nickel.

Izabella Dorota Rüger

Idyllische Jahre – keine himmlischen Jahre

Autor mit Vater in Weißrussland,
Mochylew 1916

Ich bin 1908, einige Jahre vor dem Ersten Weltkrieg, in Zamość, einer polnischen Stadt im Bezirk Lublin, geboren. Unser ständiger Wohnsitz war die kleine Stadt Wladimir Wołyński (das heutige Wolodymyr in der Ukraine), wo mein Vater Michał Piotr Milewski als Berufsoffizier in der russischen Armee diente.

Dort kommandierte er die Leibgarde namens »Zar Alexander III«. Obwohl er Pole war, stieg er in diesem Regiment vom Leutnant bis zum Rang eines Hauptmanns auf. Dies war, wie er selbst sagte, in der zaristischen Armee eine außergewöhnliche Ausnahme.

In der Offizierskaserne stand uns eine schöne, geräumige Wohnung zur Verfügung, in welcher eine patriotische Atmosphäre herrschte. Bis heute klingt noch die Melodie des berühmten Marsches *Tausende Kämpfer verlassen Warschau* von 1831 in meinen Ohren. Auf unserem Grammofon, das einen riesigen Trichter besaß, wurde dieser Marsch oft gespielt. Zu Hause sprachen wir ausschließlich Polnisch und lasen polnische Literatur.

Ich hatte zwei Schwestern, Lunia und Irka. Ein junges Kindermädchen betreute die Kinder. Es gab auch den Offiziersburschen Ignat, der für uns unentbehrlich war. Er konnte fast alles, auch Wäsche waschen und bügeln.

Es ging uns sehr gut. Manchmal hörte ich sogar, wie meine Mutter meinem Vater Vorwürfe machte, weil er seinen Lohn nicht in Geldscheinen, sondern in goldenen Münzen nach Hause brachte – davon gingen wohl die Hosentaschen kaputt.

Den Sommer verbrachten wir meistens in Szczebrzeszyn, einem Ort in der Nähe von Zamość. Dort besaßen meine Großeltern

Die Mutter des Autors: Janina, geb. von Puck (1925)

12

einen großen Gutshof am Fluss Wieprz. In der Stadt wohnten sehr viele Juden. Häufig führte ich mit den Sprösslingen der bärtigen, schläfenlockigen Anwohner so erbitterte Kämpfe, dass ich mich oft nur dank meiner schnellen Beine vor ihnen retten konnte.

Trotz meiner Rangeleien mit den kleinen Vertretern Israels schwärmte ich von den wohlschmeckenden Hefezöpfen, von den Brezeln und von den knusprig gebackenen Kuchenplätzchen mit Zwiebeln und Mohn, die ich später nirgendwo mehr finden konnte.

So verging meine unbeschwerte Kindheit frei von jeglichen irdischen Sorgen. Diese idyllische Kinderzeit dauerte aber nicht mehr lange. Zwei tödliche Schüsse, die Gavrilo Princip auf das Erzherzogspaar in Sarajevo am 28. Juni 1914 abfeuerte, veränderten plötzlich die Weltgeschichte. Kurz danach begann Russland mit der Mobilisierung seiner Armee.

Einen Monat später zog unser Vater in den Krieg. Wir hingegen fuhren mit unserer Mutter auf das Gut der Großeltern nach Szczebrzeszyn, wo es noch ruhig war. Doch die Front kam schnell in die Nähe unseres Zufluchtsorts. Die russische Armee zog sich in Eile zurück, nachdem sie mit dem heftigen Widerstand der feindlichen Truppen konfrontiert wurde. Im Frühsommer 1915 – meiner Meinung nach völlig sinnlos – flohen große Menschenmassen Richtung Osten. Um den immer näherkommenden preußischen Truppen zu entfliehen, schloss sich auch unsere Familie der Flüchtlingswelle an. Mittlerweile dauerte der Krieg schon fast ein Jahr, die vier legendären apokalyptischen Reiter hielten eine reiche Ernte.

Für längere Zeit hielten wir uns in Chełm Lubelski auf, wo gewaltige Flüchtlingsströme sämtliche Straßen und Plätze der Stadt versperrten. Es fehlte an Wasser, Nahrung und Medikamenten. Kein Wunder, dass bald die Choleraepidemie ausbrach, an der viele Menschen starben.

Auch unsere Familie wurde von einem schweren Schicksalsschlag getroffen. Die älteste Schwester Lunia – eine sehr gute

Schülerin – hatte sich in der Nachbarschaft angesteckt. Bereits am zweiten Tag der Erkrankung mussten wir von ihr Abschied nehmen. Sie starb an Cholera, weil sie ohne ärztliche Versorgung und Medikamente zurückgelassen wurde. Lunia war gerade elf Jahre alt geworden.

Obwohl der Rest unserer Familie auch erkrankte, überlebten wir, weil diese heimtückische Krankheit bei uns nur einen milderen Verlauf nahm. Nach der Genesung sahen wir jedoch so erbärmlich wie Schatten unserer selbst aus.

In diesen schweren Zeiten kam uns Tante Stasia zu Hilfe. Sie lud unsere Familie auf ihren Gutshof Czwarte in Wołyń ein, wo ihr Vater Felicjan Motwiłł Forstmeister war.

Auf diesem Landsitz genossen wir himmlische Ruhe und konnten uns bald erholen. Nicht selten brachte uns Herr Motwiłł, ein begeisterter Jäger, einen Auerhahn oder ein anderes Wild, das er geschossen hatte.

Ich erinnere mich daran, dass ich eines Tages am Himmel den zigarrenförmigen Körper eines riesigen Zeppelins sah. Als ich voller Staunen und Furcht dastand, holte Herr Motwiłł seine Flinte und schoss zweimal in Richtung des merkwürdigen Himmelskörpers. Seit dieser heroischen Tat war Herr Motwiłł für uns Kinder der größte Held der Welt.

Bald erfuhren wir, dass ein Teil unserer Familie sich in Sumy im Gouvernement Charków in der Ukraine angesiedelt hatte. Also nahmen wir Abschied von unseren gastfreundlichen Helfern und zogen nach Sumy. Dort bekamen wir eine Zweizimmerwohnung mit Gartennutzung und Verpflegung bei Frau Cybulnikow in der Kostiukowa-Straße 38. Trotz des Krieges gelang es unserer Wirtin, uns mit gutem Essen zu verwöhnen.

In Sumy gab es bereits eine große polnische Kolonie. Ich erinnere mich an die Familien: Kalcki, Bujacki, Wałdo und Potocki. Vor unserer Ankunft wohnten dort auch unser Onkel Stanisław, Onkel Zygmunt und Tante Stefa sowie die beiden Schwestern des Vaters, Tante Pola und Tante Hela. Bei den häufigen Zusammentreffen unserer großen Familie wurden alle Neuigkeiten ausgetauscht, wobei die Frontnachrichten die größte Rolle spielten.

Oft kamen zu uns Gäste, um Préférence oder ein anderes Kartenspiel zu spielen. Manchmal tanzten die Erwachsenen den damals berühmten Walzer *Na sopkach Mandżurii*, den Herr Wałdo meisterhaft auf einem Haarkamm spielen konnte. Bei solchen Anlässen leerten unsere Gäste Mutters Konfitürengläser, die sich auf dem Küchenschrank befanden.

Zu dieser Zeit begannen meine Schuljahre. Ich musste in die Schule gehen, oft gegen meinen Willen, vor allem an Tagen mit Sonnenschein und Vogelgezwitscher. An solchen Tagen wurde ich von dem seichten Fluss Psjol, der durch Sumy floss, mit seinem sandigen Boden magisch angezogen.

In Sumy besuchte ich zum ersten Mal ein Kino, das man damals als »Illusion« bezeichnete. Ich erinnere mich an das Kino »Lux«, wo man in der Wochenschau die aktuellen Kampfereignisse beinahe aus ganz Europa verfolgen konnte; mit vor Staunen geöffnetem Mund, fasziniert und versunken im Kinosessel, nahm ich die neuesten Berichte auf. Ab und zu besuchten wir das Polnische Haus. Dort hing an einer Wand eine Landkarte Polens vor der Teilung, an der gegenüberliegenden Wand ein Porträt von Tadeusz Kościuszko, einem polnischen Nationalhelden, flankiert von zwei Bahnen der polnischen weiß-roten Nationalfahne.

In dieser Zeit kämpfte mein Vater an der Nordfront gegen die Deutschen in der Nähe von Dünaburg und Illuxt. Offenbar hatte er sich dort verdient gemacht, weil er ständig befördert wurde und viele Male eine neue Auszeichnung erhielt.

Mein Vater wurde viermal verletzt und zweimal bei einem Gasangriff fast vergiftet. Das war das erste Mal, dass die Deutschen an der Ostfront Giftgas einsetzten. Nach der letzten schweren Vergiftung wurde mein Vater ins Lazarett nach Zarskoje Selo gebracht, das für die Garderegimenter bestimmt war. Sein Zustand war sehr bedrohlich, und die Ärzte rechneten mit einer viermonatigen Behandlung.

Aufgrund dieser Diagnose und nach der persönlichen Nachricht von Zarin Alexandra, die die Ehefrauen verwundeter hoher Offiziere nach Zarskoje Selo einzuladen pflegte, beschloss meine Mutter, zu ihrem Mann zu fahren.

Während der Abwesenheit unserer Mutter kümmerte sich Frau Danilowska um uns, die in dieser Zeit bei uns wohnte. Kurz vor Ostern 1916 erhielten wir eine wunderschöne Postkarte aus Zarskoje Selo, die einen Ausschnitt der Hauptfassade der Zarenresidenz zeigte. Nach einem Monat kehrte unsere Mutter zurück. Tagelang erzählte sie von ihren Erlebnissen am Hofe des russischen Imperators: Unmittelbar nachdem sie in Zarskoje Selo angekommen war, wurde ihr eine luxuriöse Zweizimmerwohnung zugewiesen.

Die gesamte Zarenfamilie erwies sich im Alltag als zugänglich und sehr freundlich gegenüber meiner Mutter. Zarin Alexandra mit ihren ältesten Töchtern Olga und Tatjana versorgte in der Ordenstracht der Barmherzigen Schwestern verwundete Soldaten im Krankenhaus. Der Kronprinz Alexej stand aufgrund seiner vererbten Hämophilie unter Obhut eines riesigen Kosaken, der dem Thronfolger nicht von der Seite wich. Besonders begeistert war unsere Mutter von den prächtigen Chören in der Hofkapelle und von den bezaubernd schönen Vorführungen des russischen Balletts. In Anbetracht der Pracht der höfischen Umgebung und der glamourösen Uniformen der Gardisten war es kein Wunder, dass die Zeit in Zarskoje Selo noch lange das Hauptthema in unserem Familienkreis war.

Nach der Genesung kam endlich unser Vater zu einem zweiwöchigen Urlaub nach Hause, diesmal im Rang eines Oberstleutnants.

Die gemeinsame Zeit mit unserem Vater verging wie im Fluge. Danach wurden wir wieder mit unseren Sorgen und der politisch unsicheren Zukunft allein gelassen.

Es brach das Jahr 1917 an. Im Frühling ereignete sich für mich, einen kleinen Jungen, etwas Seltsames. Auf einmal breitete sich in der polnischen Kolonie eine gewisse Unruhe und Aufregung aus. Noch gut kann ich mich daran erinnern, dass ich wichtige Unterlagen an bestimmte Adressen liefern sollte. Ich war sehr stolz darauf, etwas Nützliches tun zu können, und lief oft hochnäsig herum. Mit dem näher kommenden Herbst wurde die Atmosphäre in der Stadt angespannter. Aus der Ferne vernahm man immer häufiger Gewehrschüsse – zuerst nur sporadisch. Später hörte man dann Tag für Tag das Dröhnen der Salven und heftige Explosionen. Weil ich mich während der Schießereien auf den Straßen herumtrieb, um leere Geschosshülsen zu sammeln, bekam ich einige Male von meiner Mutter eine tüchtige Tracht Prügel. Ich erinnere mich auch, dass das örtliche Kadetten-Korps bei diesen Kämpfen teilgenommen hatte. Dann kam der 7. November 1917. Der Kanonenschuss, der vom Schlachtkreuzer »Aurora« auf das Winterpalais in Sankt Petersburg abgefeuert wurde, überrollte dröhnend das gesamte Russische Reich, durchquerte die ganze Weltkugel und verkündete den Anfang einer neuen Epoche: Die goldenen Kuppeln der byzantinischen Tempel stürzten nieder, die Pracht der Großfürstenpaläste fiel zusammen, die letzten Reliquien des Zarentums verschwanden. Wir Polen jubelten vor Freude, die Hoffnung auf Freiheit berauschte uns wie ein kräftiger Wein. Während der Revolutionskämpfe fanden oft polnisch-patriotische Versammlungen und Demonstrationen statt. Man trug dabei weiß-rote Schleifen an der linken Brust.

Ende 1917 erhielten wir vom Vater die Nachricht, dass er zu polnischen Truppen gestoßen war, die sich in der Nähe von Mohylew und Shlobin (Weißrussland) unter Führung von General Józef Dowbor-Muśnicki formierten.

Um unsere Familie zusammenzubringen, beschlossen wir, uns unserem Vater anzuschließen. Wir hatten eine außergewöhnlich harte Frostperiode abgewartet, um zu Beginn des Frühlings eine lange Zugreise von mehr als 500 Kilometern anzutreten. Unter schwierigsten Bedingungen fuhren wir an Konotop (Ukraine) und Homel (Weißrussland) vorbei. Da keinerlei Fahrpläne existierten und die Züge nach Lust und Laune fuhren, war es für uns ein Horrorgedanke, noch zweimal umsteigen zu müssen.

Die Züge beförderten damals Tausende von heimkehrenden Soldaten der auseinanderfallenden Armee. Und ebendiese bestimmten die Fahrtrichtung sowie die An- und Abfahrtzeiten, öfter unter Drohungen mit ihren Revolvern. Aber sogar bei derartig gewaltsam erzwungener Fahrt gab es noch lange keine Garantie für eine erfolgreiche Weiterreise. Denn plötzlich blieb der Zug mitten im offenen Feld stehen, nachdem der Lokführer lakonisch erklärt hatte, eine kleine Reparatur der Lokomotive durchführen zu müssen. Daraufhin sammelten die Reisenden das notwendige Lösegeld, wonach die Reparatur erstaunlich schnell beendet wurde; ein anhaltender Pfiff der Lokomotive quittierte das erfolgreich abgeschlossene Tauschgeschäft. Unsere Reise dauerte über zwei Tage und zwei Nächte. Unter Berücksichtigung der damaligen Zustände konnte man dies als einen Erfolg ansehen. Auf den Bahnhöfen und in den Zügen herrschte ein unbeschreibliches Gedränge. Die Zugplätze konnte man nur mit Gewalt und nicht selten nur durch Einsteigen durch die Waggonfenster erstürmen. Bis heute ist mir unverständlich, wie meine Mutter mit uns beiden Kindern zurechtkam. Sehr behilflich waren die mitreisenden Soldaten. Als sie sahen, dass sie zwei kleine Kinder bei sich hatte, halfen sie, so gut sie konnten.

Eine Nacht lang fuhren wir in dem rüttelnden Zug wie die Heringe zusammengepresst, und ich verlangte jammernd nach einem bequemeren Schlafplatz. Zufällig reisten mit uns Matrosen der Baltischen Flotte. Diese riesenstarken Kerle galten damals als Helden der Revolution. Ein über mir liegender Matrose fragte mit donnernder Bassstimme, warum ich denn so lamentiere. Und dann tauchte plötzlich eine mächtige Tatze des »Möchtegern-Admirals« vor meiner Nase auf. Seine Hand packte mich sanft am Nacken wie einen Hundewelpen, hob mich empor und machte mir einen Liegeplatz an seiner Seite frei. Mit derartigen

Zwischenfällen erreichten wir unser Reiseziel. Wir hielten uns in Mohylew auf, wo Vater mit seinem Regiment stationiert war. Das I. Korps wurde im Gebietsdreieck Bobrujsk–Mohylew–Shlobin verteilt.

Aufgrund des Ultimatums der deutschen Militärführung und um das überflüssige Blutvergießen zu vermeiden, begann das I. Korps zu demobilisieren. Dieser Zustand dauerte drei Monate lang, vom Juli bis zum Oktober 1918.

Erneut waren wir gezwungen, mit unseren Habseligkeiten in einen Güterzug zu steigen, um nach Polen, in unsere Heimatstadt Szczebrzeszyn, zu fahren. Diesmal konnten wir uns bequem im Zug ausbreiten, und die Reise verlief recht angenehm. Nach einigen Tagen kamen wir an unserem Reiseziel an und ließen uns im Hause unserer Großeltern nieder.

Ende 1919 wurde mein Vater zum General befördert und nach Großpolen abkommandiert, um dort neue Truppen zu formieren.

Auch für mich wurde gesorgt. Ein angestellter Nachhilfelehrer bereitete mich auf das Gymnasium vor. Mit viel Geduld versuchte er mir klarzumachen, dass sich mein sorgloses Leben endgültig dem Ende näherte. Nun sollte ich mir Gedanken über meine Zukunft machen. Wohl oder übel wurde ich gezwungen, mich zusammenzunehmen und die Sorglosigkeit meiner Kindheit zu vergessen.

Kurz darauf wurde ich unter Aufsicht nach Warschau geschickt, wo einer der Brüder meiner Mutter, Onkel Stach, lebte. In Warschau hatte er ein großes Zimmer bei Frau Ludwika Dabińska gemietet, einer molligen, gut aussehenden Brünetten mit großen Augen. Ich wurde bei meinem Onkel mit offenen Armen aufgenommen. Dies war insofern verständlich, als meine Mutter für meine Verpflegung außer Geld auch eine Fülle von Lebensmitteln mitgegeben hatte. Die finanzielle Lage der Bevölkerung war damals sehr schwierig, aber als Militärfamilie bekamen wir ein Lebensmittel-Deputat. Nach den Aufnahmeprüfungen wurde ich in Warschau in das exklusive Jan-Zamoyski-Gymnasium in der

Smolna-Straße 30 aufgenommen. Dieses Gymnasium war eine humanistisch-konservative Schule mit hohem Niveau und einer langjährigen Tradition.

Wir trugen blaue runde Mützen mit einem Schulzeichen über dem Schirm. Der Schuldirektor, Herr Lipski, war ein erfahrener Pädagoge, ein Mann der älteren Generation, gerecht und zugleich sehr anspruchsvoll. Ich erinnere mich, wie er in meiner Anwesenheit einem Mitschüler, der am 1. Mai keine rote Krawatte trug, eine scharfe Rüge erteilte.

Ich besuchte die Klasse 1 b. Unsere Klassenlehrerin Frau Jadwiga Kaczorowska, eine Brünette, deren üppiger Körper Frauendarstellungen von Rubens ähnelte, gab uns Polnischunterricht. Die Schule fing um acht Uhr an. Vor dem Unterricht begaben sich alle Klassen in die Schulkapelle, wo der Erdkundelehrer auf der Orgel das Lied *Kiedy ranne wstają zorze* (Wenn die Morgenröte aufgeht) spielte. Nachdem wir das Lied gemeinsam gesungen hatten, gingen wir in unsere Klassenzimmer.

Mit dem Lernen kam ich einigermaßen gut zurecht. Mein einziges Problem war Mathe – ich bekam immer wieder eine schlechte Note. 1920 wurde ich in die zweite Klasse versetzt, allerdings unter dem Vorbehalt in Mathematik.

Zu dieser Zeit führte Polen im Osten Krieg mit der Sowjetunion. Mein Vater hielt sich an der litauisch-weißrussischen Front auf. Nach dem Tod von General Dubinski befehligte er dort vorübergehend die 14. Großpolen-Division. Der Rest unserer Familie blieb in Szczebrzeszyn, weit entfernt vom Kriegsalltag und Kampflärm.

Anfang 1920 brachte mich der Adjutant meines Vaters nach Bobrujsk, wo ich meine Ferien verbringen sollte. Ebendort war die 14. Großpolen-Division unter der Führung des Generals Daniel Konarzewski stationiert. Zusammen mit Vater wohnten wir in der Szosna-Straße 20. Frei von den alltäglichen Sorgen tobte ich im Kreis der Soldaten aus Posen. Bereits viele von ihnen hatten den Albtraum des Ersten Weltkriegs auf den Schlachtfeldern in der Champagne oder bei den berühmten Kämpfen um Verdun miterlebt.

In Bobrujsk herrschte eine himmlische Ruhe bis zu jenem Tag, als unsere Front durch die russische Offensive zusammenbrach. Es wurde ein sofortiger Rückzug angeordnet.

Mein Vater übergab mich seinem Adjutanten und einer Wirtin des Offizierscasinos. Wir sollten beim Tross der Division in einen Güterzug in Bobrujsk einsteigen. In großer Eile fuhren von hier schon sämtliche Militärsonderzüge ab, hauptsächlich in Richtung Brest am Bug und Warschau. Als wir losfuhren, konnten wir den Feuerschein der Brände, Kanonengetöse und dumpfe Detonationen aus der Ferne wahrnehmen.

Einen Tag zuvor war ich Augenzeuge der Erschießung von vier Personen geworden. Sie wurden festgenommen, als sie versuchten, die neue Eisenbahnbrücke in Berezyn zu sprengen.

Unsere Fahrt war angenehm, weil wir auf dem Heu des Güterzuges bequem untergebracht wurden. Dank der zahlreichen Lebensmittel aus dem Offizierscasino waren wir auch gut versorgt.

Aber diese Reise hatte einen besonderen Charakter, denn unser Zug war ein Teil dieser Militärtransporte, die ohne Unterbrechung auf einer einzigen Bahnlinie in diesem Gebiet nach Westen fuhren.

Obwohl ich in Begleitung von zwei Schutzengeln war, dem Adjutanten und der Casinowirtin, kam ich in den Genuss unbegrenzter Freiheit. Von dem Moment an, als ich sie im Kornfeld beim Schmusen während eines Aufenthaltes erwischt hatte, konnte ich mich fast frei bewegen.

Unser Eisenbahntransport erfolgte gleichmäßig, außer wenn der Lokführer mit einem Pfiff der Lokomotive eine Reiseunterbrechung ankündigte. Dann strömte die ganze Reisegesellschaft aus den Waggons heraus, um auf einer Wiese die Sonnenstrahlen zu genießen. Wenn der Zug in der Nähe eines Dorfes anhielt, machten wir uns mit den Soldaten auf den Weg, um dort Obst und frische Milch zu ergattern; nachdem ein anhaltender Pfiff der Lok uns die baldige Abfahrt angekündigt hatte, eilten wir alle wieder zum Zug zurück.

Am liebsten hielt ich mich in Güterwaggons mit den Pferden auf, wo ich viele spannende Stunden verbrachte. Von dieser Fahrt blieb mir ein besonderes Ereignis in Erinnerung, das für mich beinahe tragische Folgen gehabt hätte. Während eines Aufenthaltes wurde ich von Soldaten in ein nahe gelegenes Dorf begleitet. Es war ein ungewöhnlich fruchtbares Jahr; die Obstbäume brachen buchstäblich unter der Last ihrer Früchte zusammen. Flink wie eine Katze kletterte ich auf den Wipfel eines ausladenden Birnbaums hinauf. Beim Essen der saftig-süßen Birnen vergaß ich die ganze Welt um mich herum. Die Soldaten bemerkten nicht, dass sie mich auf der Baumspitze allein ließen, und gingen in alle möglichen Himmelsrichtungen weiter.

Nach einer lang anhaltenden Stille hörte ich plötzlich Gespräche auf Russisch. Ich kletterte ein wenig hinunter und sah zu meinem Entsetzen unter dem Baum fremde Uniformen und Militärmützen mit roten Sternen. Mein Herz blieb vor Schreck fast stehen, ich spürte einen eisigen Schauer über meinen Rücken laufen. Aber weil ich ein mutiger Knirps war, fing ich nicht an zu flennen, sondern überlegte, wie ich mich verhalten sollte.

Inzwischen versammelten sich immer mehr fremde Soldaten unter meinem Birnbaum. Tapfer beschloss ich, den Baum zu verlassen, zu den Eisenbahngleisen zurückzukehren und in Fahrtrichtung des Zuges zu marschieren. Ich hoffte, dass ich meinen Zug mit etwas Glück irgendwo auf einem Feld stehend bald finden würde.

Diese kühne Idee setzte ich sofort in die Tat um. Es hatte mir sehr geholfen, dass ich nicht mehr ein so elegant gekleideter Knabe war wie bei der Abfahrt aus Bobrujsk. Die lange Reise hatte meine Kleidung verschlissen und beschädigt, sodass mich niemand beachtete, als ich von dem Baum herunterkletterte. Ruhig, die Soldaten der Roten Armee ignorierend, lenkte ich meine Schritte in Richtung Bahngleise, meiner letzten Hoffnung. Ab und zu eine Pause einlegend, marschierte ich geduldig den Gleisen entlang. Meine Gedanken waren nur mit einer Frage beschäftigt: Wie erreiche ich meinen Zug?

Glücklicherweise fand ich nach einem vierstündigen Marsch völlig erschöpft meinen Zug, der auf einem Feld angehalten hatte. Die Soldaten, die längst mein Verschwinden bemerkt hatten, führten mich sofort zu meinem Waggon. Dort angelangt, lag ich der verheulten Wirtin des Offizierscasinos und dem Adjutanten in den Armen. Besonders erleichtert war natürlich der Adjutant, den mein Vater persönlich beauftragt hatte, auf mich achtzugeben. Gleich nach der Begrüßung bekam ich ein paar Dosen süßer Kondensmilch, ein paar Schokoladentafeln und einen amerikanischen Zwieback, weiß wie Schnee. Auf diese Weise waren alle Beteiligten überglücklich.

Mit derartigen Abenteuern erreichte ich schließlich Warschau. Von Warschau aus ging es weiter – diesmal nur unter der Aufsicht des Adjutanten – nach Szczebrzeszyn. Als ich dort ankam, begrüßte ich meine Heimat mit einem Seufzer der Erleichterung.

Die heißen Sommertage näherten sich langsam dem Ende; im Garten schimmerte Mariengarn und breitete sich über die Wiesen am Fluss Wieprz aus. Meine Wonnezeit ging unwiderruflich zur Neige. Das Schreckgespenst der Schule stand mir vor Augen.

Die letzten Wochen meiner Ferien, die ich so sehr genossen hatte, verbrachte ich im Jagdhaus meines Onkels Luge. Zwei meiner Cousins aus Warschau, Romek und Janek, waren dort auch dabei.

Wir drei ungestümen Bengel konnten uns unbegrenzt austoben und unsere Freiheit in vollen Zügen genießen. Stundenlang schlenderten wir durch den Wald und suchten nach Munitionsresten und leeren Patronenhülsen aus dem Ersten Weltkrieg. In der frischen Luft vergnügten wir uns mit verschiedenen Kinderspielen, zum Zeitvertreib hüteten wir sogar Kühe. An regnerischen Tagen führten wir auf dem Dachboden erbitterte Kämpfe mit riesigen Hornissen, deren großes Nest am Dachgebälk festklebte.

Nach meiner Rückkehr nach Hause – zu dieser Zeit befand sich mein Vater dienstlich in Großpolen – beschloss meine Mutter, mich, das absolute Enfant terrible, in einem strengen Jungeninternat im berühmten Chyrów unterzubringen. Im Nachhinein finde ich, dass die vorsorgliche Entscheidung meiner Mutter doch richtig gewesen war, denn ohne die harte Hand des Vaters war es kaum möglich, mich zu bändigen.

In Szczebrzeszyn befanden sich noch zwei andere Früchtchen, mit denen man ähnliche Erziehungsprobleme hatte wie mit mir. So machten sich unsere Mütter mit uns dreien auf den Weg nach Chyrów.

Das berühmte St.-Josef-Internat lag in einem wunderschönen Vorgebirgsland. Das Internat wurde mit eiserner Disziplin von Jesuiten geführt, die bekanntermaßen zu den aufgeklärtesten und kämpferischsten aller christlichen Orden zählen.

Vom ersten Schuljahr an galt Latein in Chyrów als Pflichtfach. Weil ich in Warschau kein Latein hatte, wurde ich nicht in die zweite Klasse aufgenommen. Somit war ich ohne mein Verschulden gezwungen, das erste Jahr zu wiederholen.

Unser Internat war ein geräumig ausgebauter zweistöckiger Schulkomplex mit einer prächtigen Kapelle. Jede Klasse hatte einen eigenen Sportplatz, auch ein paar Tennisplätze waren vorhanden. Rigorosität und Disziplin beherrschten hier das Leben. Nur gegenüber den ältesten Schülern, die als Freiwillige am Ersten Weltkrieg teilgenommen hatten, war man großzügiger; sie durften sogar während der Spaziergänge Zigaretten rauchen.

Der Unterricht dauerte von morgens bis zur Mittagszeit. Danach folgte die Zeit des sogenannten Studiums. Das waren Pflichtstunden, in denen wir unsere Hausaufgaben unter Aufsicht eines Jesuitenlehrers machen mussten. Jeder Schüler hatte in einem dafür vorgesehenen Raum seinen eigenen Schreibtisch.

Nach dem Abendessen hatten wir freie Zeit zum Lesen und für unsere privaten Angelegenheiten. In den Schulpausen durften wir je nach Jahreszeit im Rekreationssaal entspannen oder auf dem Sportplatz Fußball und Volleyball spielen.

In den Schulgängen galt absolute Ruhe. Im Refektorium, dem Speisesaal, bekamen wir dreimal täglich Mahlzeiten. Am Tisch wurden wir von sogenannten Lakaien bedient – Kartoffeln und Suppen waren nicht rationiert. Frauen wurden im Internat nicht beschäftigt. Während des Mittagessens teilte man uns unsere Post aus. Falls wir Lebensmittelpakete bekamen, waren wir verpflichtet, uns persönlich an Vater Preisner zu wenden – wir mussten die Ordensleute mit der Formel »mein Vater« ansprechen.

Zu meiner Zeit war Priester Stanisław Cisek der Rektor des Internats, und der Generalpräfekt war Priester Józef Sas. Der Unterricht war sehr anspruchsvoll, und man verlangte viel von uns. Wir hatten ein bestens ausgestattetes naturwissenschaftliches Unterrichtszimmer und einen großen Zeichenraum. Es gab auch einen Theater- und einen Kinosaal sowie eine umfangreiche Bibliothek.

An den Wänden in den Schulgängen hingen in verglasten Rahmen dekorativ dargestellte Abiturzeugnisse der Internatsabsolventen. Im Erdgeschoss befand sich ein Parlatorium, das Sprechzimmer, wo wir uns mit unseren Besuchern, den Eltern und Verwandten, trafen. Die Musikzimmer für den Geigenunterricht waren in einem Teil des Erdgeschosses untergebracht. Unsere Schule besaß ein gutes Blas- und Streichorchester. Ich wurde für Klavierstunden eingetragen. Den Unterricht erteilte mir Professor Barcewicz.

Einmal monatlich mussten wir zur Beichte und anschließend zur Kommunion antreten. An Sonntagen und an anderen Feiertagen gab es in der Schulkapelle Gottesdienste, zu deren Teilnahme wir verpflichtet waren. Im Mai, Juni und Oktober besuchten wir die Kapelle sogar zweimal täglich. Angesicht dessen, dass wir noch an den Andachtsübungen und an den anderen kirchlichen Feiertagen teilnehmen mussten, fand ich, dass man mit den religiösen Praktiken übertrieben hatte. An sonnigen Sommer- und Herbsttagen unternahmen wir mit unserem Klassenlehrer Ausflüge. Bei diesen Gelegenheiten wurden wir mit reichlich Proviant ausgestattet.

In den ersten Schuljahren war körperliche Züchtigung in unserem Internat an der Tagesordnung. Bei einem größeren Vergehen musste man sich beim Generalpräfekten persönlich melden. Routinemäßig verpasste er dem Hintern des bereits liegenden Delinquenten etwa fünf Rutenhiebe. Ich hatte ebenfalls unter dieser »heiligen Sitte« zu leiden. Einmal, als mein Peiniger bemerkte, dass ich mir vorbeugend mehrere Schulhefte in die Hosen gesteckt hatte, bekam ich eine zusätzliche Strafe. Ab der vierten Klasse waren wir von derartiger Bestrafung befreit.

Eines Tages wurde ich im Zeichenunterricht dabei erwischt, wie ich eine Zeitschrift über den berühmten Indianerhäuptling Sitting Bull las. Vertieft in diese faszinierende Geschichte hatte ich die ganze Welt vergessen. Plötzlich ertönte die Stimme des Lehrers über meinem Kopf: »Milewski, was machst du denn da, du Bengel!«

»Ich bin dabei, die Geschichte der Indianer zu studieren, mein Vater«, sagte ich automatisch.

»Wenn du die Geschichte so sehr liebst, du Lausbub, dann zeichne mir für die morgige Stunde die Flucht der Juden aus Ägypten über das Rote Meer mit den sie verfolgenden Ägyptern.«

»Jawohl, mein Vater«, stotterte ich reumütig. Am nächsten Tag – weiterhin vertieft in die Geschichte meines Sitting Bull – hatte ich völlig vergessen, die biblische Szene zu zeichnen.

Kurz vor dem Unterricht erinnerte mich ein Mitschüler, mit dem ich die Schulbank teilte, an meine Hausaufgabe. Ich erstarrte, und weil mir keine Zeit mehr verblieb, griff ich zum Zeichenblock und bemalte eine ganze Seite mit roter Farbe. Die gefürchtete Zeichenstunde fing an. Hinter meiner Schulbank versuchte ich, der Unglückliche, mich so gut wie möglich zu verstecken, aber das Argusauge meines Lehrers entdeckte mich sofort. »Nun zeig mal, was du gezeichnet hast«, befahl der Jesuit. Halb tot vor Schreck holte ich das rot bemalte Blatt Papier hervor und überreichte es dem Schulmeister.

»Was soll das?«, dröhnte die Frage.

»Das Rote Meer«, entgegnete ich.

»Und wo sind die Juden?«, fragte er erbost.

»Die Juden sind schon über das Rote Meer geflüchtet, mein Vater.«

»Und wo sind die Ägypter?«

»Die Ägypter sind bereits ertrunken«, antwortete ich beinahe schluchzend.

Die ganze Klasse erstarrte in angespannter Erwartung; es herrschte Totenstille. Plötzlich unterbrach ein homerischer Lachanfall des Lehrers die beklemmende Stille der Klasse, die vom herzlichen und lauten Mitlachen der Mitschüler begleitet wurde.

»Diesmal hast du Glück, du Frechdachs«, hörte ich. »Das nächste Mal wage es bloß nicht, deinen Sitting Bull mit in die Klasse zu bringen.« Ich war mit einem blauen Auge davongekommen!

Während des vierjährigen Aufenthalts in Chyrów an einer Schule mit hohem Niveau hatte ich zweifellos eine ausgezeichnete Ausbildung erhalten. Das Einzige, was ich nicht mochte, war, dass sie dort Kriecher und Petzer tolerierten.

Seit 1924 wohnte ich mit meinen Eltern in Posen (Poznań), wo mein Vater Garnisons- und Festungskommandant war. Wir bezogen eine schöne, große Dienstvilla mit Garten in der Grunwaldstraße 29 im Stadtteil Jeżyce. Ich wurde in das Maria-Magdalena-Gymnasium am Bernardyński-Platz aufgenommen, das eine der besten Schulen in Posen war. Als frühere berühmte Lubrański-Akademie hatte diese Schule einen hervorragenden Ruf. Gerade zu meiner Zeit feierte man das dreihundertjährige Schuljubiläum. Unsere Schule, die man in der Umgangssprache Maryńka nannte, hatte ein sehr hohes Niveau. Wir hatten zum Beispiel

Griechisch als Pflichtfach ab der vierten Klasse. Direktor Ostrowski und der ganze Lehrkörper waren hervorragende Pädagogen, die sich sehr bemühten, uns ihr Wissen so gut wie möglich zu vermitteln. In der ersten Schulphase hatte ich, obwohl ich von dem berühmten Chyrów kam, einige Lernschwierigkeiten. Das war darauf zurückzuführen, dass es Anfang der Zwanzigerjahre in jedem annektierten Landesteil Polens unterschiedliche Schulbücher und Lernfächer gab.

Besonders gut organisiert war in unserer Schule der Sportunterricht. Es gab eine ganze Reihe von Sportarten, ein Sportstadion, Tennisplätze und einen großen Ruderklub, in den ich eingetreten war. Aufgrund der exponierten Position meines Vaters besaß unsere Familie das sogenannte Passepartout, also Freikarten für sämtliche Kinos und Theater der Stadt. Diese Vergünstigung bestand auch für den wunderschönen Zoologischen Garten, der mir als Zufluchtsort beim Schulschwänzen diente. Leider konnten wir nicht lange in dieser Stadtburg des Fürsten Przemysław verweilen.

1925 wurde mein Vater in der gleichen Position ebenfalls als Stadt- und Festungskommandant nach Brest am Bug versetzt. Wir wohnten in der Stadtfestung an der Gabelung der Flüsse Bug und Muchawiec. Die Festung Brest umfasste fünf Inseln: die Zentral-, die Flughafen-, die Spital-, die Nord- und die Südinsel. Auf der Spitalinsel 219 hatten wir ein Appartement mit fünf Zimmern im ersten Stock.

Die Brester Festung war ein sich rasch entwickelndes Militärzentrum. Innerhalb dieser in Polen einmaligen Garnison befanden sich Büros der Korpskommandantur, Kasernen, einige Truppenformationen sowie andere Militärinstitutionen.

Zu den ständigen Anwohnern der Festung zählten 250 Offiziersfamilien und 500 Familien der Unteroffiziere und Militärbeamten. Wie in jeder anderen Stadt gab es auch hier sämtliche öffentliche Einrichtungen: eine Garnisonskirche, eine Grundschule, ein Krankenhaus, ein Hotel, ein Postamt, Wasser- und

Elektrizitätswerke, einen gut ausgestatteten Lebensmittelladen und eine eigene Stadtverwaltung.

Die Verbindung zu der drei Kilometer entfernten Stadt Brest war eine zuverlässige und in ihrer Art einmalige Militärbahn.

Auf der Zentralinsel befand sich das bekannte Weiße Palais, das Garnisonscasino. Eben in diesem Palais wurde 1918 der Friedensvertrag zwischen dem Deutschen Reich und Sowjetrussland abgeschlossen. Während dieses Treffens soll Trotzki verkündet haben: »Ni mira – ni wojny« (Weder Frieden noch Krieg).

In Brest besuchte ich das staatliche Romuald-Traugutt-Gymnasium, eine Koedukationsschule, also eine Schule für Mädchen und Jungen.

Aus verschiedenen Gründen hielt ich persönlich diese Gemeinschaftserziehung für einen schlechten Einfall. Der Katechet, Priester Fabian Szczebicki, übte eine Alleinherrschaft über unsere Schule aus.

Außer unserem Gymnasium gab es noch das Lewicki-, das Jüdische, das Russische und das Mädchengymnasium. Die Anforderungen unserer Schule reichten bei Weitem nicht an die Jesuitenschule oder an die Schule in Posen heran.

Brest selbst hatte mit seinen niedrig gebauten Wohnhäusern einen typisch östlichen Charakter. Der Handel lag überwiegend in jüdischen Händen, und einige Geschäfte boten eine breite Palette von Waren an, oft zu niedrigen Preisen.

Ende 1927 trat mein Vater in den Ruhestand und beschloss sich für immer in Kielce niederzulassen. Bis heute ist mir nicht ganz klar, welche Gründe ihn dazu bewogen hatten, diesen Entschluss zu fassen. Mag sein, dass die zentrale Lage der Stadt oder ihre schöne Umgebung mit dem gesunden Klima eine entscheidende Rolle spielte.

In der Prosta-Straße 24 erwarb mein Vater eine Parzelle und baute ein Haus. Hinter dem Haus breitete sich ein großer Garten aus, hinter dem sich die Wasserwerke – das war der höchste Punkt der Stadt – befanden.

Während der siebten Klasse besuchte ich das Jan-Śniadecki-Gymnasium. Außer dieser Schule gab es in Kielce noch die Mädchenschulen »Krzyżanowski« und »Kinga«, eine Handelsschule sowie das Pädagogische und das Jüdische Gymnasium. Die Oberschulen »M. Rej« und »St. Kostka« wurden durch Spenden der polnischen Kolonie in den USA finanziert.

Der Schulleiter war damals Herr Dominikiewicz, unser Klassenlehrer war Priester Krzakowski – ein außergewöhnlich gutmütiger und hilfsbereiter Mensch mit dem Spitznamen »Tomate«. Unser Geschichtslehrer, Herr Biełochołow, war ein pedantischer, hartnäckiger Lehrer, der hohe Anforderungen an uns stellte. Dank seiner ungeheuren Zielstrebigkeit erreichten wir schnelle Lernfortschritte – das Fach Geschichte war uns so vertraut wie die eigene Westentasche. Meine Achillesferse war wie immer Mathematik. Nicht wenige Sorgen bereitete ich dem Lehrer Slapoczynski, dem sogenannten »Griesgram«. Ebenfalls hatte ich unserer Deutschlehrerin, Fräulein Bröske, ziemlich viel Kummer bereitet. Öfters, wenn sie mich in der letzten Schulbank beim Kartenspielen erwischt hatte, lamentierte sie: »Ach, Milewski, Milewski, du bist sehr schwach, nun musst du eine Sechs bekommen.« Und selbstverständlich krönte mein Zeugnis eine unzureichende Note in Deutsch.

Um dieses Problem aus dem Weg zu räumen, wurde ich schnell fündig. Die Schwester des oben erwähnten Fräulein Bröske, Frau Rommel, erklärte sich – wenn auch durch die persönliche Intervention meiner Mutter – bereit, mir Nachhilfeunterricht in Deutsch zu geben. Bald verbesserte ich deutlich meine Noten in der Schiller- und Goethesprache. Danach war ich sogar ein häufiger Gast bei den Empfängen und den gemeinsamen Abenden im Hause der Familie Rommel.

Diese deutsche Familie hatte sich in Kielce für immer niedergelassen. Sie wurde für ihre vorbildliche Haushaltsführung und Hilfsbereitschaft bekannt. Der Hausherr war Geigenlehrer. Während der deutschen Besetzung Polens hatte sich die Familie

Rommel gegenüber der polnischen Bevölkerung anständig verhalten.

In der letzten Gymnasialklasse war ich mit meinem Freund Staszek Pałyga eine unbedachte Wette eingegangen. Die Bedingung war, dass ich innerhalb einer Stunde dreißig Stück Kuchen aufessen sollte, wobei ich alles Mögliche unbegrenzt trinken durfte.

Zur selben Zeit und zu den gleichen Bedingungen sollte Staszek dreißig Eier zu sich nehmen. Im Fall unseres Sieges war der Gegner Wiełowiejski verpflichtet, nicht nur alle Kosten zu tragen, sondern auch jedem von uns zwanzig Złoty als Gewinn zu geben. Im umgekehrten Fall müssten Staszek und ich für diesen ganzen Aufwand selbst aufkommen.

Die Kuchenschnitten der Vorkriegszeit waren übrigens größer und schmeckten auch besser als heute. Unsere Währung hatte damals einen viel höheren Wert – für einen US-Dollar bekam man 8,9 Złoty.

Nach dieser so voreilig abgeschlossenen Wette überfielen uns Zweifel. Dreißig Stück Kuchen beziehungsweise dreißig Eier innerhalb einer Stunde zu sich zu nehmen, war keine einfache Sache. Auf schnellstem Weg suchten wir einen älteren Kollegen auf, der Medizinstudent im vierten Semester war. Wir schilderten ihm unsere verzweifelte Lage.

Zuerst schimpfte er mit uns und nannte uns dabei die naivsten Idioten, dann gab er uns doch einige Ratschläge. Er empfahl uns, den ganzen Tag kaum zu essen. Während der Wette sollte ich den Kuchen zusammen mit Rollmöpsen und sauren Gurken essen und schwarzen Tee mit einer ausgepressten Zitronenhälfte ohne Zucker trinken.

Am verabredeten Tag trafen wir uns in einem Restaurant an der Kreuzung der Krakowska-Straße. Dort, an einem abseits gelegenen Tisch, traten wir zu unserer Wette an. Insgesamt waren wir sechs Personen: Staszek und ich, unser Gegner mit seinem Bruder und zwei andere Freunde, die Sekundanten.

Die ersten fünfzehn Stück Kuchen verschlang ich relativ schnell. Danach fiel es mir immer schwerer, trotz der vorbeugenden Maßnahmen unseres »Medicus«, noch ein einziges Stückchen hinunterzubringen. Erst zwei Minuten vor Ablauf der vereinbarten Zeit stopfte ich mit letzter Kraft das dreißigste Kuchenstück in mich hinein. Damit hatte ich diese Wette gewonnen. Auch mein Freund, ein prächtiger Kerl, wurde irgendwie mit seinen dreißig Eiern fertig. Im Endeffekt hatten wir gut gespeist und noch zwanzig Złoty verdient!

Nach dieser Erfahrung war ich vorsichtiger mit neuen Wetten, und noch lange Zeit danach ging ich beim Anblick eines Schaufensters mit Konditoreiwaren auf die andere Straßenseite.

Hundert Tage vor dem Schulabschluss fand in der prächtig geschmückten Turnhalle der Schule unser Abiturientenball statt. Unsere Mütter hatten sich um das Büfett gekümmert, das übrigens vorzüglich war. Als das Abitur mit großen Schritten auf uns zukam, mussten wir uns vom unbekümmerten Schulschwänzen am Hügel von Karczówka und am Waldhang des Telegrafs verabschieden – dieser Lebensabschnitt neigte sich unwiderruflich dem Ende zu.

1930 traten wir zur Reifeprüfung an. Ich fürchtete mich nicht, lediglich der Gedanke an Mathematik versetzte mich in gewisse Unruhe. Um ganz sicher zu sein, bat ich zwei Abiturienten des letzten Jahres, die gut in Mathe waren, um Hilfe. Sie sollten mir helfen, nachdem die Prüfungsthemen vergeben wurden. In den anderen Fächern war ich einigermaßen durchgekommen. Für meinen Aufsatz in Polnisch zum Thema »Bedeutung des Meeres für Polen« bekam ich die beste Note – dieses Thema interessierte mich sehr. Meine Arbeit hatte ich in Anlehnung an das Buch »Der Seewind« von Stefan Żeromski, dem Hauptvertreter des polnischen Positivismus, geschrieben.

Leider blieb ich in der Matheklausur stecken. Verzweifelt wartete ich auf die Hilfe, die mir versprochen worden war, und ich wurde nicht enttäuscht. Nachdem die Matheaufgaben bekannt wurden, brachte mir der Hausmeister Muszynski zwei mit Schinken belegte Brötchen zum zweiten Frühstück. Eben unter diesen Schinkenscheiben befand sich der ersehnte Spickzettel. Ich war gerettet!

Nach der schriftlichen Abiturarbeit teilte mir mein Mathelehrer mit, dass er meine Arbeit mit eins plus benotet hatte. Im Abiturzeugnis hatte er mir allerdings nur eine ausreichende Note gegeben – es fiel ihm wohl doch schwer, an meine Eigenständigkeit bei dieser Arbeit zu glauben.

Wehmütig auf die heiteren Schuljahre zurückblickend, trat ich ins Erwachsenenalter ein.

Kavallerieerziehung

Der Autor in Offiziersuniform,
Kielce 1933

Meine letzten Ferien näherten sich dem Ende. Vor mir stand die Verpflichtung meiner Heimat gegenüber: der Militärdienst. Weil unsere gesamte Familie – seitens der Mutter und des Vaters – in Warschau wohnte, hatte mich mein Vater in Zegrze bei Warschau untergebracht. Dort befand sich das Bildungszentrum der Funktruppen und ein Kadetten-Bataillon der Funktruppen in Reserve.

Ich wurde der 2. Kompanie zugeteilt, unter der Führung Kpt. Łączyckis, Kommandant meines Zuges war Oblt. Szczesnowicz. Der Oberbefehlshaber war Hptfw. Kaczmarek, der zuvor in der deutschen Armee gedient hatte. Um uns zu vorbildlichen Soldaten zu schulen, gab er sich große Mühe, uns den berühmten preußischen Drill beizubringen. Von den Instruktoren erinnere ich mich an Sgt. Pawlak und Sgt. Idęcia. Trotz der hohen Anforderungen, die sie an uns stellten, waren sie uns gegenüber verständnisvoll.

In der Rekrutenzeit waren wir einem strengen Ausbildungstraining ausgesetzt, das nicht immer mit Militärvorschriften zu erklären war.

Einmal fielen wir bei unserem Hauptfeldwebel aus irgendwelchen Gründen in Ungnade. Als Strafe mussten wir im Alarmtempo zu Schaufeln greifen, um einen sinnlosen Graben auszuheben. Plötzlich erblickte mich mein Vorgesetzter und rief mich zu sich. Als ich mich bei ihm gemeldet hatte, fragte er mich, ob mein Vater beim Militär gewesen sei und mit welchem Dienstgrad. Ich antwortete, dass er bei der 14. Großpolen-Division (14. Dywizja Wielkopolska) an der litauisch-weißrussischen Front im Rang des Generals gedient hatte.

Kaczmarek überlegte einen Moment, dann nahm er stramme militärische Haltung ein und sagte: »Milewski, lassen Sie die Schaufel liegen und gehen Sie in die Kaserne zurück. Vergessen Sie aber nicht, zukünftig die Vorschriften zu beachten.«

Ein halbes Jahr danach besuchte mich mein Vater, selbstverständlich trug er seine Uniform. Als ich ihm von meinem Vorgesetzten Kaczmarek erzählte, ging er zu ihm, um ihn zu begrüßen. Sie unterhielten sich sehr lange, vermutlich über frühere Fronterlebnisse.

Zegrze hatte den unbestrittenen Vorteil, dass es nicht weit von Warschau lag. In unserer Freizeit fuhren wir etwa eine Stunde mit einem Zug in die Hauptstadt. Dort genossen wir die Freiheit in vollen Zügen. Von meinen zahlreichen Onkeln und Tanten wurde ich immer herzlich empfangen und sehr verwöhnt. Nach solchen Besuchen fuhr ich übersättigt und voller Eindrücke vom Bahnhof Gdańsk zurück in die zur Kaserne.

Im Anschluss an die Kadettenschule der Funktruppen in Reserve, die sich in Zegrze-Nord befand, bekam ich in Zegrze-Süd ein Praktikum beim 8. Telegrafenbataillon der 15. Kompanie, deren Kommandant Oblt. Dobrzański war. Nach dem obligatorischen Militärdienst kehrte ich im Rang eines Korporals als Reserveunteroffizier nach Hause zurück.

Und erneut musste ich mir die entscheidende Frage stellen. Wie werde ich in Zukunft weitermachen? Auf welchem Gebiet will ich tätig sein? Das Thema Meereskunde hatte mich schon lange fasziniert, und ich interessierte mich für alle Fragen in diesem Bereich. Wenn ich keine Probleme in Mathe und eine gewisse Leidenschaft für Chemie und Physik hätte, könnte ich durchaus die Offiziersschule der Kriegsmarine besuchen. Leider konnte ich mit meinen »Begabungen« nur davon träumen.

Aber da ich aus einer Militärfamilie stammte, gab ich nicht auf und sagte mir nur: Es bedeutet keinen Weltuntergang, wenn ich nicht bei der Marine lande. Außerdem mochte ich die Armee sehr und beschloss, mich bei der Kavallerie zu bewerben. Besonders gefielen mir die Ulanen, genannt »Malowane dzieci« (Bilderbuchknaben); in der Regel waren es sehr junge Burschen, die in ihren bunten Uniformen wie gemalt aussahen. Mit ihrem heiteren Temperament, ihrer Haltung, ihrem Elan und ihren farbenfrohen Mützenbändern konnten sie nicht nur den Frauen den Kopf verdrehen.

Ohne einen Augenblick zu warten, schrieb ich eine Bewerbung an die Offiziersschule der Kavallerie (OSK) in Graudenz (Grudziądz). Schon am 7. Juli 1931 erhielt ich die Nachricht, dass ich vorläufig aufgenommen werde. Meine endgültige Aufnahme war von verschiedenen Bedingungen abhängig: den Referenzen des Offiziersbataillons in der Reserve, der medizinischen Untersuchung und den Aufnahmeprüfungen, die im August in Ostrów Mazowiecki im Gebäude der Infanterie-Offizierskadettenschule stattfinden sollten.

Irgendwie kam ich durch die Prüfungen. Die medizinischen Untersuchungen dagegen verliefen für mich ausgezeichnet. Die Ärztekommission stufte mich in die höchste Gesundheitsklasse ein. In Bezug auf das Herz, das Gehör, die Muskelkraft, das Sehvermögen und den Körperbau zählte ich zu den fünf Gesündesten.

Um die Aufnahme in die Kavallerie hatten sich über dreihundert Kandidaten beworben, zugelassen wurden nur 83 Personen. Ich gehörte zu den Auserwählten und fühlte mich daher wie im siebten Himmel.

Zu Beginn des neuen Schuljahres waren am 1. Oktober 1931 Unteroffiziere aus verschiedenen Militärschulen in Graudenz angereist. Gleich am Anfang wurde uns mitgeteilt, dass die Schule militärische Dienstgrade, die zuvor in der Reserve erworben worden waren, nicht anerkennt. Jeder musste mit dem Rang eines Unteroffiziers der Kavallerie beginnen.

Ich wurde dem 2. Zug im Saal Nummer 5 zugeteilt. Wir erhielten Kavallerieuniformen, deren Kragenspiegel mit zweifarbigen, rot-dunkelblauen Wimpeln versehen waren, lange Mäntel mit den gleichen Kragenspiegeln und hohe Stiefel. Die Mützenbänder waren ebenfalls rot-dunkelblau. Die Uniformen der Offiziersschule und des Fortbildungszentrums hatten die gleichen Kragenspiegel. Unsere Uniformen mussten das Reiten ermöglichen, daher waren sie kürzer als die üblichen.

Jedem von uns wurde ein Pferd mit Ausrüstung zugeteilt. Dazu gehörten: ein Sattel, eine Pferdedecke, zwei Kandaren, Zügel, eine Pferdebürste, ein Pferdekamm und andere Accessoires. Ich bekam eine braune Stute mit einem Sternchen auf der Stirn. Sie hieß Rywalka und war ein ruhiges und geduldiges Pferd.

Der erste Appell fand vor dem Schulgebäude statt. Wir wurden vom Kommandanten Oblt. Stefan Chomowicz vom 24. Ulanen-Regiment begrüßt. Jeder Unteroffizier meldete dann, welchem Zug er zugeteilt worden war und von welcher Militärschule er stammte. Die Inspektion wurde von unserem Quartierkommandanten, Rtm. Zygmunt Terlowa-Strubel vom 5. Ulanen-Regiment, durchgeführt. Er wies uns an, dass wir nur Kölnisch Wasser und kein Parfüm benutzen dürften, dass wir immer frisch rasiert sein müssten und unsere Waffen wie pures Gold glänzen sollten.

Unser jüngerer Jahrgang wurde in drei Züge aufgeteilt: Im 1. Zug waren großwüchsige Fähnriche, im 2. Zug die mittelgroßen und im 3. die kleinsten. Der Kommandant meines 2. Zuges war Oblt. Stefan Lukowski vom 24. Ulanen-Regiment, wir nannten ihn »den Kleinen«. Dieser sympathische Offizier mit guten Manieren behandelte uns wie seine jüngeren Kameraden. Als ein scharfsinniger, anspruchsvoller und dabei nachsichtiger Mann erfreute er sich bei uns allen großer Sympathie.

Das Kommando des 1. Zuges führte Rtm. Jósef Błasiński vom 1. Regiment der Schützenreiter.

In der Schulverwaltung waren Unteroffiziere tätig, die überwiegend älter waren. Sie waren uns gegenüber freundlich und taktvoll.

Zum Appell wurden wir mit einer Trompete aufgerufen, die Wachtmeister Buda vom 17. Ulanen-Regiment virtuos spielte. Diese tägliche Zeremonie gestaltete er zur Abwechslung mit einer Passage aus Zigeunerromanzen.

Der Kommandant des Fortbildungszentrums der Kavallerie war Oblt. Ingenieur Zygmunt Podhorski vom 1. Krechow-Ulanen-Regiment. Dieser gut aussehende, zuverlässige, hochintelligente Mann bekam von uns den Spitznamen »Zaza«. Die Funktion des Schuladjutanten bekleidete Rtm. Rudolf Kubisz vom 8. Regiment.

Wir wurden in folgenden Fächern unterrichtet: Hippologie, geführt vom Veterinärmediziner Oblt. A. Wróblewski, Artilleriekunde, geleitet von Mgr. L Kiok, Topografie unterrichtete Rtm. Zapolski vom 3. Regiment, Kriegsgeschichte lehrte Rtm. A. Sołtan vom 1. Regiment, Taktik führte Rtm. T. Grabowski vom 5. Regiment, Panzerlehre unterrichtete R. Lewicki vom 18. Regiment, Funktechnik wurde vom Rtm. J. Sroczyński vom 7. Regiment gelehrt, Sprengstoffentschärfung führte Kpt. G. Dąbrowski und die Chemiewaffenlehre leitete Oblt. M. Hernik vom 18. Regiment. Oblt. Tadeusz Radziukinas vom 2. Regiment führte das Schützentraining durch. Oblt. Franciszek Koprowski vom 10. Regiment war für Leibeserziehung, Gymnastik, Boxen und Fechtkunst zuständig.

Der Militärgeistliche war Priester Adolf Fedorowicz, der traditionsgemäß »Rübe« genannt wurde. Unser Hauptfach, der Reitunterricht, wurde von Oblt. Stanisław Łukasiewicz vom 19. Regiment und Oblt. Zdzisław Kawecki vom 10. Regiment gelehrt.

Am schwierigsten war für uns die Anfangszeit. Sie dauerte vom 1. Oktober bis Weihnachten. Davor wurden wir von unserem Jahrgangskommandanten belehrt: Wenn wir in unserem Regiment von dem gemeinen Ulanen ein gepflegtes Pferd, eine gepflegte Ausrüstung und frisch geputzte Waffen haben wollten, sollten wir all diese Aufgaben eines gemeinen Soldaten zunächst selbst lernen und ausführen. Dazu gehörte sowohl die Pflege und Ausrüstung sowie das Tränken und Füttern des Pferdes.

In der ersten Ausbildungszeit wurden wir um fünf Uhr morgens geweckt. Dann gingen wir in die Stallungen, wo wir unsere Pferde reinigten, um sie anschließend zur Tränke und zum Füttern zu führen. Danach kehrten wir in die Kaserne zurück.

Unsere Quartiere befanden sich im ersten Stock. Wir teilten uns zu sechst einen großen, hellen Raum. Auf den Gängen vor den Schlafräumen wurden in den Ständern Karabiner mit Bajonetten und Säbel aufbewahrt. Die Lanzen befanden sich vor dem Dienstraum unseres Quartierkommandanten. Entsprechend der Hierarchie verfügten unsere Schwadronskommandanten über Einzelzimmer.

Nach der Rückkehr aus den Stallungen um sechs Uhr morgens räumten wir unsere Zimmer auf, machten die Betten und wuschen uns. Anschließend traten wir in Doppelreihe auf dem Korridor an und sprachen das gemeinsame Gebet. Zum Schluss sangen wir das Lied *Kiedy ranne wstają zorze* (Wenn die Morgenröte aufgeht) und marschierten zum Offizierscasino, um das Frühstück einzunehmen. Die Kantine mit dem danebenliegenden Badehaus befand sich im ersten Stock, etwa 50 Meter von unseren Unterkünften entfernt.

Unser Speisesaal war hell und geschmackvoll eingerichtet. Die Aufsicht wurde abwechselnd vom jüngeren und älteren Jahrgang geführt. An den Tischen bedienten uns drei Kellnerinnen. Alkoholgetränke standen im Casino nicht zur Verfügung. Außerdem galt auf dem Schulgelände ein strenges Alkoholverbot.

Wir erhielten reichlich Mahlzeiten, die von unserem Koch Ptak, einem Meister der Kochkünste, vorzüglich zubereitet wurden. Zu unseren Manövern legte er eine Uniform der älteren Ulanen an und begleitete uns auf einem Trosswagen. Während dieser Zeit verwöhnte er uns mit seinen kulinarischen Köstlichkeiten.

Im Regiment gab es dreimal am Tag Mahlzeiten: Zum Frühstück bekamen wir einen Milchkaffee, sechs Brötchen, zwei Stückchen Butter und eine Scheibe Schwarzbrot. In der Regel aßen wir vier Brötchen zum Frühstück, die zwei restlichen wurden für später aufbewahrt

In der Zeit meiner Ausbildung im jüngeren Jahrgang ist mir folgender Vorfall im Speisesaal in Erinnerung geblieben: Nachdem ich zu spät zum Mittagessen erschienen war, meldete ich dies dem leitenden Offiziersanwärter, der Aufsicht hatte. Dieser hörte mich ruhig an, nickte verständnisvoll mit dem Kopf und sagte: »Jawohl, Herr Kollege, aber Sie stehen hier vollkommen nackt und rufen bei uns allen große Empörung hervor.«

Total verblüfft, stumm vor Staunen blieb ich in unsicherer Haltung stehen.

»Der letzte Knopf Ihrer Uniform ist nicht zugeknöpft«, mahnte er mich. Dann nahm er ein Taschenmesser und schnitt alle Knöpfe von meiner Uniformjacke ab. Als er mir die abgeschnittenen Knöpfe wiedergab, sagte er: »Sie haben eine viertel Stunde Zeit, um alle Knöpfe wieder anzunähen. Danach melden Sie sich erneut bei mir.«

Mit dem Bewusstsein, dass ich das niemals schaffen würde, rannte ich zu meiner Stube. Ohne nachzudenken, griff ich aus dem nächsten Schrank nach einer Uniformjacke eines Kameraden, der gerade Urlaub hatte, und meldete mich binnen zehn Minuten im Casino. Der aufsichtführende Unteroffizier nahm meine Meldung entgegnen, betrachtete alle Knöpfe, prüfte, ob sie etwa nicht mit einer Sicherheitsnadel befestigt worden waren, und sagte: »Sie sind eine Rakete! Aber wie Sie das geschafft haben, ist mir ein Rätsel.« Selbstverständlich behielt ich die ganze Wahrheit für mich.

Direkt neben dem Speiseraum befand sich eine umfangreiche Bibliothek, die von Frau Mazarska, einer netten und hilfsbereiten Person, geführt wurde. Im Erdgeschoss unseres Gebäudes war ein Friseursalon untergebracht, in dem uns vier Friseure und eine Maniкür-Dame zur Verfügung standen. Diese persönliche Dienstleistung bezahlten wir von unserem Sold. Der Friseurmeister, der einen mächtigen Schnurrbart trug, begleitete uns in einer Uniform auf Manövern, um uns die Haare zu schneiden oder uns bei Zwischenstopps zu rasieren.

In der Offiziersschule galt eine mittelalterliche Devise: *A Dieu mon ame, ma vie au roi, mon coeur aux dames, mon honneur a moi* (Meine Seele für Gott, mein Leben für den König, mein Herz für die Damen, meine Ehre für mich).

In der harten Rekrutenzeit fing der Tag um fünf Uhr morgens an. Nach den morgendlichen Aufgabenpflichten und nach dem Frühstück hatten wir von sieben bis elf Uhr Unterricht. Dann gingen wir wieder in den Stall, wo wir bis zwölf Uhr die weitere tägliche Versorgung der Pferde übernahmen. Von zwölf bis vierzehn Uhr war Ruhezeit. Das Mittagessen nahmen wir um dreizehn Uhr ein. Von vierzehn bis sechzehn Uhr wurde der Unterricht fortgesetzt. Danach eilten wir erneut in die Stallungen, um uns mit den Pferden zu beschäftigen.

Nach dem Abendessen um achtzehn Uhr dreißig hatten wir bis einundzwanzig Uhr Freizeit, bis zum Zapfenstreich, den Wachtmeister Buda mit seiner Trompete ankündigte. Beim Zapfenstreich stellten wir uns in zwei Reihen im Korridor auf und beendeten unseren Schultag mit dem Gebetslied *Wszystkie nasze dzienne sprawy* (Alle unsere täglichen Angelegenheiten).

An den Feiertagen und am Sonntag wurden wir um sechs Uhr morgens geweckt. An diesen Tagen gingen wir nicht in die

Stallungen. Nach dem Frühstück um sieben Uhr marschierten wir in die Kirche zur Andacht, die bis neun Uhr dauerte. Nach der Rückkehr hatten wir freie Zeit. In der Zeit zwischen Mittag- und Abendessen und nach dem Abendmahl hatten wir ebenfalls Freizeit, die durch den Abendappell unterbrochen wurde.

Nach dem Ablauf der Rekrutenzeit durften wir eine Stunde später aufstehen. Der wöchentliche Stundenplan wurde an der Tafel neben dem Sekretariat des Schwadroneurs ausgehängt. Wir hatten täglich Reitunterricht in der freien Manege. Im Winter stand uns eine Reithalle zur Verfügung. Anfangs ritten wir ohne Steigbügel, um eine bessere Haltung zu erreichen. So einfach wie man sich das vorstellt, war es jedoch nicht. Ohne Steigbügel und Zügel im Trab zu reiten war kein Vergnügen.

Nach den Reitstunden hatten wir Übungen mit den Blank- waffen, der Lanze und dem Säbel. Jeder Zug besaß ein eigenes Voltigierpferd. Diese Art der Reitübungen führten die jüngeren und auch die älteren Schuljahrgänge täglich durch. Wir mussten auf dem Ersatzpferd verschiedene akrobatische Übungen voll- bringen: im Galopp auf das Pferd springen, auf dem Pferd stehen, knien und eine Schere schlagen. Für mich persönlich waren diese Reitstunden eine große Herausforderung.

Zweimal in der Woche, am Dienstag und am Freitag, hatten wir Felddienst, ebenfalls zu Pferde. Darüber hinaus gab es viele theoretische Unterrichtsstunden. Die Vorlesungen fanden im großen Saal statt, in dem jeder seine eigene Schulbank besaß. Zur Stärkung unserer Kondition hatten wir Gymnastik- und Leicht- athletikstunden. Wir trainierten auch Säbel- und Degenfechten sowie Boxen. So konnten wir uns über einen Mangel an Auf- gaben nicht beklagen.

Unsere Schule war sehr anspruchsvoll. Während der ersten zwei harten Jahre bereitete sie uns für den ruhmreichen Beruf eines Kavallerieoffiziers vor. Doch nicht alle von uns hatten diese harte Probezeit ausgehalten, einige mussten sich bald von ihren bunten Ulanen-Uniformen verabschieden.

Die Ausgehuniformen wurden vom Schneidermeister Tilkowski auf Kosten der Schule für uns angefertigt. Dazu gehörten: eine Uniformjacke, eine Breecheshose (Reithose) und eine lange dunkelblaue Abendhose, die mit doppelten, buntfarbigen Längsstreifen verziert war. Für private Zwecke bestellten wir ebenfalls beim Schneider unsere Uniformen. Die Hosen nähte uns Schneider Pron. Die Stiefel für 120 Złoty und Stiefeletten für 45 Złoty wurden vom Schuster Kaczmarczyk hergestellt.

Wir erhielten auch einen Karabiner, einen Dienstsäbel (französischer Dragonersäbel), eine Lanze, eine Schaufel und eine Patronentasche für die Munition. Jede Waffe wurde mit einem Namensschild versehen. Je nach Pflegezustand der Waffe wurde neben dem Namensschild des Unteroffiziers ein farbiger Zettel befestigt: ein blauer für vorbildliche Sauberkeit, ein weißer für mittelmäßige Sauberkeit und ein roter für unzureichende Sauberkeit. Die Inhaber von blauen Zetteln hatten zudem am Sonnabend und an den Feiertagen eine Stunde länger Ausgang. Ältere Jahrgänge bekamen zusätzlich am Donnerstag frei und konnten sich am Sonnabend und am Sonntag außerhalb der Garnison aufhalten. Diejenigen, die weiße Karten erhielten, konnten am Sonnabend und an den Feiertagen ausgehen. Eine rote Karte bedeutete, dass kein Ausgang in die Stadt erlaubt war.

Die Rückkehr aus der Stadt musste pünktlich erfolgen, ansonsten war mit einem Strafappell und Knast zu rechnen, was sich natürlich negativ auf den Ruf des Unteroffiziers auswirkte.

Die Vorlesungen wurden wie an der Universität durchgeführt. Das bedeutete, dass wir am Ende des Semesters Prüfungen hatten. Sie wurden vor dem Prüfungsausschuss abgehalten, dem nicht nur unsere Lehrer, sondern auch Mitglieder des Kavallerie-Ausbildungszentrums und unsere Semesterbetreuer angehörten. Die Noten bezogen sich auf die Zehnerskala: Eine Zehn bedeutete eine ausgezeichnete Note, eine Vier war kaum bestanden.

Die Schuldisziplin war sehr streng. Allerdings verhielten sich die älteren Kameraden gegenüber den jüngeren Jahrgängen viel härter, als die Offiziere uns gegenüber waren. Bei stiller Zustimmung der Offiziere setzten sie uns einer harten »Prüfung« aus, dem sogenannten »cuk«. Diese »cuk-Tradition« bedeutete nichts anderes als »einem die Hölle heißzumachen«. Sie wurde den Bräuchen der russischen Kavallerie entnommen. Die Reiterformation für Offiziere wurde ebenfalls aus der Tradition der russischen Kavallerie übernommen. Jedoch wurde der russische Reitstil, bei dem sich der Reiter bergab nach hinten zurücklehnt, nicht übernommen. Bei uns galt die italienische Schule von Caprilli, indem man sich bergab leicht nach vorne beugt, um mehr Elastizität beim Reiten zu erreichen.

Aus der russischen Tradition stammten die berühmten sogenannten Żurawiejki. Das heißt, zweizeilige Lieder, die für jedes Kavallerieregiment individuell geschrieben wurden und auf scherzhafte Art Merkmale des betreffenden Regiments darstellten. Unsere Żurawiejki lautete: *Świeca jak na niebie gwiazdy – szwadron podchorążych jazdy* (Sie leuchten wie die Sterne auf dem Himmel, die Unteroffiziere der Reiterschwadron). Über die Schützen zu Pferde sang man: *Jedzą mieso bez widelców – to są pułki konnych strzelców* (Sie essen das Fleisch mit den Händen – das sind die Schützenregimenter zu Pferde). Natürlich musste man die Żurawiejki aller Regimenter kennen, sonst wehe!

Graudenz, eine Stadt an der Weichsel mit damals 60 000 Einwohnern, war bekannt für ihre alten Getreidespeicher, ihre Burgruinen und ihre Festung. Diese Stadt war eine mächtige Garnison, der die Kavallerieschule einen besonderen Akzent verlieh. Neue Kavalleriekader wurden nämlich im Ausbildungszentrum in Graudenz geschult. Neben unserer Schule befand sich noch die Offiziersschule der Reserve-Kavallerie, die zwei Schwadronen beinhaltete: Front- und Zugschwadron der schweren Maschinengewehre. Es gab auch Reitkurse und Reitunterricht für Offiziere und für Unteroffiziere, eine Olympiamannschaft und Kurse für Kommandanten der Schwadronen, die sogenannten »KDS«. Außerdem gab es ein Ausbildungszentrum für Gendarmerie, die

18. Schwadron der Pommerschen Ulanen, die 16. Schwadron der leichten Artillerie, eine Luftstreitkräfteschule und Lotsenausbildung, die 64. und 65. Infanterieschwadron und ein Bataillon der 66. Infanterieschwadron – im vollsten Sinne des Wortes eine Stadt, die vom Militär beherrscht war!

Insofern war es kein Wunder, dass die Kakifarbe der Kavalleristen auf den Straßen und in den renommierten Lokalen zum Stadtbild gehörte. Eines der berühmtesten Restaurants war »Kròlewski Dwòr«, ein Lokal mit einer vorzüglichen Küche und einem erstklassigen Orchester. Wenn eine größere Kavalleriegruppe die Schwelle des Restaurants »Kròlewski Dwòr« betrat, war es üblich, dass das Orchester die ersten Töne der Ouvertüre der »Leichten Kavallerie« von Franz von Suppè spielte. Dieses repräsentative Lokal wurde oft von uns besucht. Es kam häufig vor, dass die im Dienst so strengen Instruktoren uns als jüngere Kameraden zu ihren Tischen einluden. Wir besuchten auch weniger bekannte Lokale wie »Kalinka«, »Trzech Króli« und »Wielkopolanka«, die Lokale »Mazurka« und »Wanda« waren für uns verboten.

Unsere Offiziersschule lag am Rande der Stadt. Auf der einen Seite grenzte sie an einen herrlichen Kiefernwald, der Affenwald genannt wurde. An der gegenüberliegenden Seite lag ein Arbeiterviertel mit dem Spitznamen Maderahain. Hinter der Schule, jenseits des hinteren Schultores, erstreckte sich Sachara – eine weit ausgedehnte Sandebene, die mit spärlichen Grasbüscheln bewachsen war. Hier übten wir Schießen, den Umgang mit Blankwaffen und andere militärische Tätigkeiten. Zum Scharfschießen fuhren wir mit der Bahn zum Schießlager Grupa, das an der anderen Seite der Weichsel lag. In der Sommerzeit genossen wir das Baden im nahe gelegenen Rudniksee, wo sich ein schöner Strand befand.

Das erste Schuljahr neigte sich langsam dem Ende zu. Noch in den letzten Junitagen brachen wir zu einem sechswöchigen Manöver in die Umgebung von Spafy auf, zu einer sogenannten Taktikreise. Unser Ziel war das große Dorf Królowa Wola, das drei Kilometer von der Sommerresidenz des Präsidenten Ignacy Mościcki entfernt war. Für diese Hin- und Rückfahrt mussten wir etwa siebenhundert Kilometer zurücklegen. Unterwegs führten wir Feldübungen mit anschließenden Prüfungen in den Bereichen Taktik und Topografie durch. Während dieser Zeit waren wir für die Pflege unserer Pferde verantwortlich; die Feldküche versorgte uns mit Essen. Trotz dieser Strapazen hatte diese Reise einen unwiderstehlichen Charme.

Eines Tages wurde uns verkündet, dass wir Besuch vom Präsidenten Mościcki bekommen würden. Unser Jahrgang begann fieberhaft Pferde zu putzen, Waffen zu polieren und unser Aussehen wie vorgeschrieben in Ordnung zu bringen; wir sammelten uns auf der weiten grasbedeckten Ebene am Pilica-Fluss. In zweireihiger Reiterformation mit den Offizieren an der Spitze warteten wir auf den Präsidenten.

Das Staatsoberhaupt erschien pünktlich zu Pferd in Begleitung vom Obst. Zahorski, einem klein gewachsenen Mann mit der forschen Figur eines Kavalleristen. Der Kommandant unserer Schule Obst. Chomnicz ritt im Kurzgalopp zu dem Präsidenten heran, salutierte dreimal mit dem Säbel und erstattete seinen Rapport. Dann ritt der Präsident stolz auf dem Rappen sitzend zur Mitte unserer Formation, nahm seinen Hut ab und begrüßte uns mit den Worten:

»Sei gegrüßt, das schönste Militär der Republik!«

»Willkommen, Herr Präsident!«, antworteten wir im Chor mit tosenden Stimmen.

Am Abend empfingen wir den Präsidenten mit einem Festessen im Kulturhaus in »Królowa Wola«.

Nach der Rückkehr nach Graudenz fuhr die ganze Schule mit der Bahn zu einem zweiwöchigen Ausflug nach Gdingen (Gdynia). Während dieser Zeit wohnten wir in Zelten des Polnischen Roten Kreuzes am Kaszubski-Platz.

Am 15. August fand eine festliche Verleihung des Offiziersgrades an den älteren Schuljahrgang statt. Nach dem Feldgottesdienst und der Militärparade wurde uns die Ernennungsurkunde des Militärministeriums zum Offiziersrang verkündet.

Anschließend vollzog der General den feierlichen Akt des Leutnantsschlages: Der Reihe nach knieten die Leutnants vor dem Befehlshaber nieder. Der General berührte mit der Säbelklinge die rechte Schulter des Nominierten, gab ihm die Hand und küsste ihn auf die Wange. Die älteren Kameraden übergaben uns dann die Schulstandarte. Wir kehrten zu unseren Quartieren zurück – die älteren Kameraden im Rang eines Leutnants und wir als der ältere Jahrgang.

Nachdem wir am Abend um 22 Uhr an den Feierlichkeiten teilgenommen hatten, die vom Offizierscasino zur Nominierung veranstaltet worden waren, fuhren wir am nächsten Tag in den sechswöchigen Urlaub, der bis zum 1. Oktober andauerte.

Diese Urlaubszeit verflog wie Rauch durch ein Schlüsselloch. Termingemäß meldeten wir uns bei der Alma Mater der polnischen Kavallerie zurück.

Gewöhnt an die alten Räumlichkeiten bezogen wir wieder die gleichen Quartiere im ersten Stock – diesmal als der ältere Jahrgang. In der Zwischenzeit war auch der jüngere Jahrgang angekommen, unter dem wir nach früheren Freunden und Bekannten suchten.

Von unserem Jahrgang, zu dem ursprünglich 83 Rekruten gehörten, erschienen nur 75. Acht Zöglinge hatten die Strapazen und den Leistungsdruck in dem ersten schwierigen Probejahr nicht durchgehalten.

Im zweiten Studienjahr bekamen wir mehr Vorlesungen und Seminare, gleichzeitig wurden die Leistungsanforderungen entsprechend höher.

Jedem von uns wurden gleich drei Pferde zugeteilt: ein Geländepferd für den Felddienst und den Umgang mit der Blankwaffe, ein Manegepferd zum Zureiten und ein Remontepferd, ein ungeschultes Pferd, das man erst unter Anleitung eines Instruktors zureiten musste. Wir bekamen auch einen zweiten Sportsattel und einen Burschen zugewiesen, den sogenannten Luzak, der für die Pflege der Pferde verantwortlich war.

Das Zureiten der ungeschulten Pferde kostete uns sehr viel Arbeit, Geduld und eine große Anstrengung. Es gab häufig Reiterunfälle.

In den ersten Frosttagen war es auch mir passiert: Als ich ein Remontepferd anreiten wollte, kam ein Flieger im Sturzflug angeflogen, das Pferd erschrak, bäumte sich auf und stürzte mit mir zu Boden. Ich schlug mit dem Kopf so hart auf die gefrorene Erde, dass ich zwei Monate im Krankenhaus verbringen musste. Infolge dieses Unfalls litt ich lebenslang unter Nervosität und einer Überreaktion auf äußere Reize.

Nach dem Krankenhausaufenthalt bekam ich einen Monat Gesundheitsurlaub. Als ich in die Offiziersschule zurückkam, musste ich mich tüchtig ins Zeug legen, um den Leistungsstand wieder zu erreichen. Ich war nur mit einem Gedanken beschäftigt – nicht aufzugeben, durchzuhalten und die Schule zu beenden. So stand ich täglich um vier Uhr morgens auf, um die Menge des Lehrstoffes zu bewältigen.

Als älterer Jahrgang hatten wir mittwochs, sonnabends und an Feiertagen Ausgang. Die Inhaber der blauen Karten hatten am Donnerstag zusätzlich frei. An diesen freien Tagen schlossen wir zahlreiche Bekanntschaften. Es entwickelten sich freundschaftliche Beziehungen zu vielen Familienhäusern, wo wir herzlich und gastfreundlich empfangen wurden. Man lud uns zu Empfängen und Tanzabenden ein, einige von uns ließen sogar ihr Herz für immer in Graudenz zurück. Nach den anstrengenden Vorlesungen und Seminaren genossen wir in vollen Zügen die herzliche und familiäre Atmosphäre, die im Kasernenleben so fehlte.

Für die neuen Fächer bekamen wir neue Lehrkräfte. Trotz der hohen Leistungsanforderungen, die sie an uns stellten, waren sie ein gutes Vorbild für uns. Um uns so gut wie möglich auszubilden, vermittelten sie uns umfangreiches Wissen, ohne dabei ihren Humor und ihre Ulanen-Bravour zu vergessen.

Langsam kündigte sich der Frühling und mit ihm die Nominierung an. Weil wir sehr viele Seminare und Übungskurse hatten, mussten wir immer mehr Zeit aufwenden, um den Vorlesungsstoff zu verarbeiten und das Studium erfolgreich zu beenden. Während der Examenszeit wurde für jede Schwadron ein eigener Prüfungstermin festgelegt. Zwei Kameraden fielen bei den Prüfungen durch. Dreien von uns, die kein Abiturzeugnis vorlegen konnten, wurde trotz des bestandenen Examens die Nominierung aberkannt. Letztendlich hatten nur 70 der 83 Kadetten die Prüfungen erfolgreich abgeschlossen. Im Juni unternahmen wir noch eine Taktikreise nach Biedrusko zu einem großen Übungslager in der Nähe von Posen. Während dieser Reise hatten wir Prüfungen in Taktik und Topografie, die ich sehr gut bestand.

Nach der Rückkehr in die Garnison warteten wir auf die Promotion, die am 6. August stattfinden sollte. Zu diesem Zeitpunkt hatten wir bereits Regimenter ausgewählt, wo wir aufgenommen werden wollten. Dank der guten Beziehungen meines Vaters wurde ich in das 3. Schlesische Ulanen-Regiment in Tarnowitz (Tarnowskie Góry) in Schlesien aufgenommen.

Der lange ersehnte Promotionstag war endlich gekommen. Die Familien der Promovierten und zahlreiche Gäste nahmen an der Feierlichkeit teil. Außerdem trafen drei Generäle des Departements der Kavallerie aus Warschau ein, in Begleitung von mehreren hohen Offizieren.

In Reiterformation begaben wir uns – noch als Unterleutnants des älteren Jahrgangs – zum Flughafen in der Nähe unserer Kaserne. Dort wurde um zehn Uhr eine Feldmesse abgehalten, gefolgt von einer Militärparade. Danach wurde uns die Verordnung des Militärministers vorgelesen, demzufolge wir die Beförderung zum Offizier erhielten. Nach diesen Feierlichkeiten brachten uns unsere Burschen Offiziersuniformen, deren Kragenspiegel und Mützenbände mit Farben des Regiments versehen waren. In den neuen Uniformen überreichten wir die

Promotion zum Offiziersrang,
Graudenz 1933

Schulstandarte dem älteren Jahrgang und nahmen anschließend die Parade des jüngeren Jahrgangs entgegen. Als wir an unsere Pferde herantraten, gab unser Kommandant Rtm. Strubel nicht das uns bekannte Kommando »Aufsitzen!«, sondern wandte sich an uns mit den Worten: »Herren Offiziere frei aufs Pferd – im Trab Richtung Kaserne Marsch!« Ein Soldatenlied laut singend kehrten wir zu unserem vertrauten Schulgebäude zurück.

Nachdem wir uns gewaschen und frisch gemacht hatten, betraten wir den Ehrensaal. Dort erhielten wir um zwölf Uhr unsere Offiziersdiplome und Ehrenpreise. Anschließend gab es ein festliches Mittagessen in der großen Reithalle neben dem Schulgebäude.

Es wurden Festreden gehalten und Trinksprüche ausgebracht, begleitet von vorzüglichem Wein. Nach dem zweistündigen Festessen kehrten wir in unsere Quartiere zurück, um uns auszuruhen. Um 20 Uhr erwartete uns ein Abschiedsfest mit geladenen Gästen: ein ausgezeichnetes Orchester, ein üppiges Buffet, eine gedämpfte Beleuchtung, schöne Frauen in Abendroben, die bunten Lampassen der Jäger – all das verschmolz zu einer eindrucksvollen Szene in einer wunderbaren Atmosphäre. So endete 1933 die IX. Promotion der Kavalleriehochschule »Bitwa Ostrołecka« in Graudenz. Dieser großartige Tag blieb lange noch in unserer Erinnerung wach. Am folgenden Tag, dem 7. August, nahmen wir Abschied von dieser Stadt, in deren Mauern wir uns an die gemeinsam verbrachten Momente mit Rührung erinnerten. Nachdem wir uns voneinander verabschiedet hatten, fuhren wir in den Urlaub.

Noch vor der Promotion hatte mein Freund Stefan Figurski meinen Vater und mich zu seinem Bruder Piotr eingeladen, der Pfarrer in Krasna bei Niekłań war. Da der Ort nicht weit von meiner Heimatstadt Kielce entfernt war, versprach ich, für ein paar Tage zu kommen.

Nach meiner Ankunft zu Hause meldete ich mich vorschriftsmäßig in strammer Militärhaltung bei meinem Vater an. Als ein überzeugter Infanterist, der mit vollem Herzen der »Waffenkönigin« ergeben war, hegte er keine besondere Vorliebe für die Ulanen, die sogenannten »Malowane dzieci«. Er musterte mich jedoch von allen Seiten und sagte: »Diese Militärelite!« Trotzdem sah man in seinen Augen Zufriedenheit und Stolz auf seinen Sohn und dessen Uniform.

Mein Vater nahm die Einladung meines Freundes gerne entgegen, und wir begaben uns mit der Bahn nach Niekłań.

Vor dem Bahnhof wartete bereits ein Pferdegespann auf uns, das uns schnell nach Krasna brachte. Wir wurden in einem gastfreundlichen, ruhig gelegenen Pfarrhaus herzlich begrüßt.

Es war Anfang September 1933, das Wetter spielte mit, und wir verbrachten eine angenehme Zeit. Jeden Morgen ministrierten wir zusammen mit Stefan bei der Messe seines Bruders. Einige Male waren wir auf der Jagd nach Rebhühnern, für einen Tag fuhren wir nach Tschenstochau (Częstochowa). Nach unserer Rückkehr nach Kielce machten wir uns auf den Weg zu einem Dorf in der Nähe von Zwierzyniec, wo meine Mutter und die Geschwister ihre Ferien verbrachten.

Seit Jahren waren wir dort mit der Familie des bekannten Malers Jósef Brandt (1841–1915) befreundet, der Kriegsszenen gemalt hatte. Wir hatten zwei Zimmer in einem sauberen und wirtschaftlich gut laufenden Bauerngut gemietet, dessen Besitzerin die energische Frau Magdalena war.

Die ländliche Luft war erfüllt vom harzigen Duft der Nadelwälder und verzauberte uns jeden Tag. Mit gegenseitigen Einladungen, Spaziergängen und Tanzabenden verging die Zeit viel zu schnell. In der Mitte des polnischen goldenen Herbstes kehrten wir nach Hause zurück.

Mein sechswöchiger Urlaub näherte sich dem Ende. Gemäß den Vorschriften musste ich mich noch während der Sommermanöver beim Regiment melden.

Aus Graudenz wurden nur Ryszard Cieśliński und ich dem 3. Schlesischen Ulanen-Regiment zugeteilt. Also fuhren wir gemeinsam nach Tarnowitz. Dort erfuhren wir, dass sich das Ulanen-Regiment in der Region von Wolbrom befindet. Deshalb mussten wir zuerst nach Wolbrom fahren, und von dort ging es mit einem geliehenen Pferdegespann weiter. Ein alter schnurrbärtiger Kutscher führte das Gespann und fragte uns immer wieder: »Und zu welchem Regiment wünschen die Herren?« So erreichten wir ein Pfarrhaus, das im Schatten einer ausladenden Lindenkrone versteckt war.

Wir meldeten uns beim Adjutanten des Regiments an, der uns befahl, auf den Kommandanten, Obst. Kazimierz Żelisławski, zu warten. Zu unserem Glück wechselte die Kommandantur gerade das Quartier. Einige Minuten später standen wir vor dem Kommandanten des Regiments.

Als Erster meldete sich in strammer Militärhaltung Cieśliński. Dann merkte ich, dass der Oberst mich anschaute, also fing ich an, die vorschriftsmäßige Meldung zu rezitieren. Zu meiner Verwunderung brummte der Kommandant: »Eben hatte ich nicht Sie angesprochen!« Während ich verdutzt dastand und gewiss keine kluge Miene machte, sah ich, dass einige Offiziere in meiner

Nähe geheimnisvoll lächelten. Als ich endlich an der Reihe war und meine Meldung abgab, kam einer der Offiziere auf mich zu und flüsterte mir ins Ohr: »Herr Offizier, machen Sie sich keine Sorgen, unser Oberst schielt.« Die Hauptsache war jedoch, dass ich den Besuch beim Oberst des Regiments hinter mich gebracht hatte.

Nach ein paar letzten Urlaubstagen in familiärer Atmosphäre musste ich mich zum Dienst melden. Wie wird er verlaufen? Schwer zu sagen, die Zeit wird es schon lösen. Auf jeden Fall besaß ich eine Menge aufrichtigen Willens und sicherlich keinen geringen Wissensvorrat.

Im 3. Schlesischen Ulanen-Regiment

Autor beim Springturnier mit Anglo-Araberstute Dagmara,
Tarnowitz 1937

Nach der Ankunft im Regiment in Tarnowitz war ich von der schönen Umgebung angenehm überrascht. Ich dachte, dass Schlesien nur aus Braunkohlegruben, Kaminen und Smog bestand. Stattdessen fand ich eine Gegend voller prächtiger schlesischer Wälder. Tarnowitz zählte 20 000 Einwohner, war wohlhabend und sauber, mit großstädtischen Geschäften und Schaufenstern, von Kaminen und Rauch keine Spur.

Das 3. Ulanen-Regiment, dessen Ursprünge in die napoleonische Zeit bis 1807 zurückreichen, gehörte zur Elite der Ulanen-Regimenter. In den ersten Nachkriegsjahren trug es den Namen »Warschauer Kinder« (Dzieci Warszawy), da es sich 1918 in Warschau aus dem 3. Regiment des I. Polenkorps von General Dowbor-Muśnicki in Warschau herausgebildet hatte. 1922 wurde dieses Regiment nach Schlesien versetzt und dort nach mehr als sechzehnjähriger Stationierung auf Antrag des Schlesischen Sejms in 3. Schlesisches Ulanen-Regiment umbenannt.

Die Organisation des Regiments setzte sich wie folgt zusammen: aus der Regimentskommandantur, vier Landabwehr-Schwadronen, einer Schwadron schwerer Maschinengewehre (sMG-Schwadron), einer Wirtschaftsschwadron, einem Nachrichtenzug, einem Panzerabwehrzug, einem Radfahrerzug und einer Pioniertruppe. Jede Schwadron bestand aus drei Zügen mit leichten Maschinengewehren und Panzerabwehrwaffen innerhalb eines Zuges.

Die sMG-Schwadron besaß zwölf schwere Maschinengewehre, davon acht auf Pferdesattel und vier auf Pferdekarren, den sogenannten Tatschankas. Darüber hinaus verfügte jede Schwadron über einen Panzerabwehrzug mit vier erstklassigen kleinkalibrigen 37-Millimeter-Geschützen. Wir waren Bestandteil der Krakauer Brigaden-Kavallerie, deren Kommandant Gen. Zygmund Piasecki war. Als Ritter des Ordens Virtuti Militari der V., IV. und III. Klasse war er eine große Ausnahme.

Unsere Brigade bestand aus dem 8. in Krakau stationierten Ulanen-Regiment, namens Jósef Piłsudski, dem 5. Berittenen Schützenregiment aus Dambritsch (Dębice) und der 5. Division Berittener Artillerie. Die 5. Division verfügte außerdem über zwölf 75-mm-Kannonen, eine Funkschwadron und eine Pionierschwadron. Dies alles gehörte zur Organisation einer Kavallerie-Brigade in Friedenszeiten.

Zu der Zeit, als ich zum Regiment kam, war Leutnant Stefan Sołtysik Adjutant. Die 1. Schwadron unterstand der Kommandantur des Rtms. Szepietowski, die 2. kommandierte Rtm. Najnert, die 3., die in Pszczyna stationiert war, befehligte Rtm. Dąbrowski, die 4. wurde vom Rtm. Suchorowski angeführt. An der Spitze der schweren Maschinengewehrschwadron stand Rtm. Jósef Wcisłowski.

Ich wurde der 2. Schwadron zugeteilt. Als jüngerer Offizier bekam ich die Funktion des Zugführers. Der stellvertretende Kommandant dieser Schwadron war der ältere Offizier Oblt. Wiesław Żakowski. Außer dem 3. Ulanen-Regiment war in

Tarnowitz das 11. Infanterieregiment stationiert, dessen Kommandant Dipl.-Oblt. Henrik Gorgoń war.

Am 6. Oktober wurde die Kommandantur benachrichtigt, dass wir an den Feierlichkeiten zum 250. Jahrestag des Entsatzes von Wien teilnehmen sollten. Die Militärparade der zwölf Kavallerieregimenter sollte Marschall Piłsudski abnehmen.

Von da an hatte man uns zur Arbeit angetrieben. Unermüdlich übten wir auf dem Kasernenplatz die schwierigste Gangart: den Schritt.

Vor Beginn des Festes begaben wir uns im Reisemarsch Richtung Krakau. In der Nähe von Krakau hatten wir uns in dem großen Dorf Liszki einquartiert. Da es bis zum Fest noch ein paar Tage dauerte, setzten wir die Proben für die Kavallerieparade fort.

Als wir am 6. Oktober in Richtung Krakauer Heide marschierten, erlebten wir unvergessene Momente. Aus den Fenstern und Balkonen – häufig mit den Wimpeln in Kavalleriefarben geschmückt – warfen uns die Krakauer Blumen zu, und mit jubelnder Freude hießen sie uns willkommen.

Die zwölf Kavallerieregimenter unter dem Kommando von Gen. Orlicz-Dreszer versammelten sich auf der grasbedeckten Ebene der Krakauer Heide.

Der Präsident der Republik, Prof. Ignacy Mościcki, Repräsentanten verschiedener Staaten und zahlreiche Ehrengäste nahmen auf den Tribünen unter dem Kościuszko-Hügel Platz. Für Marschall Piłsudski wurde eine kleine Ehrentribüne errichtet. Während der Feierlichkeiten hielt bei der Tribüne der Adjutant des Marschalls, Dipl.-Obst. Witold Wartha, seinen Posten, der in seiner Tatrauniform mit einer Adlerfeder am Hut großartig aussah. Neben der Ehrentribüne standen in Reih und Glied Generäle der Kavallerie, Heeresinspektoren und Vertreter ausländischer Streitkräfte.

Die Militärparade begann mit dem 1. Chevauleger-Regiment aus Warschau und endete mit dem Gastgeber, dem 8. Krakauer Ulanen-Regiment. Das wunderschöne Wetter und die gehobene

Stimmung trugen dazu bei, dass diese Festveranstaltung so gut gelungen war.

Nach der Abschlussparade marschierten alle Regimenter zu einer wohlverdienten Ruhepause. Am Abend wurden Regimentskommandanten und ältere Offiziere zu einem Fest eingeladen, die vom Präsidenten auf dem Wawel-Schloss, der ehemaligen Residenz der polnischen Könige, veranstaltet wurde. Wir, die jüngeren Offiziere, blieben mit den gemeinen Soldaten und den Pferden in unseren Quartieren zurück.

Nach der Rückkehr in das Regiment begann ich mich allmählich an das Dienstleben zu gewöhnen. Als Neuling war ich verpflichtet, mich bei allen älteren Offizieren zu melden, angefangen beim Regimentskommandanten. Falls ich den jeweiligen Offizier nicht antraf, hinterließ ich meine Visitenkarte als Beweis dafür, dass ich meiner Pflicht nachgekommen war. Um den gesellschaftlichen Sitten zu genügen, musste ich später ihre Gegenbesuche in Empfang nehmen. Wie alle anderen Junggesellen wohnte ich in der Kaserne, in der sich die Offiziersquartiere befanden. Nur wer verheiratet war, besaß das Privileg, in der Stadt zu wohnen.

Im Regiment wurden wir um fünf Uhr morgens geweckt, an Feiertagen um sechs Uhr. Als Erstes gingen wir in die Stallungen, um das Füttern, das Tränken und die Pflege der Pferde zu überwachen. Danach hatten wir Zeit für Morgentoilette, Gymnastik und Frühstück.

Die wesentlichen Lehrveranstaltungen fanden zwischen acht und elf Uhr statt. Anschließend waren wir wieder mit der Versorgung der Pferde beschäftigt. Zwischen zwölf und dreizehn Uhr gab es Mittagessen, danach hatten wir freie Stunden. Der Nachmittagsunterricht dauerte von sechzehn bis siebzehn Uhr. Bis zum Abendessen um neunzehn Uhr hatten wir Zeit für Waffenpflege und allgemeine Reinigung. Nach dem Abendbrot hatten wir bis zum Zapfenstreich um 21 Uhr wieder frei.

Neben den obligatorischen Aufgaben hatten die Offiziere die zusätzliche Pflicht, Reitstunden zu besichtigen. Je nach Jahreszeit fand der Reitunterricht von elf bis zwölf Uhr oder von sieben bis acht Uhr statt. Von Zeit zu Zeit gab es zusätzlich Anwendungsübungen im Casino. Unser Kommandant Obst. Kazimierz Żelisławski, den wir »Bison« nannten, schien auf den ersten Blick grob und hart zu sein. Doch trotz der hohen Anforderungen, die er an uns stellte, erwies er sich im täglichen Umgang als ein ausgesprochen gütiger und loyaler Mensch. Oberst Żelisławski behandelte niemanden ungerecht; im ersten Dienstjahr bestrafte er nicht einmal die jüngeren Offiziere.

Die Mützen unserer Garnison waren mit einem gelben Mützenband versehen, die Kragenspiegelauflagen waren gelb-weiße Wimpel. Sowohl an den Uniformhosen als auch an den dunkelblauen Abendhosen gab es doppelte Lampassen in gelber Farbe.

Während der ersten Dienstzeit im Regiment lebten wir, als Rekruten der Offiziersschule in Graudenz, noch lange Zeit mit den Erinnerungen an unsere alte Schule – eine Kavallerieschule von Weltruf. Der beste Beweis dafür war die Tatsache, dass an unseren Reitkursen Amerikaner, Belgier, Schweden, Türken, Rumänen, Letten und sogar Vertreter exotischer Länder wie Japan teilnahmen. Unsere Offiziersschule in Graudenz war eine wahre Ritterschule, die uns einen guten Start in die Zukunft ermöglichte.

Meine finanzielle Situation war in den ersten Dienstjahren recht schwierig. Ich musste für die Offiziersuniform und die Pferdeausrüstung selbst aufkommen. Außerdem musste ich dem Sattelmeister Lassota in Warschau aus eigener Tasche einen Dienstsattel mit der entsprechenden Ausrüstung im Wert von 1200 Złoty und einen englischen Sattel über 400 Złoty bezahlen. Obwohl wir diese Anschaffungen in Raten abbezahlen konnten, hieß es lange Zeit den Gürtel enger schnallen. Zudem musste ich monatlich 100 Złoty für die Verpflegung im Casino zahlen. Das lag daran, dass es im Regiment üblich war, dass die Offiziere alle Repräsentationskosten, also auch alle Empfangskosten für die geladenen Gäste, zu tragen hatten. Denn bei solchen Gelegenheiten war das

Büfett reichlich mit erlesenen Speisen und Getränken gedeckt, die den Gästen stets kostenlos zur Verfügung standen. Außerdem beteiligten wir uns am Orchester, einem Trompetenzug, der in den Kavallerieregimentern nicht fest angestellt war. Neben dem Casino befanden sich Tennisplätze, auf denen wir gerne und häufig dem Weißen Sport nachgingen. Die dazu notwendige Sportausrüstung war auch nicht gerade billig. Aus alldem ist zu erkennen, dass die Kavallerie zu den kostspieligen Militäreinheiten zählte. In Anbetracht dessen, dass der Lohn eines Unterleutnants 250 Złoty und der eines Oberleutnants 360 Złoty betrug, abzüglich verschiedener Sozialleistungen, mussten wir uns in den ersten Dienstjahren finanziell sehr einschränken.

Der Unterricht fand teils auf dem Kasernengelände, teils außerhalb statt. Die Reitausbildung, das Exerzieren und das Schießen wurden in einer großen Reiterhalle durchgeführt, die sich innerhalb der gemauerten Kasernengebäude zwischen zwei weitläufigen Flächen befand. Um Scharfschießübungen abhalten zu können, fuhren wir in den Umkreis von Sewerien (Siewierz) nach Brudzowice, wo während unseres Aufenthaltes ein Feldkasino für uns errichtet wurde.

Wir hatten eine große Anzahl von Kursen und Übungsmanövern. Im Winter wurden mehrtägige Übungen im Freien abgehalten, unabhängig von Wetterverhältnissen und Frost. Im Sommer fuhren wir zu Schwimmübungen nach Ossig (Spytków) an der Weichsel in die Gegend von Neuenstadt an der Schaue (Zator). Ebenfalls im Sommer marschierte das Regiment zu sechs wöchentlichen Manövern, die sich bis Ende August hinzogen.

Am 1. September mussten wir wegen der Ankunft der Rekruten in den Kasernen zurück sein. Zu diesem Zeitpunkt begann auch unser Urlaub. Im Vergleich zu den Sommermanövern waren die Übungsmanöver innerhalb der Divisionen am intensivsten und dauerten viele Tage und Nächte.

Am 23. September feierte man das Regimentsfest. Aus diesem Anlass fand mittags ein festliches Soldatenessen statt, gefolgt von einem abendlichen Fest im Offizierscasino. Zu diesem Fest kamen in der Regel die ehemaligen Regimentskommandanten, Offiziere, Freunde und geladene Gäste.

Kurz vor der Ankunft des Regimentskommandanten, der pünktlich um 21 Uhr erschien, betraten wir in Galauniform das Casino; während das Orchester vom Balkon den Regimentsmarsch spielte, warteten wir in strammer Haltung auf ein Zeichen zum Beginn des Festes. Im Schatten von ausladenden Palmen wurde im Casino ein festliches Büfett eingerichtet. Es fehlte an nichts!

Es gab Fisch in allen Variationen, verschiedene Heringsgerichte, eine Menge exklusiver Wurstwaren, aromatisch duftende Spanferkelbraten mit Meerrettichstauden im Maul, dazu marinierte Pilze, Salzgurken und andere Zutaten. Zu den warmen Gerichten gehörten Żurek, Rote-Bete-Suppe mit Pastete und Bigos, ein polnisches Nationalgericht. Am Büfett wurden Teller, Besteck, Gläser sowie Karaffen, gefüllt mit Wodka in unterschiedlichen Farben, aufgestellt; all das schimmerte in Regenbogenfarben und funkelte im Glanz der Kristalle und des Porzellans.

Das Regimentsorchester spielte unermüdlich Tanzmusik für uns. Als die jüngeren Offiziere hatten wir die angenehme Pflicht, die Damen zum Tanz aufzufordern, durften aber das Casino nicht verlassen, bevor das Fest zu Ende war.

Die ältere Gesellschaft spielte Bridge an grünen Tischen in den Nebenräumen. Poker war bei uns verboten.

Ab 1938 feierten wir unser Regimentsfest erst am 14. Juni, dem Jahrestag der Schlacht um Ludwigsruh (Lubiszyn). Der ursprünglich festgelegte Termin war ungünstig, weil der ältere Jahrgang zu dieser Zeit in die Reserve entlassen wurde.

Bei Ankunft der Rekruten hatten wir viel mehr Arbeitsaufwand als beim Entlassen des älteren Jahrgangs in die Reserve. Die Rekrutenzeit dauerte drei Monate. Danach folgte der feierliche Eid, der von Militärkaplänen der katholischen Kirche, der russisch-orthodoxen Kirche und von muslimischen Geistlichen abgenommen wurde. Nach dem Eid teilte man die Waffen aus, gleichzeitig wurden die Disziplinarmaßnahmen drastisch verschärft.

Sehr wenige Rekruten stammten aus Schlesien, die meisten kamen aus den polnischen Ostgebieten. Diese sehr einfachen Burschen waren ungebildet, aber anständig und bereit zum Militärdienst. Manche unter ihnen waren Analphabeten, für die man Kurse im Erlernen von Lesen, Schreiben und Rechnen organisierte. Auch die Nachkommen der jüdischen Freiheitskämpfer, der tapferen Makkabäer, waren wenig vertreten. Leider zeichneten sich die meisten von ihnen nicht durch die Eigenschaften ihrer Vorfahren aus, aber es gab auch vorbildliche Soldaten unter ihnen.

Von meinem Zug blieb mir Ulan Mordka Kopernik besonders in Erinnerung, dem Folgendes widerfuhr: Nachdem er in sein Heimatland in Urlaub gefahren war, erhielt das Regiment ein umfangreiches Schreiben vom Polizeirevier. Darin wurde berichtet, dass der Ulan Mordka Kopernik bei einem Krawall während eines Festes seinen Säbel gezogen und einem Zivilisten ein Ohr abgeschnitten hatte.

Als »mein Held« wieder im Regiment erschien, beschimpfte ich ihn und erstattete einen Strafrapport bei Rtm. Najnert, dem Kommandanten der Schwadron.

Die Ermittlungen hatten ergeben, was später auch durch die Untersuchungsgendarmerie vor Ort bestätigt wurde, dass Mordka Kopernik angegriffen worden war. In der Verteidigung seiner Militärehre musste er den Säbel einsetzen, dies entsprach allerdings den Militärvorschriften. Deshalb entging Mordka nicht nur der Bestrafung, sondern wurde zum älteren Ulanen befördert und erhielt zwei weitere Wochen Urlaub, sozusagen zur Belohnung!

Im ersten Dienstjahr tat ich mich schwer im Regiment. Trotz der gemeinsamen Sportarten war es für mich nicht so einfach, mich mit dem engen Kreis von Offizieren anzufreunden. Der Grund dafür war, dass ich nicht rauchte und keinen Tropfen Alkohol trank, während die Kavaliere gerne tranken. Einige ältere

Kameraden aus Graudenz warnten mich, zu einem Außenseiter zu werden, wenn ich die Trinkabende weiterhin meiden würde. Also musste ich eine Lösung finden; von nun an blieb ich den gemeinsamen Schmaus-Abenden nicht mehr fern. Aber ich trank kaum oder gab vor zu trinken. Ich erinnere mich nicht mehr daran, aus welchem Anlass im Casino ein großes Zechgelage stattfand, an dem der Regimentskommandant teilnahm.

Als jüngerer Offizier war ich für das Einschenken der Gläser zuständig. Gedrängt durch die Trinkenden musste ich meine Aufgabe schnell bewältigen und eine Menge Alkohol ausschenken. Die Festgäste waren schnell betrunken, und bald ging auch der Schnaps aus. Offenbar war das Casino für so ein großes Fest nicht ausreichend vorbereitet. Die Betrunkenen wollten sich aber mit dieser Situation nicht abfinden und verlangten von mir, weiterhin die Gläser zu füllen. Als ich versuchte zu erklären, dass es am Alkohol mangelte, wollte keiner etwas davon hören. Da es spät nach Mitternacht war, konnte ich nichts unternehmen. In meiner Verzweiflung goss ich schließlich Leitungswasser in die Flaschen, fügte etwas Obstsaft hinzu und füllte die Gläser damit

Das 3. Schlesische Ulanen-Regiment – Rückkehr vom Manöver 1937

auf. Mit Freudenrufen wie »Sie sind aber eine Rakete, Herr Oberleutnant!« leerten sie die Gläser in einem Zug aus. Und weil die Brüderschaft so angetrunken war, merkte sie nicht, was sie trank.

Wie überall bei den berittenen Truppen fanden auch bei uns Festveranstaltungen am 3. November statt, dem Tag des heiligen Hubertus, der unser Patron war. Zu den größten Attraktionen des Tages gehörte der traditionelle Jagdlauf, die sogenannte Fuchsjagd: Auf einem schwierigen Terrain mussten im Galopp allerlei Hindernisse überwunden werden, was höchste Konzentration erforderte.

Nach dem Rennen genossen wir in einer Waldlichtung unter der Begleitung des Regimentsorchesters ein geschmackvolles Jäger-Bigos. Als Andenken erhielten wir schöne Geschenke, wie zum Beispiel kleine Hufeisen mit den Regimentsfarben und eingraviertem Datum.

Am Abend des gleichen Tages fand ein Ball mit zahlreichen geladenen Gästen im Casino statt. An den reich gedeckten Tischen wurde bis in die frühen Morgenstunden gefeiert und getanzt.

Am 2. Februar war der Namenstag Marias, der Gattin des Regimentskommandeurs, und am 4. März der Namenstag des Kommandeurs: An diesen Tagen standen alle Offiziere in Reih und Glied mit Gratulationen vor dem Befehlshaber und seiner Gattin. Gewöhnlich waren wir an den beiden Tagen beim Oberst und seiner Frau eingeladen. Die Küche war wie immer vorzüglich. Zu den Spezialitäten der Hausherrin gehörten hervorragend zubereitete Rebhühner in Sahnesoße.

Als Kommandant des Zuges war ich verpflichtet, den Soldaten Vorträge in Allgemeinwissen zu halten. Während eines dieser Vorträge trat der Regimentskommandant in den Saal, um den Kursverlauf zu überprüfen. Nachdem ich meinen Rapport abgegeben hatte, befragte der Oberst die Ulanen. Diejenigen, die aus Schlesien und Zentralpolen stammten, waren ziemlich gut mit ihren Antworten. Aber als der Oberst einen Burschen aus einem

Kleinkleckersdorf fragte, was ein Adler sei, erstarrte der arme Kerl vor Schreck und schwieg. Hinter dem Oberst stehend zeigte ich dem Jungen mit Armbewegungen, dass es sich um einen Vogel handelt, der fliegen kann. Schließlich würgte der Ulan heraus, dass ein Adler ein Vöglein sei. Auf die Frage, wovon sich ein Adler ernährt, fiel die Antwort: »Von Fliegen«, worauf ein lautes Gelächter ausbrach.

Dann suchte sich der unermüdliche Oberst ein anderes Opfer aus. Er zeigte mit dem Finger auf die Porträts von Marschall Piłsudski und Präsident Mościcki und fragte, wer dort abgebildet sei. Es fiel die richtige Antwort. Um dieses Spiel weiterzuführen, fragte der Oberst: »Na gut, aber warum bin ich nicht dabei?«

Der gefragte Soldat wirkte verwirrt und verstummte. Mit dem Finger an den Kopf zeigend, wollte ich ihm vermitteln, dass er in Ruhe nachdenken sollte. Mein Hilfezeichen rief aber eine unerwartete Reaktion hervor. Mit einer verklärten Miene antwortete der Junge, dass man hier nur die klugen Köpfe aufhänge. Ich erstarrte. Einen Moment lang herrschte eine verhängnisvolle Stille, erst das aufrichtige Lachen des Kommandanten lockerte die gespannte Atmosphäre auf. Ach, beim Militär konnte man oft herzlich lachen!

Einmal führte ich den älteren Jahrgang in Begleitung des Orchesters zum Zivildienst. Nachdem ich mich von den Jungen verabschiedet hatte, kam einer von denen auf mich zu, umarmte mich und sagte mit dem Akzent der polnischen Ostgebiete: »Pan porucznik je dobry chłop, ino troche za mundry« (Herr Oberleutnant, Sie se ein juter Kerl, no bissl zu weise).

1937 führte ich als Kommandant der Radfahrerschwadronen unsere Brigade zu einem großen Wołyner Manöver. Wenn ich mit dem Fahrrad die guten asphaltierten Wege Schlesiens und die nicht so schlechten Straßen Zentralpolens leicht bewältigen konnte, war ich in fröhlicher Stimmung. Aber mein Gesicht wurde mürrisch, wenn ich im Moor oder auf Irrwegen in den östlichen Grenzgebieten das Fahrrad mit Mühe huckepack tragen musste. Die umfangreich angelegten Wołyner Manöver endeten mit einer großen Parade in Łuck in Anwesenheit von Marschall Śmigły.

In die Garnison kehrten wir zum Glück mit der Bahn zurück. Kurz danach nahmen wir den jüngeren Jahrgang in Empfang.

Im Anschluss an den Dienst in der 2. Schwadron war ich in der 1. Schwadron und in der sMG-Schwadron tätig. Danach wurde ich zum Evidenzoffizier, also zum stellvertretenden Offizier der Mobilmachung ernannt. Als ein voll ausgebildeter Oberleutnant erhielt ich die Funktion eines Rittmeisters. Der Regimentskommandeur teilte mir mit, dass die Ernennung zum Rittmeister der Zustimmung des Militärministeriums in Warschau bedürfe, die bereits erteilt worden sei.

Im März verließ uns Obst. Kazimierz Żelisławski. Die Kommandantur übernahm Obst. Czesław Chmielewski, der ehemalige Befehlshaber des 13. Ulanen-Regiments. Sein stellvertretender Kommandant wurde Mjr. Jan Zapolski, der in jeder Hinsicht ein Vorbild war: als bester Vorgesetzter, als bester Kamerad und auch als Gentleman. Plötzlich wurden wir jungen Offiziere in vielen Bereichen hastig ausgebildet. Bei einem neu eingeführten Winterkurs nahmen einige von uns an kurzen Reit- und Ski-manövern in der Gegend von Zwardoń und Miliówka teil. Diese Kurse waren besonders intensiv und anstrengend, aber auf ihre Weise spannend.

1938 wurde ich zu einem Pionierkurs für Kavallerieoffiziere nach Modlin abkommandiert. Die Lehrveranstaltungen waren äußerst schwierig. Von uns wurde erwartet, dass wir Höchstleistung erbringen. Die Kurse dauerten ein halbes Jahr. Wir hatten viele Vorlesungen und praktische Übungen, darunter auch Fahrkurse.

In der Freizeit fuhren wir gruppenweise nach Warschau. Mit unseren Mützenbändern in verschiedenen Farben – wir repräsentierten fast alle Kavallerieregimenter – erregten wir in der Hauptstadt großes Aufsehen.

Nach den Prüfungen wurden wir zu einem Kurs in Gasabwehr und Gasschutz in Trauguttow bei Brest geschickt. Trauguttow war damals ein modernes Ausbildungszentrum für chemische Kampfstoffe und für die Gasabwehr. Seine Nähe zu Brest am Bug ermöglichte es uns, die Freizeit auf interessante Weise zu verbringen.

Nach meiner Rückkehr ins Regiment wurde ich zum Dienst in der 4. Pionier-Schwadron in der Westukraine nach Kamionika Strumiłowa bei Lemberg (Lwów) versetzt.

Mit den Pionieren in den Krieg

Ich kam mit meinem Kollegen aus Graudenz, Zdzisław Sielecki vom 8. Ulanen-Regiment, in Krakau in die Pionierschwadron. Der Schwadronskommandant war Rtm. Jerzy Jasielski vom 6. Ulanen-Regiment in Stanisławów.

Kamionka Strumiłowa (Ostgalizien) war ein armseliges Städtchen am anderen Ende Polens. Es war ein Ort, der, wie man so schön sagt, »mit Brettern vernagelt war«. Ebendort war die Garnison der 13. Division der Berittenen Artillerie (Dak) unter dem Kommando von Suszczyński stationiert. Die Kasernen und die Stallungen machten keinen schlechten Eindruck. Wir verpflegten uns im Casino von Dak, wo wir schnell unter den sympathischen Artilleristen Freunde fanden. Häufig spielten wir gemeinsam Bridge.

Bald jedoch erhielten wir die Nachricht, dass wir in den Westen der Ukraine in die Nähe von Kremenez (Krzemieniec) versetzt würden. Dort sollten wir uns dem 12. Ulanen-Regiment anschließen.

Unser Aufenthaltsort war das Dorf Berezce, das acht Kilometer von Kremenez entfernt lag. Dort wurden bereits für uns Kasernen und Stallungen errichtet. Wir freuten uns sehr, denn Kamionka wurde schnell langweilig, während uns die entfernten Grenzgebiete Polens wie ein Magnet anzogen.

Am neuen Aufenthaltsort war ich von der wunderschönen Umgebung mit der harzigen Luft der Kiefernbäume angetan. In den Wäldern gab es viele Wildtiere, prachtvolle Pilze und Walderdbeeren, die prächtiger und größer waren als Gartenerdbeeren. Auch der Fluss Ikwa mit seinem Fischreichtum begeisterte mich. Ganz in der Nähe des Flusses stand eine große Mühle, die einem Deutschen, Herrn Kraft, gehörte. Der Müller war mit einer Kosakin verheiratet, die ohne Steigbügel aufs Pferd springen konnte. An der Mühle breitete sich ein schöner Strand entlang des Flusses aus. Fast jeden Tag genossen wir das Baden im ausreichend tiefen

Wasser des Flusses. Das Dorf selbst war eine kleine Siedlung mit einer Apotheke, zwei Kneipen und einem Polizeirevier. Zur Oberschicht des Ortes gehörten der Gemeindevorsteher, der Apotheker und ein jüdischer Tierarzt.

In Berezce mietete ich eine große Wohnung. Das Mittagessen wurde mir von meinem Offiziersburschen aus einem Gasthaus gebracht. Es schmeckte sehr gut, und die vielen Vorspeisen mit Eis waren ausreichend für uns beide. Die Lebenskosten waren hier sehr gering, für das Mittagessen bezahlte ich ungefähr einen Złoty, ein großes Brathuhn bekam man schon für 50 Groschen. Ich war in einem Land, in dem Milch und Honig flossen. Der einzige Nachteil war, dass es hier viele Ukrainer gab, die uns Polen nicht besonders liebten.

Meine Anglo-Araber-Stute Dagmara wurde von dem Stallknecht Harszyn versorgt, der aus den östlichen Randgebieten Polens stammte. Dagmara sah wunderschön aus mit ihrem weißen Pfeil auf der Stirn und ihren großen, schwarzen, feuchten Augen. Ich hatte das großartige Pferd vom Regiment mitgenommen.

Unweit von Berezce befand sich ein orthodoxes Sanktuarium in der Art von Tschenstochau, die berühmte Ławra Poczajowska. Einmal wurde ich dort zusammen mit dem Woiwoden von zottigen, bärtigen Mönchen gastfreundlich empfangen.

Kremenez selbst mit seinem berühmten Kremenez-Lyzeum und dem Berg der Königin Bona war eine Kleinstadt mit dem Charakter eines Ostgrenzgebietes. Zu den Bewohnern zählten hauptsächlich Polen und Juden. Die Ukrainer wohnten üblicherweise auf dem Lande. Manchmal fuhren wir mit Britschkas nach Kremenz, wenn im Kino ein guter Film lief.

In Berezce ging es uns ganz gut. Wegen der Zugehörigkeit zum 12. Podolien-Ulanen-Regiment weilten wir oft in Białokrynica, wo dieses Regiment stationiert war. Die Kommandantur hatte dort Oblt. Andrzej Kuczek inne. Wir gehörten zur Grenzland-Ost-Kavalleriebrigade (Kresowa-Brygada-Kawaleria) mit dem Sitz in Brody. Außer unserer Schwadron und dem 12. Ulanen-

Regiment bestand diese Brigade aus dem 22. Ulanen-Regiment, dessen Kommandant Dipl. Obst. W. Płonka war, dem 20. Ulanen-Regiment unter der Führung von Obst. A. Kurnachowicz, dem 6. Berittenen Schützenregiment mit Dipl. Oblt. St. Mossoran an der Spitze, der 13. Division der Berittenen Artillerie (Dak) unter dem Kommando von Obl. H. Suszczyńsk und der Funkschwadron unter dem Kommando von Oblt. B. Kobielski.

Aufgrund der fortschreitenden Modernisierung unserer Armee sollten alle Pionierschwadronen motorisiert werden. Aus diesem Grund besuchten wir in Modlin einen Intensivkurs der Fahrschule. Kurz darauf erhielten wir eine Verteilerliste von Fahrzeugen, aus der hervorging, dass wir hervorragende Geländewagen polnischer Produktion erhalten sollten: Jeeps, Lieferwagen und die erstklassigen Motorräder der Marke Sokół. Um diese Fahrzeuge entgegenzunehmen, wurde Oblt. Sielecki mit seiner Equipe nach Modlin geschickt. Leider verursachte der plötzliche Kriegsausbruch, dass wir weder die Fahrzeuge bekamen noch unsere dorthin geschickte Mannschaft wiedersahen.

Im Sommer 1939 holte uns der Kriegsalarm von den Manövern zurück, und am 29. August wurde die allgemeine Mobilmachung angekündigt. Infolge der Intervention Frankreichs und Englands, mit denen wir verbündet waren, wurde diese Mobilmachung verschoben, da die britisch-deutschen Verhandlungen noch nicht abgeschlossen waren. Diese Tatsache löste ein Chaos aus, sowohl beim Militär als auch bei den zivilen Behörden. Der Krieg hing buchstäblich in der Luft. Obwohl man die allgemeine Mobilmachung am 31. August erneut bekannt gab, wurde unsere Schwadron bereits in der zweiten Augusthälfte unter Kriegsbereitschaft gestellt. Vor dem Aufbruch an die Front kam der Reserveunterleutnant Krzysztof Chodkiewicz aus Mühldorf (Młynów) bei uns an, ein direkter Nachkomme des berühmten polnischen Hetmans.

Unsere Truppe wurde auf einen Bahntransport in Kremenez verladen. Nach enthusiastischer Verabschiedung durch die Anwohner fuhren wir zu unserem Bestimmungsort nach Schieratz (Sieradz). Diese Strecke verlief über Lemberg, Krakau und Tschenstochau.

Nach der Verladung in Schieratz begaben wir uns in Reiterformation zum nahe gelegenen Ort Biskupitz (Biskupice) an der Warthe – der Fluss war in diesem Bereich zwar nicht breit, aber sehr tief.

Unsere Schwadron wurde in einem Gutshofgebäude einquartiert, die Offiziere im Schloss der Gräfin Potocka. Die Gräfin erwies sich als eine äußerst nette, gebildete und hilfsbereite Person, die auf eigene Kosten das Militär und die Pferde unterhielt.

Gemeinsam mit den Gastgebern gingen wir viermal am Tage zu Tisch. Dabei genossen wir die vorzügliche Küche und die vornehme Gesellschaft. Während dieses Aufenthalts führten wir weiterhin intensive Militärübungen durch. Das prächtige Schloss, die reich ausgestattete Bibliothek, ein Flügel und Bridgespiele erlaubten uns, die Gedanken an den heranziehenden Krieg zu verdrängen.

Diese Idylle dauerte jedoch nicht lange. Der Krieg wurde durch die schon bestehende Feldpost und die Antigasbereitschaft Realität. Am 1. September gegen 17 Uhr stürzte unser Schreiber Kpl. Burzański mit der Meldung herein: »Herr Oberleutnant, Krieg!«

Im Alarmtempo verließen wir das gastfreundliche Haus. Wir besetzen in Infanterieformation den Hochwasserdeich an der anderen Uferseite der Warthe, wo sich unvollendete Kriegsbunker befanden. In unserer Nachbarschaft lagerte die 10. Infanteriedivision unter der Kommandantur von Gen. Dindorf-Antkowicz.

Da die Feldküche uns nicht mehr erreichen konnte, mussten wir von nun an unsere Verpflegung auf eigene Faust besorgen. Auch den Sold für September bekamen wir nicht mehr.

Aus der Ferne hörten wir, wie die deutsche Luftwaffe Schieratz heftig bombardierte. Insbesondere wurde der Bahnhof angegriffen, wo sich einige Militärtransporte gerade befanden. Es gab Tote und Verletzte, sowohl beim Militär als auch bei der Zivilbevölkerung.

Aufgrund des schnellen Heranrückens der deutschen Truppen bestand die Gefahr, dass der Feind die Warthe in der Region Schieratz überqueren würde. Am 3. September erhielten wir den Befehl, den Brückenkopf aufzugeben und uns auf das rechte Ufer des Flusses zurückzuziehen.

Die Einheiten der Grenzland-Ost-Kavalleriebrigade (Kresowa-BK) waren am rechten Wartheufer in der Region von Schadka zusammengeballt. Sie wurden ständig von der feindlichen Luftwaffe bombardiert. Wir erlitten zwar keine größeren Verluste, aber die unaufhörlichen Luftangriffe wirkten sich deprimierend auf die Moral der Truppen aus.

Die Grenzland-Ost-Kavalleriebrigade war eine Einheit der Lodz-Armee (Armia Łódź). Unter dem Kommando von Gen. Juliusz Rommel verteidigte sie sich gegen die Angriffe der 8. und der 10. deutschen Armee. Unser Abschnitt wurde von der deutschen 10. Division angegriffen, deren Panzerfahrzeuge Erkundungen durchführten.

In den ersten Kampftagen kommandierte die Grenzland-Ost-Kavalleriebrigade Obst. Stefan Hanka-Kulesza, nach einigen Tagen wurde er von Obst. Jerzy Grobicki ersetzt.

Am 4. September entfernten wir uns vom Feind und zogen uns in die Nähe von Szadek zurück. Vor dem Abmarsch vernichteten wir die Holzbrücke über die Warthe und traten den Rückzug in Richtung Zdunska Wola (Zduńska Wola) an.

Auf den Straßen und Wegen zog eine Unzahl von Flüchtlingen auf Fuhrwerken mit all ihren Habseligkeiten, was zu einem großen Chaos führte.

Befehle erreichten uns immer seltener, unfreiwillig wurden wir zu einer eigenständigen Einheit. Angesichts der ständigen Angriffe der feindlichen Luftwaffe rückten wir meist nachts vor, weit weg von den Verkehrsadern. Tagsüber suchten wir im Wald oder im

Dickicht nach Tarnung. Die brennende Stadt Skierniewice durchquerten wir in der Nacht zu Fuß, die Pferde an Zügeln haltend. Diese Art der Formation wählten wir gezwungenermaßen wegen der immer stärker werdenden deutschen Ablenkungsangriffe, für die eine Reitersilhouette ein leichtes Ziel gewesen wäre.

Von den noch sporadisch eintreffenden Anordnungen wussten wir nur, dass wir uns durch Błonie in Richtung Warschau durchkämpfen sollten. In Otwock bei Warschau sollten wir uns den sich dort sammelnden Kavallerietruppen anschließen.

Unsere Ernährung war in dieser Zeit unregelmäßig. Mal hungerten wir einige Tage lang, mal aßen wir uns satt an Brot, Konserven und an anderen Lebensmitteln, die wir aus den durch Bomben zerstörten Eisenbahntransporten ergattern konnten. Alles, was wir nicht mitnahmen, verteilten wir an die einheimische Bevölkerung. So war es auch mit den Zigaretten. In dieser langen Zeit der Entbehrung stießen wir plötzlich auf zwei zerstörte Militärlastwagen. Der eine war voll mit Zigaretten beladen, der andere mit aromatisch geräucherten Speckscheiben.

Bei einem Aufenthalt am Waldrand sahen wir, wie sich ein deutscher Stuka-Flieger einem kleinen Mädchen, das Gänse hütete, näherte und mit einem Maschinengewehr auf es feuerte. »Was für eine wilde Bestie!«, dachte ich und stürzte aus dem Wald heraus. Zum Glück passierte dem Kind nichts. Und dann hörte ich plötzlich das Sausen einer fallenden Fliegerbombe, die jedoch nicht explodierte und sich ungefähr zehn Meter vor mir in den Sand bohrte – das war ein wahres Glück!

Noch bevor wir Mszczonów erreichten, stießen wir auf eine deutsche motorisierte Einheit, mit der wir ein Feuergefecht anfingen. Nach einem längeren gegenseitigen Beschuss zogen sich die Deutschen zurück. Anschneidend dachten sie, dass wir einer größeren Einheit angehörten. Hinter Błonie schlossen wir uns einer vor uns marschierenden Infanterieeinheit an. Gemeinsam rückten wir auf einem breiten, bequemen Weg, der durch einen dichten Wald führte, auf die Hauptstadt vor.

Es war ein heller und sonniger Tag zur Mittagszeit. Wir dachten, wir wären sicher, wenn wir uns am Waldrand auf Seitenwegen fortbewegten. Doch dann, am frühen Nachmittag, kam ein Stuka-Geschwader mit großem Getöse angeflogen – jene Sturmflieger, die uns am härtesten zusetzten.

Plötzlich brach die Hölle los: Ringsum detonierten ohrenbetäubende Bomben, Baumteile und Baumwurzeln wirbelten umher, die Splitter der abgebrochenen Äste fielen auf unsere Köpfe nieder. Schwarze Erdsäulen sprudelten in die Luft empor, überschütteten Menschen und Pferde mit Erde. Man hörte das Stöhnen der Verletzten und das Röcheln der Sterbenden. Eine Zeit lang lagen Brandgeruch und der Gestank von Sprengstoff, mit dem die Bomben geladen waren, in der Luft. Die ganze Straße war mit Pferdekadavern und zerstörten Pferdekarren übersät. Die armen Tiere blieben im Gespann und konnten sich nicht wie die Menschen im Wald verstecken.

Dieser grauenvolle Anblick blieb mir noch lange in Erinnerung. Selbst Gustav Dorés berühmtes »Inferno« sah im Vergleich dazu harmlos aus.

Durch Warschau marschierten wir zu Fuß, die Pferdezügel in der Hand haltend. Die Warschauer begrüßten uns wie Helden, diese müden, verstaubten, unrasierten Gestalten mit den aschgrauen Gesichtern, obwohl wir doch keine waren. Sie boten uns belegte Brote, Süßigkeiten, Zigaretten und Getränke an. Ein solches Maß an Herzlichkeit heilte unsere Seelen ein wenig.

Am Vormittag des 8. September führten wir den letzten Befehl aus. Wir ritten langsam voran, besser gesagt, wir schleppten uns die Grochowska-Straße entlang in Richtung Otwock. Weit und breit war die ganze Straße mit Menschen, Fuhrwerken und Fahrzeugen gefüllt, man konnte weder schnell reiten noch der Masse ausweichen. Als wir endlich die Stadtgrenze erreichten, begann ein weiterer Luftangriff der verdammten Stukas, die unsere Militärkolonne und die Zivilbevölkerung bombardierten. Plötzlich schlug eine Bombe hinter mir ein. Die Wucht der Detonation war so gewaltig, dass mein Bursche vom Sattel weggefegt und ich fast taub wurde. Zum Glück war uns beiden nichts Ernsthaftes passiert.

Als wir aus der Stadt hinausritten, konnten wir uns etwas freier fortbewegen. Ich sammelte meine Kompanie zusammen, und wir rückten gemeinsam voran. Inzwischen waren die Stuka-Flugzeuge zurückgekehrt. Nachdem sie Bomben abgeworfen hatten, ballerten sie mit Maschinengewehren den Weg entlang. Direkt vor mir begann ein Pilot mit einem Maschinengewehr zu feuern. Als ich die Geschosse auf mich zukommen sah, konnte ich mich nirgendwo verstecken. Hastig bekreuzigte ich mich, klopfte beruhigend auf den Hals meines vor Aufregung zitternden Pferdes und ergab mich dann meinem Schicksal.

Etwa fünfzig Meter vor mir hörte der Beschuss plötzlich auf, und der Flieger entfernte sich. Entweder war ihm die Munition ausgegangen, oder das Maschinengewehr klemmte. Und wieder hatte ich großes Glück!

Nach der Bombardierung bot sich uns in Otwock ein erschütterndes Bild. Von den erwarteten Kavallerietruppen fehlte jede Spur, verschwunden waren auch unsere Trosswagen. Mit einem düsteren Gefühl der Verlassenheit von Gott und der Welt machten wir eine kurze Pause im Otwock-Hein. Zuerst herrschte Ruhe. Doch als ich ein wildes Heulen hörte, trat ich näher und sah einen Polizisten, der auf allen Vieren auf dem Boden kroch und wie ein Hund bellte. Uns wurde gesagt, dass er aus Verzweiflung verrückt geworden war. Denn während der Luftangriffe hatten sich die Schulkinder und ihre Lehrer im Keller versteckt, der von einer Bombe getroffen wurde, die sie alle tötete. Unter den Opfern waren zwei Töchter und auch die Frau des unglücklichen Polizisten.

Von Otwock sollten wir uns nach Südosten begeben, wo die Reorganisation unserer Waffenregimenter geplant war. Dort sollten wir später genauere Anweisungen erhalten. Während wir für uns und für die Pferde Nahrung auf eigene Faust suchten, rückten wir weiter in Richtung Garwolin, Ryki, Lubartów und Krasnystaw. Je mehr wir uns dem Osten näherten, desto weniger Menschen trafen wir auf den Straßen. Dagegen stießen wir immer häufiger auf ukrainische Dörfer. Da wir genügend Erfahrung mit ukrainischen Saboteuren hatten, die Polen auf eine unmenschliche Weise misshandelten, ergriffen wir folgende Sicherheitsmaßnahmen: Während der Aufenthalte war es verboten, allein oder gar ohne Waffen zu gehen.

In einem dieser Dörfer hatte man uns einen Kavalleriekarabiner gestohlen. Die Ermittlungen führten uns in ein ukrainisches Gehöft. Kurz nach der Durchsuchungsaktion fanden wir den Karabiner, der hinter einer Pferdekrippe im Stall versteckt war. Auch der Schuldige wurde gefunden, ein achtzehnjähriger ukrainischer Bauernjunge.

Der Schwadronenkommandant Rtm. Jasielski, dessen Stellvertreter ich war, schlug vor, den Burschen laut Kriegsrecht vor ein Feldgericht zu stellen. Sofort hatte ich ein provisorisches Kriegsgericht einberufen. Es bestand aus dem Geschwaderkommandanten Wachtm. Mazur, der mein Stellvertreter war, Wachtm. Mendalski und Kpl. Giurka. Das Todesurteil wurde einstimmig verkündet.

Es war mir unklar, wie die Familie des Jungen davon erfahren hatte. Seine Mutter und die Schwester warfen sich zu meinen Füßen und baten mich weinend um Gnade für den einzigen Sohn und Bruder, der nur aus Dummheit den Diebstahl begangen hatte.

Weil es in diesem Dorf keine feindlichen Angriffe gegen uns gab und ich sah, dass die Frauen beinahe den Verstand verlieren würden, veranlasste ich die Aufhebung des Todesurteils. Der Bursche wurde zu körperlicher Züchtigung mit fünfundzwanzig Hieben auf den nackten Hintern verurteilt. Erneut fielen die Mutter und die Schwester in Dankbarkeit zu meinen Füßen nieder. Die von mir verhängte Strafe wurde in vollem Umfang von meinen Ulanen ausgeführt.

Auf unserem weiteren Weg nach Südosten kamen wir immer seltener mit den Deutschen ins Gefecht. Die Luftwaffe des Feindes blieb jedoch nicht untätig. In einem Quartier gerieten wir wieder in das Feuer der deutschen Artillerie. Zum Glück waren die Geschosse zu lang und hatten vor unseren Augen lediglich die Gebäudedächer durchsiebt. Mit sofortiger Flucht gelang es uns, dem Angriff zu entkommen.

Inmitten solcher Ereignisse drangen wir nach Grubeschow (Hrubieszów) vor, wo sich unsere Waffentruppen in den Kasernen des 2. Regiments der Schützenkavallerie reorganisieren sollten.

Leider war es uns nicht gegeben, hier länger zu bleiben. In der zweiten Septemberhälfte veränderte sich die Kriegslage völlig zu unseren Ungunsten. Alles um uns herum und über uns brach zusammen. Die Deutschen rückten von allen Seiten heran und besetzten immer mehr Orte in unserer Nähe. Wir hatten keine Lebensmittel mehr, auch keine Munition. Aufgrund der Kriegssituation konnten wir nicht mit Nachschub rechnen. Der Schwadron-Kommandant befahl uns den Abmarsch zum nahe liegenden Gutshof. Dort rief er die Offiziere, die Unteroffiziere und die Ulanen – jeweils einen aus jedem Regiment – zusammen und entband uns vom militärischen Eid.

Es wurde uns befohlen, die Waffen und die Ausrüstung an einem vorgegebenen Ort zu vergraben, die Pferde und Sattel zu verschenken und nach Hause zu laufen. Zusammen mit zwei Offizieren beschlossen wir, in Zivilkleidung nach Hause zu gehen.

Wir hatten vor, so schnell wie möglich Kontakte aufzunehmen, um über Ungarn oder Rumänien nach Frankreich zu gelangen. Dort war General Sikorski bereits dabei, eine neue Exilregierung zu gründen. Außerdem formierte sich in Frankreich eine neue polnische Armee.

Nachdem wir uns von unseren Soldaten verabschiedet hatten, nahmen auch wir Abschied voneinander und wünschten einander viel Glück für den weiteren Weg – aber menschliche Wünsche gehen nicht immer in Erfüllung, auch wenn sie mit starken Gefühlen und guten Absichten verbunden sind!

Unterwegs sprach ich heimkehrende Schlesier an, die mich auf ihrem mit Heu beladenen Fuhrwerk mitnahmen. Ich war froh darüber, denn ich hatte einen doppelten Vorteil: die Sicherheit vor den überall herrschenden deutschen Kontrollen, die mit den Schlesiern wie mit eigenen Landsleuten umgingen, und eine einigermaßen bequeme Heimreise. Bald übernahm ich auf dem Fuhrwerk die Lenkung der Pferde und konnte die Reiseroute teilweise bestimmen.

Relativ schnell kamen wir an die Weichsel, die wir über die Brücke bei Annopol überquerten. Ich gebe zu, dass ich mich davor am meistens fürchtete, die Brücken wurden nämlich normalerweise streng kontrolliert. Aber diesmal ging alles noch gut! Obwohl die Strecke nach Schlesien nicht direkt nach Kielce verlief, brachten mich meine Schlesier nach Hause. Es war Ende September. Nach einem herzlichen Abschied von meinen Reisegefährten kam ich im Morgengrauen zu Hause an.

Ich wurde mit Tränen in den Augen empfangen, so als ob ich aus einer anderen Welt zurückgekehrt wäre. Nach einer kurzen Erholungspause fing ich an, Kontakte zu suchen mit dem Ziel, nach Ungarn zu gelangen. Aus diesem Grund musste ich mich häufig in der Stadt aufhalten, in der ich gut bekannt war. Kurz darauf wurde ich von einer deutschen Patrouille von zu Hause abgeholt.

Der Weg ins Offiziersgefangenenlager (Oflag)

Oberleutnants Wojda, Sygut, Milewski und Kobielski im Oflag IIB Arnswalde, November 1940

Als polnischer Gefangener der Deutschen wurde ich zunächst in meiner Heimatstadt Kielce festgehalten. Ich wurde in der Infanteriekaserne in der Prosta-Straße eingesperrt, die noch aus der Zarenzeit stammte. Bald erfuhr ich, dass die anderen Offiziere sich im ehemaligen Bischofsschloss befanden. Einige wurden in der Infanteriekaserne in Bukówka und in der neu gebauten Kaserne des 2. Regiments der Leichtartillerie am Stadion festgehalten.

Die Verhältnisse in der Gefangenschaft waren fast überall gleich. Wir schliefen auf Stroh und bekamen nur minimale Essensrationen.

Zum Glück wurden wir von deutschen Frontsoldaten bewacht, die es uns erlaubten, Lebensmittel, Unterwäsche und Tabak zu besorgen. Es blühte auch der Schwarzhandel, der am Eingangstor mit den Händlern in der noch gültigen polnischen Vorkriegswährung abgewickelt wurde. Hier konnte man allerlei Produkte kaufen, wenn auch zu überhöhten Preisen, vor allem etwas zu essen und Zigaretten.

Wir, die wir das Gefühl der bitteren Niederlage und der Demütigung im Herzen trugen, wurden durch die Haltung unserer Landsleute, insbesondere der Frauen, aufgebaut. Ungeachtet ihres sozialen Status besuchten sie nicht nur ihre Bekannten, sondern auch spontan unbekannte Offiziere und Soldaten, denen sie alles Notwendige brachten. Und ungeachtet der oft unanständigen Scherze der Wachen nahmen sie sogar unsere schmutzige Wäsche und unsere Uniformen zum Waschen und Reparieren mit.

Täglich besuchte mich meine Mutter mit meiner Schwester, daher konnte ich mich nicht über Mangel an Lebensmitteln und sauberer Wäsche beklagen. Auch mein Bruder besuchte mich.

Bald trafen wir im Lager Bekannte, Freunde und Kameraden aus den Offiziersschulen und den Regimentern wieder. Nur von meinem 3. Ulanen-Regiment konnte ich niemanden mehr finden. Von der Kavallerieschule in Graudenz traf ich jedoch den ehemaligen Kommandanten meines Jahrgangs, Mjr. Zygmunt Strubel vom 5. Zasławski-Ulanen-Regiment, und Rtm. Komorowski, den berühmten Springreiter der olympischen Gruppe. Beide versorgte ich mit Essen und sauberer Wäsche.

Das Verhältnis der Deutschen uns gegenüber war zwar streng, jedoch korrekt. Als bedrohliches »Memento mori« befand sich in der Mitte des Appellplatzes ein leichtes Maschinengewehr mit Bedienung. Dumme Schkopy (verächtliche Bezeichnung für Deutsche), wer würde jetzt noch eine Revolte wagen?

Im Laufe der Zeit bildeten sich unter den Gefangenen verschiedene Gruppen, die sich meist auf alltägliche Dinge wie die gemeinsame Verteilung von Lebensmitteln beschränkten. Bald entstand unter den Rauchern die quälende Nikotinsucht, die mich als Nichtraucher zum Glück nicht betraf. In dieser Zeit galten Zigaretten als Zahlungsmittel, für das man fast alles im Lager kaufen konnte.

Nachdem wir in den ersten Tagen aufgrund der erlittenen Niederlage ohnmächtig und benommen waren, gewannen wir langsam wieder die Fassung, und der gesunde Menschenverstand setzte wieder ein. Allmählich begann ich zu überlegen, wie ich aus diesem Wirrwarr herauskommen könnte. Ich hatte beschlossen zu fliehen: »Je schneller, desto besser«, war mein Motto. Und da es undenkbar gewesen wäre, ohne Zivilkleidung zu fliehen, hatte ich sofort damit begonnen, entsprechende Kleidung zu besorgen. Leider hatte mich das Glück, das mich bisher begleitet hatte, dieses Mal verlassen. Eines Abends, als meine Fluchtvorbereitungen sich dem Ende näherten, wurde uns befohlen, zusammenzupacken.

Am nächsten Tag sollten wir bei Tagesanbruch auf Lastwagen zu einem festen Lager gebracht werden. Dagegen konnte man nichts tun. Auf die ganze Welt fluchend packte ich meine bescheidenen Habseligkeiten mit den anderen Gefangenen zusammen.

Im Morgengrauen des 19. Oktober wurden wir auf Lastwagen verladen, die mit Planen bedeckt waren. Die Reise ins Ungewisse begann. Als Verpflegung für fünf Personen erhielten wir einen Soldatenbrotlaib, ein wenig Zwieback und eine Blutwurst.

Wir fuhren in einer geschlossenen Kolonne los, begleitet von einer deutschen Motorrad- und Autoeskorte, die mit Maschinengewehren bewaffnet war. Die Strecke führte direkt an meinem Elternhaus vorbei. Am Toreingang standen meine Mutter und meine Schwester mit schmerzerfüllten Gesichtern. Wir nahmen winkend Abschied voneinander.

Von den Deutschen erfuhren wir, dass das Rauchen während der Fahrt verboten war. Es würden jedoch zahlreiche Aufenthalte stattfinden, bei denen man rauchen konnte. Bei diesen Pausen durften wir den Lastwagen nur von der rechten Seite verlassen.

Trotz der dramatischen Situation fand ich die große Ungewissheit über die Zukunft spannend: Wie wird es in der Gefangenschaft zugehen? Was werden wir dort machen? Wie wird der Krieg weiter verlaufen?

Wir alle waren felsenfest davon überzeugt, dass die Deutschen den Krieg verlieren würden und dass er nicht länger als ein halbes Jahr dauern würde. Ein Hauptmann aus Vilnius mit grau meliertem Haar und einem langen Schnurrbart hatte unseren endlosen Diskussionen und Ausführungen aufmerksam zugehört. Er meinte nur lässig, dass der Krieg noch bis zu vier Jahren dauern könnte. In diesem Moment dachte ich, dass der aufgebrachte Kreis der Soldaten sich auf ihn stürzen und ihn in Stücke reißen würde. Später stellte sich leider heraus, dass der Hauptmann recht gehabt und die Dauer sogar noch ein wenig unterschätzt hatte.

Wir fuhren in Richtung Tschenstochau über Białogon, Jaworznia, Włoszczowa und Koniecpol. Als der graue, traurige Morgen sich in einen hellen Tag verwandelte, sahen wir Menschengruppen auf unserer Fahrtroute, die aus ihren Behausungen auf die Straße strömten, als sie die vorbeifahrende lange Wagenkolonne sahen. Nicht nur eine Hand machte ein verborgenes Kreuzzeichen in unsere Richtung, nicht nur eine wischte sich die Tränen aus den Augen.

Und wir, die Verteidiger unserer Heimat und jener Menschen, die aus den Gehöften herausliefen, um von uns Abschied zu nehmen, waren moralisch am Boden zerstört. In unseren Herzen brannte das schmerzende Schamgefühl für unsere Niederlage, die jedoch nicht von uns verschuldet war. Denn wir konnten nicht mehr aus uns herausholen auf den Schlachtfeldern im September, die vom Blut der polnischen Soldaten befleckt waren. Mit erhitzten Köpfen und Aufruhr in unseren Herzen fuhren wir weiter.

Als wir an Tschenstochau vorbeifuhren, strengten wir unsere Augen an, um zu sehen, ob das Marien-Sanktuarium vor der Kriegszerstörung bewahrt wurde. Denn Anfang September wurde von den Rundfunksendern, vor allem aus London und Paris, die Nachricht verbreitet, dass Jasna Góra, ein katholischer Wallfahrtsort und das größte Marienheiligtum in Mittel- und

Osteuropa, während der Kämpfe durch die Deutschen zerstört worden war.

Um die empörte Öffentlichkeit zu beruhigen und sich von diesen Vorwürfen zu befreien, beschloss die Wehrmachtskommandantur unverzüglich zu intervenieren. Der deutsche Kommandant von Tschenstochau begab sich am 4. September persönlich nach Jasna Góra. Dort forderte er Norbert Motylewski, den Prior der Paulinermönche, auf, ihm schriftlich zu versichern, dass das Kloster und das Bild der wundertätigen Gottesmutter von Tschenstochau unberührt geblieben waren.

Und in der Tat sahen wir von Weitem, wie die hohen, spitzen, emporstrebenden Türme des Klosters von Tschenstochau in den Himmel ragten; erleichtert atmeten wir auf.

Unsere weitere Reise ging nach Westen. Während der häufigen Aufenthalte waren die deutschen Wachmänner nicht bereit, sich auf Gespräche mit den polnischen Gefangenen einzulassen. Das Einzige, was sie uns gesagt hatten, war, dass wir zum Oflag, dem Gefangenenlager für Offiziere, fahren würden. Auf die Frage, wo sich unser zukünftiges Lager befinde, antworteten sie nur lakonisch: »Bald werdet ihr es selber sehen.«

Kurz nachdem wir Blachownia verlassen hatten, bogen wir nach Südwesten ab und drangen immer tiefer in die dichten Wälder von Lubliniec ein. Wir fuhren an der Stadt vorbei, die ich aus den Manövern meiner fünfjährigen Dienstzeit beim 3. Schlesischen Ulanen-Regiment in Tarnowitz gut kannte.

Die eintönige Fahrt und das monotone Motorengeräusch trugen dazu bei, dass die Mehrheit der »gezwungenen Touristen« wehmütig mit gesenkten Köpfen einschlummerte oder meditierte. Doch der »sarmatisch-rebellische« unruhige Teil der Kameraden schleppte aus allen Ecken Koffer heran, holte die Spielkarten heraus und begann, leidenschaftlich Bridge zu spielen.

Bald fanden sich neugierige und sogar unerwünschte Zuschauer ein. Zu Beginn verhielten sie sich tadellos, doch während der steigenden Gebote konnten sich einige temperamentvolle Anhänger nicht mehr beherrschen und griffen spontan nach den Karten der Spieler. Auf der Stelle traf sie das grausame Schicksal – sie wurden gnadenlos als Zuschauer verbannt.

Alles in allem verlief das Spiel ruhig. Doch in einer krönenden Bridgepartie wurde der große Schlemm mit Rencontre geboten. Ein hitzköpfiger Hauptmann der napoleonischen Lieblingswaffe, der Artillerie, der eben diesen großen Schlemm mit Rencontre gemacht hatte, schrie vor Freude so laut auf, dass einer der Wachmänner die Plane zurückschob und hineinschaute. Aber als er das siegreiche Ende der »Bridge-Schlacht« sah, nickte er verständnisvoll mit seiner pausbäckigen Fratze, lächelte und sagte: »So so.«

Nachdem wir Lubliniec verlassen hatten, fuhren wir lange Zeit durch die tiefen Wälder Oberschlesiens nach Oppeln (Opole), das wir abends erreichten. Als die deutsche Bevölkerung an der Kolonnenspitze deutsche Fahrzeuge mit Geleit sah, war sie überzeugt, dass die »siegreichen Kohorten« der tapferen Wehrmacht aus Polen zurückkehrten. Begleitet von lauten Heilrufen wurden wir mit Blumen überschüttet, worüber wir sehr erstaunt waren. Ein polnischer Reserveoffizier, ein Germanist mit Universitätsbildung, erklärte mit großem Ernst, dass es zum Glück noch einige Deutschen gebe, die Schiller und Goethe keine Schande brächten.

Diese Idylle dauerte aber nicht lange. Sobald die Menschenmasse erfuhr, dass sich in den weiteren Fahrzeugen gefangene polnische Offiziere befanden, hagelte es Steine in unsere Richtung, begleitet von entsetzlich lauten Pfiffen und Schimpfwörtern aller Art ... *Vae Victis!* – Wehe den Besiegten!

Es tat mir leid um den unglücklichen Schiller- und Goethelieb-haber, um jenen Germanisten, der, ohne ein Wort zu sagen, schamvoll seinen Kopf auf die Brust senkte. Die übrigen polnischen Offiziere verhielten sich gegenüber dem enttäuschten Kameraden taktvoll – es fiel kein Wort des Spottes!

In der alten Piasten-Stadt Breslau kamen wir zur späten Tageszeit an. Nach der langen Reise waren wir vor Kälte erstarrt, steif und hungrig. Während wir durch die Stadt fuhren, beobachteten wir genau jedes einzelne Stadtviertel, um eventuelle Kriegsschäden zu entdecken. Aber nichts davon! Nur die Verdunkelung wies darauf hin, dass der Krieg noch andauerte.

Vorbei an den Flussarmen der Oder und einigen Inseln erreichten wir schließlich das dunkle Massiv einer Kaserne. Angeblich war hier vor dem Krieg ein Infanterieregiment stationiert. Freudestrahlend stiegen wir aus dem unbequemen Lastwagen. Unsere Wachmänner hatten uns verkündet, dass wir als Wiedergutmachung zu einem warmen Abendessen ins Unteroffizierscasino gehen sollten.

Und tatsächlich wurden wir zu gedeckten Tischen geführt, auf denen Teller mit heißer Erbsensuppe standen, einer traditionellen Soldatensuppe, die trotz ihrer feindlichen Herkunft eine beruhigende Wirkung auf unsere Gaumen hatte. Neben den Suppentellern waren auf Blechtellern frische, dunkle, mit preußischer Präzision geschnittene Soldatenbrotscheiben aufgestapelt. Als nette Ergänzung gab es heißen Malzkaffee in flachen Zinnbechern. Die netten Gastgeber gaben sich große Mühe, mit uns Polnisch zu sprechen, wenn auch in seltsam harten, abgehackten Sätzen.

Zu unserer freudigen Überraschung wurde ein Büfett hergerichtet, das für Kriegszeiten nicht schlecht ausgestattet war. Wir staunten, dass man dort fast alles für unsere gute polnische Vorkriegswährung, den Złoty, kaufen konnte. Es gab auch Zigaretten, Tabak, Pfeifen, Spielkarten, Bier sowie einen minderwertigen Kognak zu erwerben.

Eine längere Zeit stand das Büfett im Mittelpunkt des lebhaften Interesses der armen Gefangenen. Dieses kleine Wirrwarr-Intermezzo genügte, um die so bedrückende Atmosphäre in spontane Unbekümmertheit zu verwandeln – so ist die menschliche Natur!

Nach ein paar unbesorgt verbrachten Stunden erfuhren wir, dass wir in einem Personenzug mit beheizten Waggons zu unserem Bestimmungsort weiterfahren würden.

Langsam begannen wir uns zu sammeln, um uns auf die weitere unbekannte Reise zu begeben. Unmittelbar vor dem Ausgang gab mir ein Gefreiter meinen Mantel. Als er mein erstauntes Gesicht sah, beugte er sich leicht zu mir und sagte halblaut im schlesischen Dialekt: »Panie, my som przeciez Schlonzoki!« (Herr Offizier, wir sind doch Schlesier!). Sofort begann mein Herz heftiger zu schlagen. Auch nach mehr als einem Jahrhundert der Unabhängigkeit wurde die polnische Sprache auf unserem altpolnischen Boden nicht vergessen.

Nun wurde mir klar, warum die Hausherren so nett und gastfreundlich uns gegenüber waren.

Vor dem Unteroffizierscasino, wo wir einige angenehme Stunden verbracht hatten, formierten wir uns zu einer geordneten Marschkolonne, zwar etwas schwerfällig, aber schon in besserer Stimmung. Begleitet von einer bewaffneten Eskorte marschierten wir durch ein großes Kasernentor in Richtung Bahnhof.

Die Piasten-Stadt Breslau, die wir noch lange in angenehmer Erinnerung behielten, verabschiedete uns mit einer dunklen Nacht und leeren Straßen. Auf einem Bahnhofsgleis wartete auf uns ein Personenzug, tatsächlich mit beheizten Waggons! Schnell drängelten wir uns hinein und achteten dabei auf die passenden Reisegenossen. Unsere bescheidenen Habseligkeiten verstauten wir in den Ablagen und nahmen, so gut es ging, auf den Bänken Platz. Allmählich setzte sich unser Zug in Bewegung. Vom gleichmäßigen Rattern der Räder geschaukelt, überwältigt von den bisherigen Ereignissen und Erlebnissen, fielen wir in einen tiefen Schlaf.

Nach einiger Zeit begann sich der Himmel aufzuhellen. Dem Polarstern zufolge vermutete ich, dass wir nach Norden gebracht würden. Wir fuhren am historischen Glogau, Kostrin und Pyritz (Głogów, Kostrzyn, Pyrzyce) vorbei und erreichten am Abend Stargard in Pommern. Es war der 20. Oktober 1939. Vor dem Bahnhof in Stargard bildeten wir eine gewaltige, lange Kolonne unter der Aufsicht der Wachmänner. Nach dem Abzählen wurden wir ermahnt, dass wir die Absperrung des Kordons nicht verlassen dürften. Im Geleit von bewaffneten Soldaten mit aufgesetzten Bajonetten setzten wir uns langsam in Bewegung.

Ein dichtes Spalier von Wachmännern eskortierte die linke und rechte Seite der Kolonne, die sich im Marschtakt mit gleichmäßigen Schritten bewegte. Hinter uns, am Ende der Kolonne, bildete sich eine Art Nachhut, die Arrière-garde. Die Stimmung der Deutschen war ausgesprochen kämpferisch, unsere dagegen momentan kläglich und abwartend.

Wir ließen eine Stadt mit typisch deutschem Charakter und deutscher Architektur hinter uns und marschierten an kasernenähnlichen Wohnblocks aus roten Ziegeln vorbei. Aber das war noch nicht unser Bestimmungsort. Es ging weiter die Straße hinunter. Sie führte uns zu hölzernen Wachtürmen, die von Scheinwerfern beleuchtet wurden. Aus der Ferne erkannten wir lange Reihen von zerschlissenen Zelten. Hier war also unser Ziel!

Ein großes, mit Zelten belegtes Areal war mit Stacheldraht und Drahtverhau eingezäunt. In regelmäßigen Abständen wurde dieser Schutzzaun von Wachposten mit Maschinengewehren und Scheinwerfern unterbrochen. Nun setzten wir besorgte Mienen auf. So sah unsere unmittelbare Zukunft aus, und wir blickten der finsteren Wahrheit ins Gesicht.

Stargard – eine Stadt des Hungers und der Kälte

Ich hatte in meinem Leben schon oft unter Kälte und Hunger gelitten, zum Beispiel bei Regimentsmanövern im Winter, aber Hunger im wahrsten Sinne habe ich erst in Stargard erlebt.

Nach der Ankunft im Lager wurden wir in großen Zelten untergebracht. In einem Zelt sollten zweihundert Menschen Platz finden. Mir wurde Zelt Nummer 28 zugewiesen, das auf dem Boden verstreute Stroh sollte als Schlafplatz dienen.

Entlang der Mitte jedes Zelts befanden sich hölzerne Kreuztische und Kreuzbänke. Am nächsten Tag wurde ein Durchsuchungsbefehl gegeben. Wir waren aufgefordert, unsere persönlichen Gegenstände auf langen Tischen vor den Zelten auszulegen. Bei dieser Durchsuchung wurden nicht nur Rasiermesser und Taschenmesser beschlagnahmt, sondern auch Alltagsgegenstände, die mit dem Krieg nichts zu tun hatten. Einige von uns mussten sich von sehr privaten Sachen verabschieden. Kurz Zeit später wurden wir zum Baden geführt, darauf folgte die Entlausung. Wir bekamen Decken, Löffel und Essschüsseln. Danach mussten wir zum Appell antreten, bei dem der deutsche Lagerkommandant anwesend sein sollte. Der General erschien kurz darauf mit seinem zahlreichen Gefolge. Er war ein Prachtexemplar eines preußischen Junkers, ausgestattet mit einem Monokel und einem Mantel mit tief dunkelrotem Revers.

Als Kavallerist schielte ich auf die Generalstiefel. Ich musste zugeben, dass sie wie ein Spiegel glänzten, auch wenn sie weit von dem weltberühmten polnischen Stil entfernt waren. Nachdem der General den Rapport entgegengenommen hatte, machte er eine steife, aber korrekte Militärverbeugung, salutierte und erklärte in knappen, harten Sätzen, dass der Polenfeldzug definitiv beendet sei und der polnische Staat aufgehört hätte zu existieren und nie wieder existieren würde. Der General verlangte von uns Ordnung und die strikte Einhaltung der deutschen Vorschriften für Kriegsgefangene. Er drückte ein gewisses Mitgefühl für uns aus und tröstete uns damit, dass das Stargarder Lager nur ein Übergangslager sei; wir würden bald in ein Dauerlager umziehen, das bereits für uns vorbereitet werde. Am Ende versicherte er uns, dass wir es hier nicht so schlimm haben würden. Dann salutierte er erneut und signalisierte damit, dass diese Zeremonie vorbei war.

So begann unser Dasein im Übergangslager in Stargard in meiner Erinnerung als Zeit des Hungers. Die Verpflegung war schlecht und unzureichend. Die Tagesration für fünf Personen bestand aus einem Kilo schwarzen Soldatenbrotes zu fünf kleinen Scheiben, aus einer Pastete oder einer Blutwurst und fünf Stück Margarine. Morgens und abends bekamen wir heißen Malzkaffee, der an den kühlen Herbsttagen nicht zu verachten war.

Mittags gab es eine sogenannte Mittagsmahlzeit: eine Suppe, die von unseren Matrosen in einem großen Kessel gebracht wurde. Der Dampf der heißen Suppe, wie auch immer sie schmecken sollte, regte unsere Gaumen an: In einer langen Schlange stehend, mit dem Kochgeschirr in der Hand, warteten wir ungeduldig und hungrig, bis uns ein Kamerad mit einer Schöpfkelle eine dünne, meist aus Kohlrüben zubereitete Brühe eingoss, die schrecklich schmeckte. Es war ein wahres Glück, dort ein paar Kartoffelstücke herausfischen zu können. Zum Abendessen aßen wir, was vom Frühstück übrig geblieben war. Einige aßen alles auf einmal auf, die anderen hielten heldenhaft bis zum Abend durch, um sich aus den Essensresten eine Art dritte Mahlzeit zuzubereiten.

Währenddessen machten sich die Deutschen über uns immer noch lustig. In einem in Berlin herausgegebenen Schmierblatt für die polnischen Gefangenen berichtete man, wie gut es uns in der Gefangenschaft ergehe, da wir Brot mit Margarine und Wurst zum Essen hätten. Nur über die mikroskopisch kleinen Essensrationen, die wir bekamen, wurde natürlich nicht berichtet.

Unsere selbstsicheren »Betreuer« versuchten uns durch verschiedene Propagandaschriften und Flugblätter zu beeinflussen, zum Beispiel in Form eines Plakats mit der Aufschrift »England! Das ist euer Werk!« Der darauf abgebildete polnische Soldat wies mit seiner blutig verbundenen Hand in einer verzweifelten Geste auf den britischen Premierminister Chamberlain, um ihn auf die Folgen der Kriegsbrände und die Kriegsschäden aufmerksam zu machen.

Auch die Lagerlautsprecher, die sogenannten »Szczekaczki« (verächtlich: Kläffer), waren im Dauerbetrieb. Die feindliche Propaganda lauerte auf uns an jeder Ecke. Raffiniert schilderte sie die vorteilhafte Lage der Deutschen und die Passivität der Alliierten. Doch all diese Maßnahmen blieben erfolglos. Während wir noch schmerzlich die Bitterkeit der Niederlage und der Erniedrigung durchlebten, verteidigten wir unsere persönliche Würde wie den größten Schatz.

Neben uns, in einem anderen Lager, das mit Stacheldraht umzäunt war, wurden unsere Schützen gefangen gehalten. Bald fand ich heraus, dass ihre Lebensbedingungen noch schlechter waren als unsere. Sie taten mir sehr leid! Was hatten wir uns alle zuschulden kommen lassen, dass wir uns in einer solchen Lage befanden? Oft bettelten sie um Zigaretten, die wir selbst kaum hatten. Unterdessen sahen wir in der Berliner »Gazeta Ilustrowana« (Illustrierte Zeitung), einem Hetzblatt in polnischer Sprache, einen zufrieden lächelnden polnischen Kriegsgefangenen, der eine Zigarette rauchte. Darunter stand: »Nach dem Frühstück schmeckt eine Zigarette am besten.« Ein Artikel in diesem Schundblatt wurde von Olgierd Herburt-Jasieniecki unterschrieben. Dieser Autor war zweifellos eine Kreatur, die sich des aristokratischen Namens bediente.

Frühstück und Mittagessen bestimmten den Alltag in unseren mit Stacheldraht umzäunten Zelten. Für jedes Zelt war ein polnischer Kommandant, der einem deutschen Offizier unterstand, für Ordnung und Sauberkeit verantwortlich. Zweimal täglich, morgens und abends, fanden obligatorische Appelle statt. Um uns leichter abzuzählen, mussten wir uns in Fünferreihen auf dem Appellplatz aufstellen: Während wir durchgefroren, hungrig und erbost herumstanden, salutierten der polnische und der deutsche Kommandant gegenseitig, dann folgte der Rapport.

In dieser Zeit erlebte ich das für mich vorher unbekannte Gefühl des quälenden Hungers, das schlimmer war als alle anderen Erfahrungen. Das Hungergefühl durchdrang unsere frierenden Körper, verstärkt durch die Kälte des Küstenregens und den lästigen Nordwind, der unentwegt an den Zeltplanen rüttelte und uns an den Rand des Zusammenbruchs brachte.

Entsetzlich hart spürten wir den Hunger am Abend. Kaum jemand hatte so einen starken Willen, noch ein Stückchen Brot bis zum Abendessen aufzubewahren, das nur aus Malzkaffee bestand. In solchen Momenten entstanden vor unseren Augen Bilder von Restaurants mit den verschiedensten Speisen und von festlich gedeckten Familientischen zu Weihnachten und Ostern. Immer wieder erinnerten wir uns an Lebensmittelgeschäfte und Tante-Emma-Läden, in deren Schaufenstern sich Unmengen von aufeinandergestapelten Lebensmitteln befanden. In solchen Momenten wurden die guten Zeiten des Überflusses wieder wachgerufen. Die größte Qual aber hatten wohl die Raucher, die ihren letzten Krümel Brot gegen Zigaretten eintauschten.

Häufig sah man durchgefrorene Gestalten mit bärtigen, ausgemergelten Gesichtern um die Zelte herumschleichen. Mit ihren stumpfen Augen starrten sie in die Hoffnungslosigkeit der Lagerumgebung mit den eintönigen Sandböden und verkümmerten Kiefern.

Tag für Tag setzte uns die herbstliche Kälte des Küstenlandes immer mehr zu. Vergebens versuchten wir, uns vor der überall herrschenden Kälte zu retten; meistens schliefen wir in Mänteln und zogen nur nachts unsere Schuhe aus.

Es war offensichtlich, dass Menschen in einer solch traurigen Lebenssituation gereizt und nervös wurden. Wir mussten auch alles tun, um die verfluchten Depressionen zu überwinden, die fast alle von uns befallen hatten.

In den Zelten gab es meistens an den Abenden lange Gespräche und Diskussionen: Wer hatte die Septemberniederlage verursacht? Wer war am meisten schuld daran? Mein Gott! Wer wurde dabei nicht alles beschuldigt! Jeder Bereich, jeder Frontabschnitt wurde kritisiert. In solchen Streitgesprächen kamen manche zu absurden Ansichten, worauf Lachsalven der Soldaten folgten. Infolgedessen wurde ein dilettantischer Kritiker der September-Strategie oft in Verlegenheit gebracht, und nur das laute Lachen der Kameraden entschärfte die aufsteigenden Konflikte.

Wir hatten doch alle mehr oder weniger unsere Soldatenpflicht erfüllt, als wir in fast aussichtsloser Lage unter der überwältigenden militärischen Übermacht des Feindes kämpften und wegen der ständigen Bombardierung durch die feindliche Luftwaffe ohne den notwendigen Nachschub von Munition, Waffen und Lebensmitteln zurückgelassen wurden. Zudem wurden wir von unseren westlichen Alliierten im Stich gelassen. Doch nicht alle hatten den wesentlichen Grund für diese Niederlage am Anfang verstanden. Deshalb verschärften sich die Konflikte zwischen Berufs- und Reserveoffizieren sowie zwischen Stabsoffizieren und Offizieren der niedrigeren Ränge.

Im Allgemeinen beneidete man die Glücklichen, denen es gelungen war, über Ungarn oder Rumänien nach Frankreich oder England durchzukommen, um dort den Kampf gegen die deutschen Angreifer fortzusetzen.

Gelegentlich wurden auch die üblichen Zwistigkeiten und Vorurteile zwischen den Infanteristen und den mit allen Wassern gewaschenen Schlauköpfen der Kavallerie ausgetragen. Die Kavalleristen, die zur Minderheit gehörten, bildeten eine eng befreundete und geschlossene Gruppe, und die Fantasie der Ulanen half ihnen, alle Unzulänglichkeiten leichter zu ertragen. Wir verzogen bei dieser dürftigen Kost keine Miene, sondern berichteten, meist abends, mit ausdrucksstarken Beschreibungen von schmackhaften Gerichten und Vorspeisen, die selbstverständlich mit einem guten Trunk ergänzt wurden. Die erste Geige spielten dabei Stammgäste, die in den berühmten Restaurants der Hauptstadt, wie z. B. »Simon«, »Steck« oder »Adria« verkehrten.

Wohl oder übel lauschten alle Zeltbewohner diesen meisterhaften Schilderungen von Köstlichkeiten. Dabei waren unterschiedliche Reaktionen zu beobachten: Die Impulsiveren unter ihnen fluchten, dass die Wände wackelten. Diejenigen, die von Natur aus sanftmütiger waren, kamen in ihrer Vorstellung in den Genuss der Speisen. Auch die Witzbolde blieben nicht untätig, hin und wieder bogen sich die Zeltbewohner vor Lachen. Dennoch gab es unter uns sehr mürrische Zeitgenossen, die weder auf die Witze noch auf die realistisch dargestellten Leckerbissen reagierten. Sie sonderten sich würdevoll von der Gesamtheit ab, und selbst beim größten Lärm und der größten Heiterkeit taten sie so, als würden sie einschlafen.

In unseren Zelten kam ein buntes Mosaik verschiedener Menschen zusammen, die aus fast allen polnischen Gebieten und aus verschiedenen Kampftruppen und militärischen Formationen stammten.

Anfangs lieferten uns die Deutschen keine Zeitungen. Daher breiteten sich Informationen aus der sogenannten »Flüsterpost« in Windeseile im Lager aus. Einige Nachrichten erreichten die Ausmaße einer herabstürzenden Schneelawine. Wir, die armen Kriegsgefangenen, die so sehr auf jede Neuigkeit erpicht waren, wurden oft von schlechten Nachrichten wie vor den Kopf gestoßen. Manchmal wurden sogar absurde Nachrichten als wahrscheinlich angenommen.

In der Zwischenzeit verlief unser Leben von einem Tag auf den anderen ohne größere Ereignisse und Emotionen. Endlich erlaubte man uns, erste Nachrichten an unsere Familien zu schreiben, was wir auch sofort taten. Dafür waren vorgefertigte Postkarten des Übergangslagers für Kriegsgefangene bestimmt. Der Text lautete folgendermaßen: *Bin gesund (oder leicht verletzt), ich befinde mich in der deutschen Gefangenschaft und fühle mich gut.*

Darunter stand vorgedruckt: *Demnächst werde ich in ein anderes Lager versetzt. Erst von dort wird der Briefaustausch möglich sein.*

Da die Gefangenen über viel Zeit verfügten, hatten sie sich an die traditionellen guten Spielkarten erinnert, die während der Kreuzzüge aus dem Osten nach Europa herübergebracht wurden und schnell Verbreitung fanden. Um die unendlich lange Zeit der Gefangenschaft totzuschlagen, begannen wir mit Begeisterung Bridge zu spielen. Auch für Pokerrunden fanden wir enthusiastische Mitspieler. Die Bedingungen für diese Hasardspiele waren günstig: Wir hatten Geld und Zeit, und die Deutschen hatten auch nichts dagegen.

In einigen Zelten, die nach außen hin einen ruhigen Eindruck machten, steigerte sich die Stimmung zu einem regelrechten Spielfieber wie in Monte Carlo oder wenigstens wie beim Roulette in Zoppot (Sopot): Umgeben von einem Ring treuer Anhänger oder zufälliger Gaffer, gaben die Kartenspieler mit ihrer Spielfertigkeit an wie Meister am grünen Tisch.

Die Kameraden, die von Natur aus ausgeglichener waren, verkürzten sich die Zeit der Gefangenschaft mit Spaziergängen und beim Lesen. Sie verschlangen die wenigen Bücher, die ins Lager mitgebracht worden waren und die man sich gegenseitig aus der Hand riss.

An einem ruhigen Abend entstand bei uns ein großes Durcheinander. Die Deutschen erlaubten plötzlich einem Vertrauensmann aus jedem Zelt, für uns in der Lagerkantine einzukaufen. Blitzschnell hatten wir eine Liste mit unseren Einkaufswünschen geschrieben und das nötige Geld gesammelt. Leider hatten wir zu viel erwartet. Alles, was wir bekamen, waren ein paar Schachteln Juno-Zigaretten, eine Tube Zahnpasta und ein süßes Brötchen – für zwanzig Leute! So schnell wie die Brötchen verlost wurden, verschwanden sie auch wieder. Und damit endete auch unsere Hoffnung, mehr Essen zu bekommen. Mit zunehmendem Hungergefühl fanden sich von Tag zu Tag immer weniger Freiwillige für Spaziergänge an der frischen Luft.

Die Beschwerlichkeiten des Lagerlebens wurden von den wachsenden Zukunftssorgen und der Sehnsucht nach unseren Liebsten, von denen wir bisher noch keine Nachricht erhalten hatten, überdeckt. Es herrschte doch Krieg ...

Eines Abends wurden wir von einem neu gegründeten vierköpfigen Chor überrascht, der von einem schmächtigen Hauptmann geleitet wurde. Die gesungenen wehmütigen Lieder, wie *Góralu, czy ci nie żal* (Bergbewohner, tut es dir nicht leid) oder die *Pięciu chłopców z Albatrosa* (Die fünf Jungen aus Albatros) sorgten weniger für eine fröhliche Stimmung, sondern riefen melancholische Erinnerungen an bessere Tage hervor. Nichtsdestotrotz war dieser Abend eine Abwechslung zu unserem eintönigen Lagerleben, das sonst ohne Vergnügung verlief.

In den einzelnen Zelten wurde am Sonntag von einem Militärkaplan die Lauretanische Litanei gesprochen, ein an die Gottesmutter gerichtetes Gebet. Die Wochentage beendeten wir nach der Kasernensitte mit dem Gesang des Abendgebetes *Wszystkie nasze dzienne sprawy...* (Alle unsere täglichen Angelegenheiten ...).

Obwohl die Zeit unaufhaltsam vorwärtslief und spurlos wie das Wasser zwischen den Fingern zerrann, verging sie unheimlich langsam. Tag für Tag wirkte sich dieser Zustand zunehmend negativ auf unsere Verfassung aus. Dabei sorgte das trübe, kalte und regnerische Wetter noch zusätzlich für eine gedrückte Stimmung.

Der anfänglich kleine Kreis der Pessimisten wuchs beängstigend schnell, und die Zahl der zuvor so zahlreichen Optimisten nahm automatisch ab.

Ungeduldig warteten wir auf die Verlegung in ein Festlager, wo wir richtige Räume mit Betten, Stühlen, Tischen und Schränken erhalten sollten. Die Deutschen beteuerten, dass die letzten Vorbereitungen für unsere Ankunft dort beendet seien. Schließlich verbreitete sich die Nachricht wie ein Blitz aus heiterem Himmel: Wir wechseln das Pensionat! Unser Lagerleben wurde dadurch auf den Kopf gestellt. Verschiedene Zweifler liefen hin und her, um die Wahrheit herauszufinden. Bald wurde sie auch bestätigt. Die Deutschen teilten uns mit, dass wir nach Arnswalde (Choszczno) in Westpommern verlegt würden, wo richtige Kasernen mit Zentralheizung für uns bereitstünden. Am 6. November verließen wir mit Freude die zerschlissenen, kühlen Zelte, in denen wir achtzehn Tage und achtzehn lange Nächte verbracht hatten. Bei keinem Militärmanöver und keiner Militärübung hatte ich jemals erlebt, wie flink und sorgfältig man sich auf diese Weiterreise vorbereitete. Selbst die Deutschen, die im preußischen Drill geschult waren, schüttelten erstaunt die Köpfe.

Die Überführung von etwa 2300 gefangenen Offizieren in Viehwaggons, die mit Stacheldraht vergitterte Fenster hatten, rief keinerlei Proteste hervor, da die Reise menschenwürdigere Lebensbedingungen versprach. Es dauerte übrigens nicht lange, die Entfernung nach Arnswalde betrug ungefähr 40 Kilometer.

Wir stiegen jedoch nicht in Arnswalde aus, sondern fuhren ein paar Kilometer südlich weiter bis zu der kleinen Station Sammenthin (Zamęcin), von wo aus wir nach Arnswalde marschierten.

Es war eine flache Landschaft. Unterwegs begleitete uns das ständige Brummen von Traktoren mit großen Schleppern voller weißer Zuckerrüben. Auf beiden Seiten unserer Marschroute wuchsen Apfelbäume. Hier und da hingen noch rote Äpfel an den Ästen; wer groß genug war, schnappte sich die runden Früchte mit einer schnellen Bewegung und verzehrte sie genüsslich. Obwohl wir nur das armselige Hab und Gut eines Gefangenen mitschleppten, kamen manche, die älter und korpulenter waren, ganz schön außer Atem. Die übrigen Kameraden hasteten mit solchem Eifer ins Lager wie ehemals die Israeliten in das gelobte Land Kanaan. Als sich endlich die Umrisse der Kasernenblocks vor unseren Augen abzeichneten, strahlten wir vor Freude. Sie lagen hinter einer Stadt nicht weit von einem länglichen See entfernt. Die Marschkolonne beschleunigte deutlich ihr Tempo.

Unwillkürlich erinnerte ich mich an die Rückkehr von Regimentsmanövern, als unsere Pferde beim Anblick der Kaserne trotz ihrer Müdigkeit alle Kraft aufbrachten, um so schnell wie möglich ihre gemütlich warmen Stallungen zu erreichen.

Die Bauern, denen wir unterwegs begegneten, wurden offenbar von den örtlichen Behörden gut informiert, denn als sie an uns vorbeigingen, taten sie so, als würden sie uns nicht sehen.

Als wir endlich unseren Bestimmungsort erreichten, marschierten wir durch ein weit geöffnetes massives Kasernentor neben einem Wachturm. Auf einem Platz innerhalb der Kasernenblocks machten wir halt. Der erste Eindruck war positiv. Die Kasernen waren sauber, ordentlich und versprachen gute Unterkünfte.

Nach einer längeren Zeit auf dem Appellplatz wurden uns Quartiere zugewiesen, die wir rasch belegt hatten. Kavalleristen – Chevaulegers, Ulanen und berittene Schützen – belegten den ersten Kasernenblock.

Der deutsche Lagerkommandant war ebenfalls ein Kavallerist – noch aus der Zeit Wilhelms II. Man hatte den Eindruck, dass wir, obwohl wir Soldaten der feindlichen Armee waren, bei ihm als Vertreter der berühmten polnischen Kavallerie in einer gewissen Gunst standen.

Ankunft im Oflag Arnswalde

Nach den zerschlissenen Stargarder Zelten, in denen zweihundert Gefangene zusammengepfercht auf dem strohbedeckten Boden schliefen, hatten wir in dem neuen Lager viel bessere Lebensumstände. In den Räumen mit Zentralheizung fanden wir aufklappbare Etagenbetten aus Holz, Tische, Stühle, Hocker und kleine Soldatenschränke.

Als wir uns halbwegs einquartiert hatten, führte man uns über eine Treppe zum Speiseraum hin, wo wir eine heiße Sauerkrautsuppe mit Brot erhielten. Die Rationen waren jedoch zu klein, um uns junge, starke Männer satt zu bekommen. Da ich aber auf jedem Stockwerk Bekannte hatte, gelang es mir, zweimal eine Zulage zu bekommen und so meinen Hunger das erste Mal seit längerer Zeit zu stillen. Am späten Abend legten wir uns in die frisch bezogenen Betten unter zwei Decken.

Am Morgen des folgenden Tages begann ich, mich in der neuen Umgebung und in unseren Quartieren umzusehen. Wir wohnten in einem zweistöckigen Gebäude. Auf jedem Stock befand sich ein Waschraum mit Waschbecken, Duschen und Toiletten. Es gab auch Dachböden und Kellerräume. Diese neu gebauten Kasernen gehörten dem 14. motorisierten Infanterieregiment.

Das Oflag Arnswalde wurde Ende Oktober 1939 mit Kennzeichen II B gegründet. Die Kennzeichnung II bedeutete die Zugehörigkeit zum Stettiner Militärbereich. Alle Lager, die zum Stettiner Militärbezirk gehörten, trugen diese Nummerierung, während die Lager im Militärgebiet Königsberg (Królewiec) die Nummerierung I besaßen. Später erfuhr ich, dass es im Bereich der deutschen Kriegsgefangenenlager neben dem Oflag noch zwei weitere Lagertypen gab: Die Stalags (Stammlager), in denen Schützen und Unteroffiziere inhaftiert wurden, und die Dulags (Durchgangslager), die als Übergangslager galten. Alle diese Lager unterstanden dem Oberkommando der Wehrmacht (OKW).

Auf der anderen Straßenseite, gegenüber unseren Kasernen, befanden sich die Kasernen des Artillerieregiments, die ununterbrochen von Stockwerken des Oflags mit Schusswaffen überwacht wurden. Neben den vier Wohnbaracken gab es auf dem Lagergelände zwei Verwaltungsgebäude, vier Garagen und eine große Sporthalle. Die Turnhalle wurde für Sport- und Gymnastikwettbewerbe, aber auch für Ausstellungen von Gemälden und Skulpturen und andere Aktivitäten genutzt. An Sonntagen und kirchlichen Feiertagen war sie Gottesdiensten vorbehalten.

Als einem Kavalleristen wurde mir Stube Nr. 305 im ersten Wohnblock zugeteilt. Nach einem halben Jahr zog ich in den Raum 326, um mit meinen Kameraden aus dem 3. Ulanen-Regiment zusammen zu sein und das Lagerleben mit ihnen zu teilen. Diesen Raum teilten wir uns zu sechst: Vom 3. Ulanen-Regiment in Tarnowitz kamen außer mir Rtm. J. Wiścisłowicz, Rtm. H. Bäähqsigoszewski, Oblt. J. Grzybowski und Rtm. W. Kosiński. Rtm. Kosiński kam vom 23. Grodzien-Ulanen-Regiment in Podbrodzie. Dieses Regiment wurde im Regimentslied Żurawiejka als *W mirje krepkij, w boje slawnyj – dwatca' tretij prawoslawnyj* (Im Frieden stark, im Kampf ruhmreich – das russisch-orthodoxe Dreiundzwanzigste) besungen.

Kommandant unserer Stube war unser Mitbewohner Rtm. Josef Abramowicz vom 4. Zaniemeńki-Ulanen-Regiment in Vilnius, der wunderschön malen und zeichnen konnte. Eines Tages vertraute er mir an, dass er von den Vilnius-Tataren abstamme, die Großfürst Witold im 19. Jahrhundert in Litauen ansiedeln ließ. Jeden Morgen pflegte Abramowicz in einem kurzen, ärmellosen Schafsfellmantel auf seiner oberen Pritsche nach türkischer Art zu sitzen und etwas Unverständliches vor sich hin zu murmeln.

Am nächsten Tag nach der Ankunft in Arnswalde machte ich einen kleinen Abstecher, um das Lagergebiet zu erkunden. Unsere vier Wohnkasernen bildeten einen großen Platz in Form eines Rechtecks mit zwei Wohnblocks an jeder Längsseite. Eine der kurzen Querseiten schloss eine Sporthalle ab, die sich gegenüber der Wache befand. Neben der Wache war ein Speisesaal untergebracht. Hinter den Wohnblocks gab es vier Garagen, die verschiedene Einrichtungen beherbergten: ein Theater, eine Unteroffiziersgarage, eine Schützengarage, einen Schießstand, Schuster- und Schneiderwerkstätten sowie deutsche Verwaltungsgebäude.

Das gesamte Gelände war mit zwei Reihen Stacheldraht eingezäunt, die 2,5 Meter hoch und 2 Meter breit waren. Zwischen den Stacheldrahtreihen waren lose Stacheldrahtrollen und Spanische Reiter aufgestellt. Entlang der Innenseite des Lagers war eine dritte Reihe Stacheldraht verlegt mit der Warnung: »Beim Überschreiten Erschießungsgefahr!«

Über das ganze Gelände verteilt standen hölzerne Wachtürme mit starken Scheinwerfern und Maschinengewehre; jeder Wachsoldat hatte ein Fernglas und ein Funkgerät.

Im Gegensatz zu unseren Unterkünften war die Ernährung im Lager sehr schlecht. Die Tagesration betrug 25 Gramm Brot, 0,2 Gramm Margarine und 0,4 Gramm andere Zutaten wie Käse, Zuckerrübenmarmelade oder Blutwurst. Zum Mittagessen bekamen wir einen dreiviertel Liter dünner, wässriger Brühe. Frühstück und Abendbrot bestanden aus einem kaffeeähnlichen Getränk oder einem Kräutertee. Bei solch einer Kost war es schwer, den Hunger zu ertragen!

Eines Tages schlenderte ich durch das Lagergelände, als plötzlich Lastwagen mit lautem Motorengeräusch ankamen. Kurz darauf warfen unsere Soldaten durch ein vergittertes Fenster Kartoffeln aus den Wagen in den Keller. Als ich das sah, erinnerte ich mich sehnsüchtig an Kartoffelpuffer, die ich so liebte. Sofort beschloss ich, Kartoffelpuffer zum Abendessen zuzubereiten. Ohne zu zögern, machte ich mich an die Umsetzung meines Projekts.

In einem früheren Kasernengarten ergatterte ich eine vergessene Holzstange. Aus einer Wand in meiner Stube zog ich einen langen Nagel heraus, an dem ein Porträt Hitlers hing. Nach dieser patriotischen Tat schlug ich den Nagel an einem Ende der Stange ein. So bewaffnet gelang es mir, in der Abenddämmerung zu dem gegenüberliegenden Block durchzukommen.

Dort begann ich unter dem Schutz eines Kameraden aus dem Stargarder Zeltlager die Kartoffeln mit dem spitzen Stab durch die Kellergitter herauszuholen. Nachdem ich genug Kartoffeln gesammelt hatte, brachte ich sie in Hosen- und Manteltaschen in meine Stube.

Nun musste ich eine Reibe, eine Pfanne und dazu noch die unentbehrlichen Zutaten wie eine Zwiebel, Fett und Salz besorgen. In meiner Stube verbündete ich mich mit anderen Kameraden, und es gelang uns, Margarine vom Abendessen zusammenzukratzen. Mit Salz gab es auch keine Probleme, aber keiner von uns hatte eine Zwiebel. Ich strengte mein Gedächtnis an und erinnerte mich an einen vorsorglichen Kameraden, der als emsiger Lebensmittelhamsterer bekannt war. So schnell ich konnte, lief ich zu ihm. Für das Versprechen von sechs frisch gebratenen Kartoffelpuffern rückte er eine mittelgroße Zwiebel aus seinem reichhaltigen Vorrat heraus. Jetzt zerbrach ich mir den Kopf über eine Reibe und eine Pfanne. Glücklicherweise gab es abends Fischkonserven in großen, flachen Blechdosen. Nach dem Abendessen hatte ich drei solche Dosen gesammelt: Ich schnitt die oberen Deckel ab, und mit meinem Nagel stach ich Löcher in den Boden einer Dose, so entstand eine Reibe. Die zweite Dose sollte als eine Pfanne dienen und die dritte als eine Schüssel für die geriebenen Kartoffeln.

Die Mitbewohner, die sich anfangs über mein Vorhaben, Kartoffelpuffer zu braten, lustig gemacht hatten, schauten mich nun respektvoll an.

Nachdem die Kartoffeln geschält worden waren, fing ich an, sie eifrig zu reiben. Zu der geriebenen Masse fügte ich Zwiebel und Salz hinzu – Pfeffer war leider nicht im Lager zu finden. Kurz darauf erfüllte ein köstlicher Duft von frisch gebratenen Kartoffelpuffern den ganzen Raum.

Obwohl es nicht viel von dieser »Delikatesse« gab, genossen wir den Geschmack mit großem Vergnügen. »Der Zweck heiligt die Mittel«, dachte ich ohne Gewissensbisse. Immerhin handelte es sich dabei um den Leitsatz des Jesuitenordens, der zu den aufgeklärtesten und zugleich kämpferischsten Mönchsorden zählt. Auf jeden Fall verbesserte sich nach diesem gelungenen Reibekuchendebüt unsere Stimmung.

Zufrieden mit meiner Leistung ging ich zum Spazieren hinaus. Das Lager funkelte im Licht der elektrischen Lampen, die dicht an der Umzäunung entlang angebracht waren und von der Abenddämmerung bis zum Morgengrauen brannten. Tag und Nacht liefen zwei Wachsoldaten, oft in Begleitung von Hunden, auf Patrouille. Unentwegt achteten sie darauf, ob nicht einer von den Gefangenen versuchte, in die Freiheit zu entkommen.

Obwohl ich mir bewusst war, wie riskant es sein würde, unter diesen Umständen aus dem Lager zu fliehen, hatte ich meinen Fluchtplan nie aus den Augen verloren. Von meinen kampftüchtigen sarmatischen Vorfahren hatte ich, wie viele andere Polen auch, deren Tugenden, Untugenden und Starrköpfigkeit geerbt, die sich in unserer Lage durchaus als positiv erwies. Meine Natur rebellierte gegen die Einschränkung der Freiheit. Als Gefangener hinter Stacheldraht festzusitzen, bedeutete in Anbetracht der Militäruniform, die ich trug, den Verlust meiner Ehre als Offizier.

Zu dieser Zeit gab es in Arnswalde eine große Schar von ungefähr 2600 Offizieren, 550 Schützen und Unteroffiziere. Anfangs hielten sich bei uns zwei unsere Generäle – Bruno Olbrycht und Franciszek Kleeberg – auf. General Kleeberg war der frühere Korpskommandant des III. Korpsbezirks in Grodno und des IV. Bezirks in Brest am Bug. Er war der Begründer der eigenständigen Operationsgruppe »Polesie«. Als Kommandant dieser Einheit hatte er die letzte reguläre Schlacht bei Kock im Oktober 1939 geführt, wodurch er berühmt wurde. Diese beiden Generäle wurden später von den Deutschen in einem anderen Offizierslager interniert.

Im Laufe der Zeit kamen immer mehr neue Schübe von Kriegs-gefangenen in unserem Lager an. Nicht nur die Wohnblocks, sondern auch die Garagen, in denen man die Schützen und Unteroffiziere einquartierte, wurden dicht belegt. Sogar die Keller und Dachböden wurden für die Unterbringung von Gefangenen genutzt. Es war entsetzlich eng geworden.

Auch das Essen wurde immer schlechter und reichte nicht aus: Morgens und abends tranken wir ein widerwärtiges Gesöff aus Kräutern ungewisser Herkunft. Zum Mittag bekamen wir einen dreiviertel Liter einer wässrigen Brühe aus Kohlrüben, Grünkohl oder trockenem Gemüse mit etwas Rinder- oder Pferdefett. Nur am Sonntag gab es – laut der Speisekarte, die auf einer kleinen schwarzen Tafel vor dem Speisesaal hing – das sogenannte Gulasch mit Kartoffeln. Dieses Gericht bestand aus ein paar Kar-toffeln in einer wässrigen Soße, aus der man mikroskopisch kleine Fleischstückchen herausfischen konnte. Manchmal gab es zu solch eigenartigem Gulasch gekochten Weißkohl à la Bayern, der allerdings nicht schlecht zubereitet war und sehr gut schmeckte. Gelegentlich wurde uns am Sonntag zum Mittagsessen Dorsch-kotelett serviert. Unsere Tagesportion war jedoch so klein, dass sie nicht mehr als tausend Kalorien betrug.

Die schlimmste Hungerperiode durchlebten wir bis zur Dezemberhälfte 1939. Diese Zeit, in der wir den Gürtel immer enger schnallen mussten, blieb uns als eine lange Hungerzeit in Erinnerung.

Eine wertvolle Ergänzung unseres miesen Essens waren damals Äpfel. Zwar waren sie nicht von der besten Qualität, aber sie lieferten uns Vitamine, die uns vor vielen Erkrankungen schütz-ten. Diese Äpfel wurden für uns von einem Kantinenwirt, einem deutschen Feldwebel, besorgt.

Natürlich gab er sich diese Mühe nicht aus purer Menschen-liebe, sondern machte dabei ein lukratives Geschäft. Um diese notwendigen Vitamine zu erhalten, zahlten wir ohne zu feilschen stetig steigende Preise.

Aber alles hat sein Ende, und so auch unsere inoffizielle Obstversorgung. Die örtlichen Kleinbürger protestierten dagegen, dass sich die polnischen Gefangenen mit den deutschen Äpfeln vollstopften, die auf dem einheimischen Markt Mangelware waren. Da dieser Vorwurf durchaus verständlich war, musste unser mutiger Händler kapitulieren und seine »Samaritertätigkeit« aufgeben.

Ab der zweiten Dezemberwoche bekamen wir endlich Briefe und Lebensmittelpakete aus der Heimat. Sie ergänzten das knappe Nahrungsmittelangebot, brachten aber vor allem eine Abwechslung in die karge, eintönige Verpflegung der Gefangenen. Kurz darauf wurden wir mit Fünf-Kilogramm-Paketen des Internationalen Roten Kreuzes geradezu überhäuft. Sie beinhalteten Zigaretten, Nestle-Kaffee, Butter, Rosinen, Kekse, Milchpulver, Konfitüren, Käse sowie Fleisch- und Fischkonserven.

Die Hungerzeit war vorbei, man konnte sogar sagen, dass die fetten Tage begannen. Einmal im Monat erhielten ein Offizier und ein Schütze so ein Paket.

Zu meinem großen Erstaunen bekam ich ein Lebensmittelpaket und danach noch ein zweites aus Bukarest. Später stellte sich heraus, dass sie von meiner Tante Pola geschickt worden waren, die es während des Krieges mit polnischen Gruppen nach Targoviste in Rumänien verschlagen hatte.

Zeitweise kamen Pakete auch aus Frankreich. Ihr Absender war General Osiński, den wir nicht kannten. Dann folgten Pakete aus den USA, die von dem Verband der polnischen Frauen geschickt wurden. Es kamen auch Postpakete aus Großbritannien. Nach der schweren Zeit des Hungers fielen uns die Lebensmittelmengen buchstäblich in den Schoß.

Noch während der Hungerzeit hatten sich in den Quartieren Lebensmittelgemeinschaften gebildet. Die Lebensmittel und später alle Lebensmittelpakete wurden von dem sogenannten Quartiermeister oder dem Lebensmitteloffizier auf alle Mitglieder aufgeteilt. Für den Inhaber eines Pakets galt jedoch das ungeschriebene Gesetz, dass er vor der Verteilung alles nacheinander probieren durfte. Es war kein Wunder, dass die Gefangenen mit dem Zustrom von schmackhaften Lebensmitteln aus dem In- und Ausland ihren zuvor erlebten Hunger mit doppelten Portionen kompensieren wollten.

Hauptmann Dr. Bielawski und sein Personal der Krankenstation im dritten Stock waren infolge dieses Heißhungers ständig im Einsatz.

Das traurige Dasein der Kriegsgefangenen

Im Laufe der Zeit festigte sich unser Lagerleben. Die Wohnkasernen wurden in Bataillone unterteilt, wobei jedes Stockwerk einer Kompanie entsprach. Zu unserer Verfügung standen Offiziersburschen, gemeine Soldaten, die uns dienten. Für zwei oder drei Stuben stand ein Bursche zur rechten Hand.

In unserer Gefangenschaft konnten wir uns nicht über Schlafmangel beklagen; wir schliefen uns für alle Zeiten aus.

Gegen sieben Uhr war Wecken. Um acht Uhr gab es Frühstück in unseren Zimmern. Je nach Wohnblock wurde das Mittagessen zwischen zwölf und drei Uhr im Speisesaal eingenommen. Gegen neunzehn Uhr gab es Abendbrot wieder in den Stuben. Jeder Tag endete mit einem Zapfenstreich um zwanzig Uhr.

Der Rangälteste unter den polnischen Gefangenen und zugleich der Befehlshaber der Polen war Rudolf Kaleński, Oberst der Infanterie. Zu seinen Aufgaben gehörte es, den ständigen Kontakt zur deutschen Kommandantur aufrechtzuerhalten, dafür zu sorgen, dass die Rechte der Gefangenen laut der Genfer Konvention befolgt wurden, und in alle Angelegenheiten einzugreifen, die dem Schutz der Gefangenen dienten.

Der deutsche Lagerkommandant Obst. von Lebböcke war ein Kavallerist aus der Zeit des Ersten Weltkrieges. Er stammte von einem elitären Husarenregiment, dem »Totenkopf« ab, dessen Befehlshaber der später berühmt gewordene Feldm. August von Mackensen war. Obst. von Lebböcke verfügte sowohl über einen umfangreichen Stab der Wehrmachtsoffiziere als auch über ein stark ausgebautes Abwehrnetz, also Spionageabwehr. Dem Kommandanten der Spionageabwehr Hptm. Guse unterstand ein weit ausgebauter Stab von wachsamen Zensoren, die unsere ankommende und abgehende Korrespondenz kontrollierten. Der Zensur unterlagen auch alle Pakete sowie alle Bücher, Zeitschriften und Zeitungen, die wir später im Lager bestellen konnten.

Der Lagerkommandant Lebböcke, leicht gebeugt mit einem schwachen Lächeln im runzligen Gesicht, erfüllte seine schwierige Funktion tadellos. Er erwies sich als ein anständiger, freundlicher Mensch. Bei fast allen Gefangenen war er beliebt. Wir nannten ihn sogar »Papa Lebböcke«.

Einmal bei guter Laune erzählte er uns, dass ein Vorfahre von ihm das Wappen und den Namen Lebecki aus den Händen des polnischen Königs Jan Kazimierz erhalten habe. Während eines Appells verkündete Lebböcke: »Wir sind hier, um euch zu bewachen, und ihr seid hier, um zu fliehen.«

Offiziell galten für uns polnische Militärvorschriften mit dem Reglement des Innen- und Exerzierdienstes. Was das Salutieren anbelangt, waren die polnischen Offiziere verpflichtet, zuerst die deutschen Offiziere zu grüßen.

Wir trugen weiterhin polnische Uniformen mit unseren Staatswappen auf den Mützen und auf den Uniformknöpfen. In anderen Angelegenheiten, wie zum Beispiel im Gerichtswesen, galten für uns die deutschen Militärvorschriften. Die Höhe des Soldes hing vom Offiziersrang ab und wurde uns zum Kurs einer Lagermark im Wert von zwei Złoty ausgezahlt. Wir hatten die Möglichkeit, Kultur- und Bildungsveranstaltungen zu organisieren, das Recht auf Selbstverwaltung und kollegiale Selbsthilfe. Ebenfalls durften wir Unterhaltungsprogramme, Sprachkurse und Vorlesungen durchführen und verschiedene Sportarten betreiben. Wir konnten auch ein eigenes Theater gründen und eine eigene Bibliothek einrichten.

Die Abwehr beobachtete uns natürlich ständig mit Argusaugen. Deshalb durften alle unsere Unternehmungen keinen militärischen oder gar politischen Charakter haben. Trotzdem gelang es uns oft, unsere »Schutzengel« hinters Licht zu führen.

Besonders beliebt im Lager war unser Porträtmaler, Oblt. Piotrowski von der Reservekavallerie. Er konnte wunderschöne patriotische Medaillons mit der Abbildung der Jungfrau Maria anfertigen. Zu diesem Zweck wurden Lampenglocken verwendet, die in jeder Stube hingen. Aus diesen Lampenschirmen konnten mit einer Laubsäge Medaillon-Formen herausgeschnitten werden. Weil jeder von uns ein solches Bildnis als Andenken an die Gefangenschaft in einem Päckchen nach Hause schicken wollte, lösten sich die Lampenglocken in unseren Stuben bald buchstäblich in Luft auf.

Marienmedaillon, hergestellt aus
einem Lampenschirm
(Privatbesitz)

Anfangs konnten die Deutschen nicht begreifen, was mit diesen Lampenschirmen los war. Ehe sie jedoch herausfanden, dass die deutschen Güter per Deutsche Post nach Polen wanderten, befand sich eine beträchtliche Zahl dieser Madonnenbildnisse in polnischen Heimen.

Die Lagermachthaber schlugen Alarm. Unser Lagerältester Obst. Kaleński wurde in die deutsche Kommandantur gerufen. Aber was konnte der Arme dazu noch sagen? Schließlich endete diese Angelegenheit mit einem ratlosen Achselzucken und dem Versprechen, dass sich ähnliche Vorfälle der Zerstörung von deutschem Eigentum nicht wiederholen würden. Allerdings mussten wir für die Kosten der fehlenden Lampenglocken aufkommen.

Nachdem die Summe auf alle Gefangenen aufgeteilt wurde, entfiel auf jeden nur ein minimaler Betrag. Diejenigen jedoch, in deren Stuben die Glocken fehlten, sahen es als Ehrensache an, die entsprechenden Kosten selbst zu tragen.

Kurz nach unserer Ankunft im Lager wurden beim Morgenappell alle Ukrainer aufgefordert vorzutreten und wurden danach schnell aus der Gefangenschaft entlassen. Dasselbe geschah auch mit den Georgiern und Aserbaidschanern. Unter diesen war auch Dipl. Mjr. Veli Bek Jedigar aus Mińsk Mazowiecki, der im Ulanen-Regiment »General Kazimierz Sosnkowski« in Lublin diente. Er war der spätere Chef der Kavallerieeinheit mit dem Pseudonym »Damazy« bei der I. Abteilung des Oberkommandos der Heimatarmee (AK).

Die Ukrainer, Georgier und Aserbaidschaner waren Vertragsoffiziere in unserer Armee. Die Ukrainer, die aus der alten Armee des Generals Petljura stammten, dienten hauptsächlich in der Infanterie, während Georgier oft in der Kavallerie vertreten waren, da sie Kerle mit Fantasie und Temperament waren.

In dem Maße, wie sich unser Lagerleben festigte, führten die deutschen Machthaber zunehmend strengere Anordnungen ein. Eines Tages wurde uns befohlen, in Gruppen zum Fotografen zu gehen, um uns fotografieren zu lassen. Danach erhielten wir kleine Erkennungsmarken aus Aluminium, auf denen die Identifikationsnummer des betreffenden Gefangenen und die Nummer des Oflags eingraviert waren. Ich bekam die Nummer 464. Diese mit deutscher Pedanterie durchgeführten Ordnungsregeln, die in unser Gefangenenleben eingriffen, wirkten sich noch bedrückender auf unser Gemüt aus.

Glücklicherweise wurden die Regeln für unsere Korrespondenz und unsere Pakete bereits in der Anfangszeit aufgestellt. Jeden Monat konnten wir zwei Briefe und zwei Postkarten verschicken. Die Postkarten waren zweiseitig: Eine Seite war für den Gefangenen, die andere für die Antwort. Wir durften monatlich zwei blaue Paketaufkleber an unsere Familie schicken, damit sie uns zwei Lebensmittelpakete bis zu fünf Kilo schicken konnten. Außerdem hatten wir einen roten vorgedruckten Aufkleber für ein Fünf-Kilogramm-Paket mit Kleidung, Wäsche und Schuhen. Die blauen und roten Vordrucke wurden auf Kreidepapier gedruckt, sodass man nicht mit »sympathischer Tinte« (Geheimtinte) darauf schreiben konnte. Die Korrespondenzvordrucke wurden ebenfalls auf Kreidepapier gedruckt.

Zweimal am Tage traten wir zum Morgen- und Nachmittagsappell an. Damit man uns leichter zählen und die Anwesenheit prüfen konnte, stellten wir uns in Fünferreihen hintereinander auf. Der Wohnblockkommandant, also der Bataillonskommandant, nahm als Erster den Rapport vom Dienstoffizier entgegen, dann kam ein deutscher Offizier an die Reihe.

Nach dem Kommando »Achtung!« schritt der Deutsche stillschweigend und langsam die Front des Bataillons ab und begann, die Gefangenenreihen nacheinander zu zählen. Er führte dies mit einem Finger oder mit den Augen durch, je nach Tageslaune oder vielleicht auch nach seinen mathematischen Fähigkeiten.

Nach dem Ende der Zählung und der Überprüfung der Anwesenheit salutierten der polnische und der deutsche Kommandant gegenseitig. Während der Appelle beobachtete ich aufmerksam jede Bewegung dieser beiden Offiziere, deren Auftreten übrigens tadellos war. Vermutlich war das noch ein Relikt aus den Zeiten der militärischen Höflichkeit und Ritterlichkeit, wie es bei der Schlacht zwischen den Engländern und den Franzosen in Fontenoy im 18. Jahrhundert geschah: Als die Franzosen an der Frontlinie ankamen, verbeugten sie sich vor dem Gegner und riefen: »Verehrte Engländer, schießen Sie als die Ersten!«

Der Appell wurde mit dem Kommando »Wegtreten!« beendet, wonach die Gefangenenschar sofort die vorschriftsmäßigen Formationen auflöste und den Appellplatz verließ.

Einige eilten in die Kasernen, um das angefangene Rubberbridge zu beenden, während die meisten je nach dem launischen pommerschen Wetter spazieren gingen; man konnte dabei eine

Vielfalt von Uniformen in verschiedenen prächtigen Farben »bestaunen«. Nach und nach wurden unsere Uniformen abgenutzt, und die deutsche Kommandantur lieferte uns Uniformen aus allen Nationen, mit denen sie im Krieg war. Dadurch ergab sich oft ein kurioses Bild von den Spaziergängern: Arm in Arm ging zum Beispiel ein spindeldürrer Oberleutnant in einer tschechischen Uniform mit einem dicken Hauptmann, der zur Abwechslung in einer bunten niederländischen Uniform der Königlichen Garde aufgeputzt war, oder ein Kerl in einer dänischen Uniform, der mit einem Kameraden in französischer Luftwaffen- oder Matrosenuniform herumstolzierte.

Mit der Zeit erhielten wir über das Internationale Rote Kreuz englische und später amerikanische Uniformen. Sie waren nicht nur praktisch, sondern wegen ihres sportlichen Schnittes auch elegant.

Die Unterwäsche konnten wir einmal in der Woche, meist am Mittwoch, zum Waschen abgeben. Nach ein paar Tagen gab man uns die saubere Wäsche zurück.

Rückblick auf die Septemberkämpfe und Fluchtgedanken

Um das trostlose Dasein in der Gefangenschaft einigermaßen sinnvoll zu gestalten, verbrachten wir viel Zeit mit Diskussionen über die Kriegshandlungen im September 1939.

Bei diesem Gedankenaustausch beteiligten sich auch die Stabsoffiziere und die Einheitskommandanten. Allmählich gelangten wir zu der Einsicht, dass der Verlauf der Septemberoperation gar nicht so entehrend für uns war, wie wir es am Anfang angenommen hatten.

Bei allen Kriegsoperationen unterlagen wir der enormen Überlegenheit der modernen Militärausrüstung der Deutschen, vor allem der Luft- und Panzerwaffe. Auch bei Westerplatte, Hel, Łomza, Wizna, Warschau, Modlin und in vielen anderen Städten und Dörfern überstieg der Widerstand des Feindes unsere militärischen Kräfte immens. Es wurde viel polnisches Blut vergossen, als unsere Soldaten ohne Nachschub, Schlaf und Nahrung bis zum letzten Atemzug ihre Soldatenehre verteidigten.

In Erinnerung an die einzelnen Kämpfe und Schlachtorte versuchten wir herauszufinden, wie viele Schützen, Offiziere und Befehlshaber auf den Ehrenfeldern gefallen waren.

Unter den Generälen starben fünf den Soldatentod: Stanisław Grzmot-Skotnicki, Franciszek Wład, Mikołaj Bołtuć, Józef Kustroń und Józef Wilczyński. Gefallen waren auch zehn höhere Artilleriekommandanten. Innerhalb der 37 Kavallerieregimenter, die im Krieg eingesetzt wurden, fanden sechs Befehlshaber auf den Schlachtfeldern den Tod. Einen sehr großen Schaden erlitt unsere »Königin der Waffen«, die Infanterie: Von 117 Regimentskommandanten waren vierzehn im Kampf gefallen. Hohe Verluste waren auch unter den jüngeren Offizieren zu verzeichnen.

Wie sich später herausstellte, hatten Polen von allen Ländern, die der hitlerfeindlichen Allianz angehörten, bei den Septemberkämpfen die höchsten Verluste innerhalb des Offizierskorps zu beklagen. Deshalb waren wir erleichtert, als wir feststellten, dass es für die Polen keine so schändliche Niederlage war.

Eines Tages machte ich im Lager Bekanntschaft mit einem Leutnant, der seinen Wehrdienst in der Bydgoszcz-Garnison geleistet hatte. Weil die deutschen Militärbehörden auf der Suche nach Offizieren aus Bydgoszcz waren, vertraute er mir erst nach näherem Kennenlernen und unter der Verpflichtung zur Geheimhaltung an, dass er aus ebendieser Garnison stammte. Wir wussten, dass diese Garnison in Verbindung mit dem großen deutschen Täuschungsmanöver stand, das am dritten September in Bydgoszcz verübt wurde: Während sich unsere Truppen der Armee »Pomorze« durch die Stadt zurückzogen, eröffneten die deutschen Saboteure an mehreren Stellen ein heftiges Hand- und Maschinengewehrfeuer. Dieses Feuergefecht verursachte große Verluste sowohl beim Militär als auch bei der Zivilbevölkerung.

Auf Befehl von General Przyjałkowski, dem Kommandanten der 15. Infanteriedivision, wurden das 62. Infanterieregiment und das 82. Wachbataillon unter dem Kommando des damaligen Stadtkommandanten von Bydgoszcz, Mjr. Albrecht, zur Bekämpfung dieser Sabotageaktion eingesetzt. An dem Ablenkungsangriff hatten die Deutschen aus Bydgoszcz und Danzig, die Selbstschutzorganisation, die Hitlerjugend und Einheiten der Fallschirmspringer teilgenommen. An der Verfolgung der fünften deutschen Militärkolonne beteiligten sich auch die polnischen Pfadfinder, Schüler, Berufsverbände und die Zivilbevölkerung. In den zweitägigen Kämpfen wurden dreihundert Saboteure getötet und zweihundertfünfzig polnische Soldaten, außerdem viele Zivilisten, ums Leben gebracht.

Als eines Tages Major Henryk Sucharski, der heldenhafte Kommandant des befestigten polnischen Munitionslagers auf der Westerplatte, zu uns gebracht wurde, gab es eine große Aufregung in unserem Lager. Ich erinnere mich an ihn, als wäre es noch heute: ein geradezu bescheidener, mittelgroßer Mann mit leicht gebeugter Haltung in einer ziemlich abgetragenen Uniform mit einem schmalen, ovalen Gesicht und dunklen Haaren. Meistens unternahm er einsame Spaziergänge um den Lagerplatz herum. Major Sucharski wurde von polnischen Offizieren und Deutschen gleichermaßen verehrt. Er war auch der einzige polnische Offizier, dem die Deutschen erlaubten, seinen Säbel als Anerkennung für seinen Kampfeinsatz zu behalten.

Major Sucharski hielt mehrere offizielle Vorträge im Lager, die stets von einem großen Publikum, darunter auch von Deutschen, besucht wurden. Darüber hinaus schilderte er einer vertrauten Gruppe wiederholt seine Erlebnisse während der sieben harten Tage im September. Unter anderem erwähnte er, dass er nach der Kapitulation der Westerplatte allen seinen Soldaten den Befehl gegeben hatte, sich zu waschen, zu rasieren und neue Uniformen anzuziehen. Und nachdem er auch sein Aussehen angemessen in Ordnung gebracht hatte, begab er sich persönlich zum deutschen Gen. Eberhard, dem Befehlshaber der deutschen Truppen, die bei der Eroberung der Westerplatte beteiligt waren.

Auf dem Weg dorthin wurden seine blank polierten Stiefel durch den vom Geschosshagel aufgewirbelten Sand staubig. Bei seiner Ankunft erstatte Mjr. Sucharski dem deutschen General den entsprechenden Rapport. Nach der Meldung würdigte Gen. Eberhard mit Worten voller Anerkennung die heldenhafte Verteidigung der Westerplatte und gratulierte Major Sucharski zu dieser ehrenvollen Erfüllung der Soldatenpflicht. Als Beweis seines Respekts gegenüber Mjr. Sucharski gab er ihm seinen Säbel zurück und befahl einem Gefreiten, die staubigen Stiefel des polnischen Majors zu reinigen.

Ich hatte mehrmals die Gelegenheit, mich mit Mjr. Sucharski zu unterhalten, denn wir waren beide mit meiner Heimatstadt Kielce verbunden: Ich lebte dort vor dem Krieg, und Major Sucharski diente dort in den Legionen des 4. Infanterieregiments, dessen Soldaten zusammen mit der 2. Legion von Sandomierz an der Verteidigung der Westerplatte teilnahmen. Es war nicht schwer, Mjr. Sucharski anzusehen, dass er unter der Last der

Kapitulation der Westerplatte litt. Und es dauerte lange, bis wir ihn davon überzeugen konnten, dass es in einer so aussichtslosen Situation keine andere Lösung gab.

Einmal fragte ich ihn bei einem Morgenspaziergang, ob er mit mir über die Verteidigung der polnischen Post in Gdańsk einer Meinung sei. Meiner Meinung nach wäre die Verteidigung der polnischen Post nur im Falle eines gemeinsamen Angriffs des Interventionskorps (13. und 27. Infanteriedivision unter dem Kommando von Gen. Skwarczyński) und erst nach Einnahme der Freien Stadt Danzig gerechtfertigt gewesen. Hingegen in einer Lage, nachdem das Korps aufgelöst wurde, bedeutete diese Verteidigung unnötiges polnisches Blutvergießen. Als Zivilisten waren die polnischen Postbeamten weder durch Militäruniformen noch durch die Genfer Konventionen geschützt.

Zu meiner Zufriedenheit stimmte Mjr. Sucharski ohne Vorbehalte meiner Auffassung zu. Dabei erwähnte er, dass die Kämpfe um die Westerplatte einen völlig anderen Ausgangspunkt hatten – die Verteidigung der Westerplatte bestand nicht aus uniformierten Postbeamten, sondern aus einer militärischen Einheit.

Es schien also, dass jemand in unserer Hauptkommandantur das Verteidigungsproblem der »Polnischen Post« in Danzig nach der Auflösung des Interventionskorps nicht durchdacht hatte: Die Postbeamten hätten rechtzeitig Mobilisierungskarten erhalten und uniformiert werden können. Diese Einschätzung setzte auf keinen Fall die Heldentaten der polnischen Postarbeiter herab, die von Anfang an dem sicheren Tod ausgeliefert wurden.

Die Zeit in der Gefangenschaft verlief ohne die geringste Aussicht auf eine baldige Veränderung unserer Lage. Die Tatsache, dass ich an einem Ort festgenagelt wurde, widersprach meiner Natur. Darüber hinaus wurde dieser Zustand noch schwieriger, weil er mit Nichtstun und Stacheldraht in Verbindung stand. Die Zeit aus Langeweile mit Bridge zu vertreiben, das ich übrigens gerne spielte, oder auf ein gutes Essenspaket zu warten, was auch seinen Reiz hatte, und sich mit ein paar weiteren Jahren im Lager abzufinden, überstieg meine psychischen Grenzen – es hilft nichts, man muss verduften, je schneller, desto besser, dachte ich.

Obwohl mein Vorhaben kein leichtes war, wurde mein Fluchtwille von Tag zu Tag größer. Nach und nach begann ich, meine Theorie in die Tat umzusetzen. Ich hatte wohl die richtige Entscheidung getroffen, zuerst meine Kondition zu stärken und mich so unauffällig zu verhalten, dass niemand von meinem Vorhaben etwas merkt. Ich benötigte auch Zeit, um meine Mitmenschen zu beobachten, das Lagergelände genauer zu erkunden und meinen Fluchtplan sowie die Fluchtroute zu entwerfen. Um eine realistische Chance zu haben, aus dem Lager zu entkommen, sollte ich mindestens zwei Fluchtstellen herausfinden. In diesem Zusammenhang musste ich viele Dinge berücksichtigen, denn jedes scheinbar unbedeutende Detail konnte eine ernsthafte Rolle spielen und sich negativ auf die Flucht auswirken. Wichtig war auch, ob ich an einem Wochentag oder an einem Feiertag fliehen würde und zu welcher Uhrzeit. Auch die Jahreszeit und der Monat waren nicht ohne Bedeutung. Ich sollte auch anfangen, heimlich Vorräte anzulegen. Aber zuerst musste ich herausfinden, welche Lebensmittel ich brauchen würde und wie ich sie bekommen könnte. Dabei musste ich äußerst vorsichtig sein, denn übermäßiges Sammeln und Horten von Lebensmitteln könnte die Aufmerksamkeit neugieriger Menschen auf sich ziehen. Besonders infrage kam kalorienreiche und gehaltvolle Nahrung, die zudem wenig Platz benötigte. Am besten geeignet waren geräucherter Speck, Würfelzucker, Bonbons, Schokolade und vor allem Zwieback.

Es gelang mir bald, mich mit immer mehr Vorräten einzudecken. Mit Zwieback wurde ich auch auf einfache Weise fertig: Ich beschmierte Brotscheiben mit Margarine oder anderem Fett und trocknete sie auf dem Heizkörper. Die Lebensmittelvorräte waren für mich von großem Wert, da ich wusste, dass ich nach der Flucht aus dem Lager mit keinerlei Unterstützung rechnen konnte und nur auf mich selbst angewiesen sein würde.

Um den Verdacht der Deutschen durch meine Fluchtvorbereitungen nicht zu wecken, musste ich sehr vorsichtig vorgehen. Ich musste mich auch vor Mitgefangenen in Acht nehmen, die mir nicht aus Bosheit, sondern aus Neugier oder Geschwätzigkeit schaden könnten.

Da ich meine Flucht ernsthaft vorbereitete, begann ich, intensiv Sport zu treiben. Ich beschloss, jeden Tag zwei Runden um das Lager zu laufen, egal ob im Sommer oder im Winter, bei Regen oder bei Schnee. Jedes Mal übte ich schnelle, lange Märsche.

Nach dem Lauf und der Gymnastik nahm ich eine kalte Dusche, nach der ich mich großartig fühlte. Bei meinem täglichen Sport trug ich kurze Hosen, nur im Winter zog ich ein wärmeres Oberteil an. Die Wachmänner auf den Wachtürmen kannten mich bereits von meinen täglichen Sportaktivitäten; jedes Mal, wenn ich an ihnen vorbeilief, winkten sie mir zu und spornten mich an.

In Erinnerung an die Romane von Jack London und Filme wie »Der Graf von Monte Christo«, die mich schon früh geprägt hatten, plante ich mit jugendlichem Enthusiasmus meine Flucht.

Die Entscheidung zur Flucht hatte für mich viele Beweggründe. Zu den wichtigsten zählten das Pflichtgefühl gegenüber meiner Heimat und der Uniform, die ich trug, sowie die Absicht, mich dem Militäreinsatz im Untergrund anzuschließen, um den Kampf gegen die brutalen Besatzer fortzusetzen. Meine kühne Wesensart, mein Bedürfnis nach sportlicher Leistung und mein angeborener Trotz spielten ebenfalls eine große Rolle. Außerdem lockte mich das Unbekannte, das große Abenteuer.

Während ich so einen großartigen Plan für die nächste Zukunft anstrebte, saßen wir weiterhin in einer aussichtslosen Lage, umgeben vom Stacheldraht, Wachposten und allgemeiner Hoffnungslosigkeit. Obwohl mein ganzer Körper innerlich bebte und rebellierte, war ich gezwungen, den täglichen Ablauf des grauen, erbärmlichen Lagerlebens mitzumachen und mich wie ein disziplinierter normaler Gefangener zu verhalten.

Der Alltag hinter dem Stacheldraht

Eines Tages erhielten wir eine Nachricht, die nicht bestätigt wurde, aber höchstwahrscheinlich wahr war: Während des Ersten Weltkrieges befand sich in unmittelbarer Nähe ein kleines Gefangenenlager mit vierhundert kanadischen Soldaten. Angeblich wurden alle Gefangenen 1918 erschossen, als die Deutschen sich ihrer Niederlage bewusst waren. Wir hatten nie erfahren, ob sich dieser Vorfall wirklich zugetragen hatte, aber diese düstere Nachricht wirkte auf uns alle deprimierend. Unterschwellig keimte bei uns der Gedanke auf, dass uns das gleiche Schicksal wie das der Kanadier treffen könnte. Dr. Bielawski und seine zahlreichen Äskulap-Anhänger behaupteten, dass es sich bei solchen Ängsten um Psychosen handle, die bei den Kriegsgefangenen häufig entstünden. Ihre Ursachen seien in der völligen Wehrlosigkeit der Gefangenen zu finden.

Die polnische Kommandantur reagierte auf das Gerücht über das Schicksal der kanadischen Kriegsgefangenen mit der Gründung einer konspirativen Abteilung zur Selbstverteidigung der Gefangenen.

Eines Nachts, als wir plötzlich von weit entfernten dumpfen Detonationen geweckt wurden, entstand unter uns eine große Aufregung. Endlich geruht die Göttin Minerva das deutsche Vaterland aufzusuchen, dachten wir. Sofort traten alle unsere Alltagssorgen in den Hintergrund. Wir zerbrachen uns den Kopf nur über eine Frage: Was bedeutete dieser Bombenangriff? Nach ein paar Tagen in gereizter Stimmung rissen wir uns aufgeregt die Seiten der deutschen »Pommerschen Zeitung« aus den Händen. Dort erfuhren wir, dass die britische Luftwaffe in jener Nacht ein Objekt bombardiert hatte, das überhaupt nichts mit dem Krieg zu tun hatte – die meisten Bomben fielen in ein großes Löschwasserbecken.

Wir alle spotteten über die unglückliche Royal Air Force. Die Gedanken an unsere englischen Verbündeten erfüllten uns mit

Zorn. Die Engländer behaupteten immer, sie hätten Schlachten verloren, aber nie Kriege. »Was stellten die verflixten Briten nur an? Sind sie schon vollkommen durchgeknallt?«, fragten sich die enttäuschten Gefangenen.

Einige Zeit danach stellte sich jedoch heraus, dass diese »verflixten Engländer« gar nicht so verrückt waren. In dem zerbombten Löschwasserbecken befand sich unter einem gewaltigen Stahlbetonbau ein Hauptbehälter mit Treibstoff, der für den ganzen II. Wehrbereich vorgesehen war. Erst viel späterer gelang es den Briten, den künstlichen Teich mit sechs Tonnen schweren Bomben zu zerstören – diese verflixten Engländer! Wie hatten sie das ausspioniert? Offensichtlich hatte sich der berühmte British Military Service mit diesem Fall befasst.

Der Dezember 1939 brachte gute Nachrichten: Das deutsche Panzerschiff »Admiral Graf Spee«, das im Gefecht mit dem britischen Kreuzer an der Mündung des La-Plata-Flusses beschädigt worden war, wurde auf Befehl Hitlers von der eigenen Besatzung im Meer versenkt. Sein Kommandant, Kapitän Langsdorff, nahm sich drei Tage später mit einem Pistolenschuss in den Kopf das Leben.

Als die deutsche Presse, insbesondere die amtliche Zeitung, der »Völkische Beobachter«, ein Organ der Hitlerpartei, diese Nachricht bestätigte, schwelgte das ganze Lager in Freude.

Eines Tages platzte die nächste Bombe! Wir erfuhren, dass die deutsche Kommandantur einem Oberleutnant der Reserve, der Tierarzt war, genehmigt hatte, zu heiraten. Äußerst gespannt traten wir an den Stacheldraht in der Nähe des Gebäudes heran, in dem diese feierliche Zeremonie stattfand. Die Braut durfte auch zu ihrer Hochzeit kommen, und eben sie stand im Mittelpunkt unseres Interesses.

Währenddessen nahm unser Leben im Lager seinen Lauf. Nach und nach verwischten sich die Rangunterschiede zwischen den Berufsoffizieren und den Reserveoffizieren. Es entwickelte sich eine Art demokratisches Zusammenleben. Linksgerichtete demokratische Gruppierungen, deren Zahl stetig wuchs, kamen zunehmend zu Wort.

Die anfängliche Apathie und die bedrückende Stimmung wichen einem neuen Lebensgeist. Es entstanden literarische und journalistische Gruppen, die energisch ihren kulturellen und wissenschaftlichen Tätigkeiten nachgingen. Die meisten Aktivitäten waren innerhalb der Lehrerkreise zu beobachten. Im Herbst 1940 zählte der im Lager ins Leben gerufene Lehrerverband 250 Mitglieder. Dank der Initiative dieses Verbandes wurden zahlreiche Kurse eingerichtet, wie z.B. für Geschichte, Soziologie, polnische Literatur, Psychologie und Pferdeheilkunde. Es gab sogar einen Führerscheinkurs und einen Kurs für Bienenkunde. Außerdem hatten wir Kurse für Mathematik, Bauwesen, Elektrotechnik, Handelswesen, Landwirtschaft, Stenografie und Rechtswesen.

Bei den Fremdsprachen erfreuten sich die englische, französische und russische Sprache besonderer Beliebtheit. Der Unterricht in der deutschen Sprache wurde wegen möglicher Fluchtbeihilfe untersagt, wodurch eine paradoxe Situation entstand: Während wir in deutscher Gefangenschaft saßen, wurden wir gezwungen, die Sprache des Feindes heimlich zu lernen. Zu den vielseitigen Kursen eilten vor allem die jüngeren Offiziere, die mit Weiterbildung die freie Zeit nutzten und ihre Interessenbereiche vertiefen wollten.

Für die Schützen, die sich noch im Oflag befanden, wurde eine Grundschule eingerichtet, um ihnen die Fortsetzung ihrer durch den Krieg unterbrochenen Schulausbildung zu ermöglichen. Für die Analphabeten, die es im Lager ebenfalls gab, wurde ein intensiver Grundkurs angeboten.

Auf Anregung des Lehrerverbandes entstand eine wissenschaftliche Bibliothek mit 1900 Bänden. Es gab auch eine umfangreiche Sammlung von Belletristik und eine philologische Bibliothek, wenn auch mit einem geringeren Angebot an Lehrbüchern. Die Abteilungsleitung für Kultur und Bildung zeigte

Theateraufführung im Oflag Arnswalde 1940

ein großes Engagement für den Einkauf von Schreib- und Bildungsmaterial.

Bald entstand auch ein beinahe richtiges Theater, nicht nur mit Schauspielern, sondern auch mit Schauspielerinnen. Die Frauenrollen wurden überwiegend von jüngeren Offizieren oder von Fähnrichen gespielt.

In den Entwürfen für Kostüme, Bühnenbilder und andere Theaterutensilien steckte eine Menge Arbeit, die mit großem Aufwand gestaltet wurde. Mit Erfolg wurden polnische Theaterstücke vorgeführt, wie z. B. »Zemsta« (Die Rache), »Królowa przedmieścia« (Die Vorstadt-Königin), »Żeglarz« (Der Segler), »Ptaki« (Die Vögel). Es gab auch Aufführungen verschiedener Sketche und Revuen.

Dank der hervorragenden Leistungen der Schauspieler, der Lichteffekte und der aufwändigen Dekoration gelang es uns, für kurze Zeit aus der Alltagsrealität in diese zauberhafte Fantasiewelt zu entkommen. Zu jeder Vorstellung marschierten wir mit unserem eigenen Stuhl, den wir in den Theatersaal trugen. Auch die Deutschen besuchten das Theater. Einige aus Pflichtgefühl, an-

Die »Damen« sind in Wirklichkeit junge Offiziere!

dere aus Neugier oder wie wir, um für eine Weile Abstand vom Alltag zu finden.

Neben dem Theater wurden ein Lagerchor und ein Orchester gegründet. Unser Kamerad Skocz leitete den Chor, das Orchester wurde von Klonowski und das Jazzorchester von Gajdeczka dirigiert. Wir hatten auch ein Künstleratelier für Malerei und Skulptur. Zudem verfügten wir über ein umfangreiches Presseangebot. Anfangs erschien eine Lagerzeitschrift, danach die halbmonatliche Zeitschrift »Hinter Gittern«. Von den Fachzeitschriften wurden »Die Stimme des Lehrers« und »Technischer Überblick« herausgegeben. Darüber hinaus lasen ausgewählte Lektoren das »Informationsbulletin« vor, dessen Nachrichten sich auf die aktuellsten Informationsquellen aus dem Westen und aus Hitlerdeutschland stützten.

Viele von uns interessierten sich für verschiedene Sportarten, nicht nur der Kondition wegen, sondern auch, um das psychische Gleichgewicht aufrechtzuerhalten. Dementsprechend war das Interesse an Sport, einschließlich der Gründung eines Fußballklubs, sehr groß.

Die Fußballspiele zogen eine große Menge brüllender Zuschauer an, unter denen sich auch deutsche Anhänger dieses Sports befanden. Wir hatten einen Leichtathletik- und einen Boxclub. Die Boxkämpfe fanden in der Turnhalle auf dem Boxring statt. Andere bewegungsfreudige Lagerinsassen zogen es vor, sich durch Gartenarbeit gesund zu halten; in den ihnen zugewiesenen Gärten bearbeiteten sie den Boden mit dem Fleiß eines Benediktiners und der Präzision eines chinesischen Kulis.

Als unangenehm fielen im Lagerleben die Volksdeutschen auf. Um ein besseres Stückchen Brot zu ergattern, begannen sich einige unserer Kameraden als Söhne des Dritten Reiches zu fühlen. Es gab jedoch nicht viele von ihnen. Einige Volksdeutsche bereuten später ihre Entscheidung, weil sie völlig isoliert wurden. Obwohl sich ihre Lebensbedingungen verbessert hatten und sie sogar eine Einzelunterkunft erhielten, zogen wir uns alle verächtlich von ihnen zurück. Die polnische Lagerkommandantur entzog ihnen den Eintritt zu sämtlichen Veranstaltungen und Kursen sowie zur Bibliothek und zum Lesesaal. Ebenfalls wurden sie von ihren deutschen »Betreuern« verachtet, die nichts zu ihrer Verteidigung unternahmen, auch wegen der entschiedenen Haltung der polnischen Kommandantur. Infolgedessen bildeten sie eine isolierte Gruppe, die außerhalb der Gemeinschaft stand.

Diesen käuflichen Seelen konnte man die unbeugsame Haltung vieler anderer gegenüberstellen. Einige Zeit später rief die deutsche Kommandantur alle Gefangenen auf, die einen nicht polnisch klingenden Namen trugen, die Volksliste zu unterschreiben. Die Deutschen beriefen sich dabei auf angeblich germanische Vorfahren dieser Gefangenen und versuchten mit allen Mitteln, auf sie Druck auszuüben. Diese Aktion, die in allen Gefangenenlagern abgehalten wurde, brachte jedoch nicht das erhoffte Ergebnis. Die Haltung derjenigen, die trotz der Schikanen unbeugsam blieben, stärkte uns moralisch.

Im Oflag II C Woldenberg verweigerte mein Kamerad Gebhard Bülow von der Offiziersschule der Kavallerie in Graudenz seine Unterschrift auf der deutschen Volksliste. Er war Oberleutnant im 7. Kavallerie-Schützen-Regiment in Biedrusko bei Posen gewesen. Bülow stammte aus einer alten deutschen Familie. Sein Großonkel gehörte zu den berühmten Vorfahren der Familie Bernhards von Bülow, der von 1900 bis 1909 als deutscher Reichskanzler amtierte. Von diesem ständig hustenden und empfindlichen Gebi – so nannten wir ihn – hatte ich nicht erwartet, dass er seinen Mut durch solche Charakterstärke beweisen würde. Wir wussten, dass er vor dem Krieg die Frau eines polnischen Gutsbesitzers in Posen geheiratet hatte. Ich bin mir ziemlich sicher, dass nicht nur diese Tatsache für seine Entscheidung ausschlaggebend war.

Eine ebenso erfreuliche Nachricht kam für mich vom Oflag VII A Murnau. Dort befand sich Mjr. Trenkwald vom 8. Ulanen-Regiment »Fürst Jósef Poniatowski« in Krakau. Ich kannte ihn aus dem Zentrum der Kavallerieschule in Graudenz. Dieser kleine, schlanke, braunhaarige Mann mit einem länglichen Gesicht war ein häufiger Repräsentant der polnischen Mannschaft bei internationalen Reitturnieren. Obwohl sein Vater, ein österreichischer General, in deutscher Uniform nach Murnau kam, um seinen Sohn zur Unterschrift der Volksliste zu überreden, lehnte Mjr. Trenkwald dies entschieden ab und blieb weiterhin gemeinsam mit seinen Kameraden hinter Gittern.

In einer so großen und vielfältigen Ansammlung von Menschen, die gezwungen waren, auf engem Raum zusammenzuleben, kam es immer häufiger zu Streitigkeiten. Zwar handelte es sich dabei meist um Bagatellen, doch manchmal wurden sie problematisch und landeten vor einem zu diesem Zweck eingerichteten Ehrengericht. Oft beobachtete ich mit Bedauern die sogenannten »Anwälte« der Konfliktparteien, die bei ihren endlosen »Hin-und-her-Spaziergängen« zwischen den Streithelden vermittelten. Diese »steifen Herren« stolzierten mit Würde, ihrer Funktion nach entsprechend gekleidet, umher. Doch trotz ihrer Bemühungen entstanden am Ende nur Berge von Protokollen und Verhandlungsdokumenten, die selbst von den so misstrauischen Deutschen mit Nachsicht behandelt wurden.

Einmal wurden wir Zeugen eines belanglosen Streits zwischen zwei Artilleriekapitänen, die Kameraden aus demselben Regiment waren.

Während einer Auseinandersetzung gingen sie vom Duzen zum Siezen über. Schließlich schrie der Hitzköpfige den anderen an: »Betrachten Sie sich als geohrfeigt!« Darauf der »Geohrfeigte«, ein phlegmatischer Einwohner von Vilnius mit dem singenden Akzent der ehemaligen polnischen Ostgebiete: »Und Sie, Euer Gnaden, betrachten Sie sich als erschossen!«

Ihre Streitereien gingen noch lange hin und her. Schließlich kamen die »steifen Herren« auf die Idee, die Angelegenheit bei einer Rheinweinflasche, die durch den Stachelzaun gegen Schokolade und Zigaretten eingetauscht worden war, endlich zu begießen.

Eines Nachts bekam ich Zahnschmerzen. Durch die Vermittlung unseres Arztes reichte ich ein Gesuch ein, um einen deutschen Zahnarzt in der Stadt besuchen zu dürfen. Mein Antrag wurde schnell genehmigt. Gestriegelt wie zu einem Rendezvous ging ich in Begleitung eines deutschen Gefreiten, der mit einer Parabellum, einem leichten Maschinengewehr, bewaffnet war. Da wir einen recht weiten Weg zu dieser kleinen Stadt hatten, kamen wir miteinander ins Gespräch. Im Laufe der Zeit stellte sich heraus, dass der Gefreite ein ziemlich gescheiter Junge aus dieser Gegend war. Zu meinem Erstaunen begann er auf einmal, in einer veralteten und harten, aber polnischen Sprache mit mir zu sprechen. Mit Freude dachte ich: Also hat die lokale Bevölkerung auch nach fast dreihundert Jahren die polnische Sprache nicht vergessen!

Unterwegs betrachtete ich mit hungrigen Augen die ganze Umgebung; alles war für mich interessant. Ich atmete tief die sonnendurchflutete Luft ein, den harzigen Duft der Bäume und den frischen Duft der grünen Wiesen. Als ich die frei herumlaufenden Menschen sah, fühlte ich mich wie auf einem anderen Planeten.

Auch wenn mein Ausflug »jenseits des Stacheldrahts« kaum drei Stunden gedauert hatte, stärkte er meinen ohnehin unbezwingbaren Willen, in die Freiheit aufzubrechen!

Inzwischen bemühten wir uns mit allen Mitteln, die Zeit sinnvoll zu gestalten. Ich begann, Russisch und Französisch zu lernen. Weil ich Musik sehr liebte und mich nicht wie früher ans Klavier setzen konnte, begann ich Mundharmonika zu spielen.

Wir fingen auch an, mit Begeisterung gemeinsam zu kochen. Fast alle Gefangenen bereiteten verschiedene Speisen für uns zu. Gekocht wurde hauptsächlich in Kellern oder auf Dachböden. Die neu gegründeten Kochgesellschaften bestimmten die Reihenfolge dieser Aktivitäten. Es wurde auch eine neue Funktion ins Leben gerufen, nämlich die des Lebensmittelwächters.

Einmal, als wir verschiedene Gerichte nach unseren eigenen Rezepten kochten, kam es zu folgender Diskussion: Einer der Kameraden versuchte, ohne jemanden zu Wort kommen zu lassen, uns lautstark und willkürlich Anweisungen zu geben, wie und wie lange wir bestimmte Gerichte kochen sollten. Da ich in kampflustiger Stimmung war, erklärte ich, ich würde einen guten Borschtsch innerhalb von fünfzehn Minuten kochen. Alle, die mit dem Kochen beschäftigt waren, waren erstaunt und schüttelten ungläubig den Kopf. Daraufhin schlug mir der streitsüchtige Genosse eine Wette mit einem ziemlich hohen Gewinn vor. Er war sich sicher, dass es mir niemals gelingen würde, in so einer kurzen Zeit einen Borschtsch zu kochen.

Ich hatte also keine andere Wahl, als den Vorschlag anzunehmen. Im Nu fand sich eine Prüfungskommission, die sofort ihre Uhren stellte; das Wettfieber ergriff die Kochgesellschaft.

Das ganze Geschehen fand unter den strengen Augen des Prüfungsausschusses statt. Auch weitere Neugierige, an denen es im Lager nicht fehlte, strömten herein. Es war offensichtlich, dass man sich über mich lustig machte.

Nachdem ich alle Zutaten besorgt hatte, tat ich einen Tauchsieder in einen Becher hinein. Innerhalb von fünf Minuten, während der Heizstab den deutschen Strom »fraß«, begann das Wasser fröhlich zu sieden. In das kochende Wasser gab ich zwei Stück Rote-Bete-Marmelade, einen kleinen Löffel geschmolzenes Schmalz mit Zwiebeln und einen Maggi-Würfel. Das Ganze schmeckte ich mit einer Prise Salz, ein wenig Zitronensäure und Pfeffer ab. Nachdem ich die Suppe ein paar Mal mit einem Löffel umgerührt hatte, stellte ich mein Fertiggericht vor die Prüfungskommission hin. Doch als der Prüfungsausschuss meine Kochkünste misstrauisch beäugte und mein Kontrahent skeptisch den Kopf schüttelte, stürmte ich wütend auf den Korridor. Dort griff ich nach einer dunkelblauen holländischen Uniform eines Unterleutnants aus dem benachbarten Raum, der unschuldig wie ein Lamm aussah.

Dem erstaunten Unterleutnant reichte ich einen ordentlichen Schluck meiner Suppe und fragte: »Wie schmeckt es Ihnen?«

»Ein leckerer Borschtsch«, kam die Antwort. »Wie haben Sie ihn zubereitet?«

Infolge dieser Reaktion musste die Gegenseite kapitulieren. Ich dagegen erlangte den Ruhm eines guten Kochs.

Unter den beschriebenen Ereignissen rückte die Weihnachtszeit fast unbemerkt heran – das erste Weihnachtsfest in Gefangenschaft! Man braucht nicht zu betonen, wie schwer es für uns war. Unsere Gedanken kreisten um das Zuhause und um unsere Lieben. Was machen sie dort? Wie geht es ihnen? Sind sie gesund? Sind sie überhaupt am Leben?

Heiligabend, der Abend der Versöhnung und Vergebung! Bei Dämmerung verspürte man Bewegung und feierliche Aufregung in den Wohnstuben. Die Lebensmittelverteiler waren ständig auf Trab, um dem ersten so traurigen Heiligabend in Gefangenschaft ein wenig von Heimatatmosphäre zu verleihen.

Als wir uns auf den Weihnachtsabend vorbereiteten, waren all unsere Streitigkeiten, Verletzungen und Auseinandersetzungen vergessen. Jeder von uns war auf seine persönliche Art in tiefes Nachdenken versunken.

Auf dem Programm stand auch die Christmette, die fast alle besuchen wollten, die meisten aus Tradition und die anderen, um die Zeit totzuschlagen. Nach dem Heiligabend besuchten uns Sternsinger mit einem sich drehenden, bunten Stern. Sie sangen im Chor Weihnachtslieder, begleitet von Harmonien und einer Geige. Diese bewundernswerte traditionelle Veranstaltung war von unserem Lehrerkreis organisiert worden.

Die Christmette fand in der Turnhalle statt, die uns gleichzeitig als Kapelle diente: Die Stimmung war feierlich, die Gesichter erschienen nachdenklich. Himmelhoch ertönte der mächtige Chorgesang unserer polnischen Weihnachtslieder. In stillen Gedanken waren wir bei unseren Lieben, einige Tränen flossen leise auf die Soldatenuniformen.

Die Weihnachtsfeiertage wurden in unterschiedlichen Stimmungen verbracht. Während eines Gottesdienstes hörte ich zum ersten Mal ein wunderschönes Lied der Goralen, gesungen von unserem Lagerchor. Der Text und die liebliche Melodie sind mir bis heute in Erinnerung geblieben. Bei den gegenseitigen Einladungen erlebten wir Momente der Traurigkeit, der wehmütigen Erinnerungen und des Nachsinnens. So verging unser erstes Weihnachtsfest in der Gefangenschaft.

Nach den Feiertagen begann wieder der alltägliche Ablauf des Lagerlebens. Eines Tages stellte ich fest, dass ich außer den spartanischen körperlichen Übungen eigentlich keine ernsthaften Anstrengungen unternommen hatte, um die geplante Flucht vorzubereiten. Allerdings hatte ich noch recht viel Zeit. Denn bei den Überlegungen, zu welchem Zeitpunkt die Flucht am günstigsten wäre, kam ich zu dem Ergebnis, dass der Frühherbst die beste Voraussetzung dafür bietet. Zu dieser Jahreszeit ist es noch warm genug, und zur Not könnte man sich von den Früchten des Ackers ernähren. Vorerst beschloss ich, mich heimlich mit kalorienreichen Lebensmitteln einzudecken. Außerdem musste ich vor der Flucht eine Erkundung durchführen, die mit äußerster Vorsicht zu erfolgen hatte.

Zu dieser Zeit breitete sich im Lager ein großes Interesse an mystischen Prophezeiungen aus. Es fanden spirituelle Sitzungen statt, bei denen überwiegend die Georgier Meister auf diesem Gebiet waren. Prophezeiungen von Michel Nostradamus waren am weitesten verbreitet. Nostradamus war ein Arzt und Astrologe, der im 16. Jahrhundert lebte und der Verfasser des berühmten astrologischen Kalenders war.

Die armen Gefangenen versuchten auf jede mögliche Art und Weise, diese Vorhersagen auf ihre Lage zu beziehen. Die meisten Anhänger praktizierten aber die Geisterbeschwörung. Diese spirituellen Sitzungen wurden fast überall im Lager abgehalten und lösten bei den Zweiflern, die überall zu finden waren, wahre Lachsalven aus. Ungeachtet dessen muss man zugestehen, dass diese Geister einen positiven Einfluss auf unser Leben hatten; sie lockerten die bedrückende Lageratmosphäre auf, und der eigentümliche Humor wirkte gegen die Trübsal, die manche plagte. Die geheimnisvolle Atmosphäre in den abgedunkelten Räumen mit einer Reihe von Händen auf einem kleinen Tisch und das Warten auf außergewöhnliche Ereignisse faszinierten die Häftlinge und ermutigten sie zur weiteren Teilnahme. Aus Neugierde hatte auch ich dem »Geist« einige Male mit meiner bescheidenen Person die Ehre erwiesen. Schließlich konnte jede Aussage des »Geistes« auf die eigene Lebenssituation bezogen werden, sodass die Teilnehmer diese Sitzungen meist sehr zufrieden verließen.

Eines Tages während einer Séance, der ich beiwohnte, ereignete sich eine lustige Geschichte. Einige Witzbolde begannen, dem berühmten Nostradamus komplizierte Fragen zu stellen. Dies brachte den »bedächtigen Mönch« so aus der Fassung, dass die spirituelle Untertasse, die sich in alphabetischer Reihenfolge drehte, nacheinander Buchstaben zeigte, die einen nicht salonfähigen Satz ergaben: »Leck mich am Arsch ...!« Diese Geschichte versetzte uns für einige Tage in sehr gute Laune.

Doch die Deutschen, wie sie nun einmal sind, witterten überall Verschwörung und Sabotage. Aus diesem Grund wurden die ersten spirituellen Séancen unter Aufsicht der Wachmänner abgehalten. Aber als sie sich davon überzeugten, dass wir mit solchen Persönlichkeiten wie Napoleon Bonaparte oder Nostradamus kommunizierten, winkten sie resigniert ab und ließen uns endlich in Ruhe. Dafür wurden wir von häufigen Durchsuchungen durch die Deutschen geplagt.

Diese Aktionen kamen wie ein Blitz aus heiterem Himmel und dauerten manchmal mehrere Stunden. Nach jeder Durchsuchung fluchten die Gefangenen auf diese »Schkopy«, dass die Wände wackelten, während Männer sanfterer Natur händeringend jammerten. Denn die durchsuchte Stube sah aus wie von einem Taifun getroffen: Überall stapelten sich Dokumente und Papiere, zerfetzte Betten boten einen Anblick wie nach einem Fliegeralarm. Wahllos zerstreute Toilettenartikel und andere Sachen des täglichen Gebrauchs wie Becher, Töpfe, Inhalte von allen Schubladen und Schränken, Wäsche, Fotos und Briefe – all das lag zerwühlt in Bergen auf dem Boden.

Im Lager waren sehr viele Gegenstände verboten, wie zum Beispiel Waffen, Fotoapparate, Radios und alles, was bei einer Flucht helfen konnte, d. h. Landkarten, Kompasse und deutsches Geld (im Lager waren nur Lagermarken im Umlauf). Außerdem Rucksäcke, Kochgeschirr, Feldflaschen, Hammer, Zangen und Meißel aller Art. Deshalb trugen die Deutschen nach jeder Durchsuchung triumphierend Berge von Beute in riesigen Körben hinaus.

Die Durchsuchung diente nicht nur dazu, die Flucht zu verhindern, vielmehr sollten wir gedemütigt und moralisch gequält werden.

Frühling der verlorenen Hoffnungen

Die schwierigen Lebensbedingungen, der Zwang, mit denselben Menschen zu verkehren, die Zusammensetzung der Offiziere in den Quartieren, die nicht immer gut miteinander auskamen, sowie das Leben unter Männern ohne Frauen schufen eine Atmosphäre, die unsere Nerven mehr oder weniger belastete. Das hoffnungslose Feststecken hinter Stacheldraht, wo wir zur Untätigkeit verdammt waren, war eine zusätzliche nervliche Belastung. Je länger sich unser elendes Dasein in die Länge zog, desto mehr häuften sich Konflikte und Streitigkeiten.

Seelischen Halt gab uns die Hoffnung auf die Schlüsselentscheidung der Achsenmächte im Frühjahr 1940, die zum Wendepunkt des Krieges und schließlich zu einer beispiellosen Niederlage Deutschlands führen sollte. Der Frühlingsbeginn, der sich in seiner ganzen Pracht und Magie zeigte, brachte jedoch eine herbe Enttäuschung, die uns mit einem Schlag unsere Illusionen raubte.

Am 9. April griff die deutsche Armee Dänemark und Norwegen an, wie üblich ohne Kriegserklärung. Die tapferen Nachfahren der legendären Wikinger kämpften heldenhaft und versenkten viele deutsche Kriegsschiffe. Unsere unabhängige Podhalanska-Schützenbrigade (Samodzielna Brygada Strzelców Podhalańskich) nahm ebenfalls an diesen Kämpfen teil, zusammen mit der französischen Fremdenlegion, der britischen Royal Navy und der RAF (Royal Air Force). Doch das Schicksal der Marinestützpunkte in den norwegischen Fjorden war bereits besiegelt.

Die Ehre des kleinen Dänemark wurde von der königlichen Garde gerettet. In einer ungleichen Schlacht verteidigten sie heldenhaft die Residenz ihres Monarchen, das Schloss Amalienborg in Kopenhagen. In einer zwanzigstündigen Schlacht verlor der dänische General Jacobson bei der Kapitulation dreizehn Soldaten.

Am 10. Mai rückte die deutsche Wehrmacht in Richtung Westen vor, zerstörte alles auf ihrem Weg und schmetterte es nieder.

Am 15. Mai kapitulierte die niederländische Armee, und ihr Oberbefehlshaber, General Winkelmann, geriet in Gefangenschaft – die Soldaten des »Tulpenreiches« hatten verdammt wenig gekämpft!

Aber das war noch nicht das Ende der schlechten Nachrichten. Dem Beispiel Hollands folgend, legte die belgische Armee mit ihren 500 000 Mann nach achtzehn Kampftagen ihre Waffen nieder. Auf dem Schloss Anvaing ergab sich General Derousseau dem deutschen General von Reichenau.

Um unsere an Verzweiflung grenzende Enttäuschung nicht zu beenden, kapitulierte Paris am 14. Juni kampflos. Die siegreiche Kohorte der deutschen Wehrmacht paradierte auf der Avenue Champs-Élysées. Am 22. Juni übergab der französische General Condé seine 400 000 Verteidiger der Maginot-Linie dem deutschen General Leebow, der Kommandant der deutschen Kampfgruppe C war. So fiel der »Stahlschild Frankreichs«, der als unbesiegbar galt. 1939 wollten die Franzosen für das polnische Danzig nicht »sterben« und warfen später vier Milliarden Franken in Gold zum Fenster hinaus, denn so viel kosteten die 450 Kilometer Maginot-Linie.

Die deutsche Presse und die Rundfunksender berauschten sich an Nachrichten über die deutschen Siege. Hitler ordnete an, drei Tage lang Hakenkreuzfahnen zu hissen und 15 Minuten lang Kirchenglocken zu läuten.

Dieses Glockenspiel klang wie ein Requiem, nicht nur für die III. Französische Republik, sondern auch für uns!

Tiefe Verzweiflung überfiel uns. In den Wochenzeitschriften sahen wir Bilder aus Compiègne, wo die Einstellung der Kampfhandlungen zwischen Frankreich und Deutschland unterzeichnet wurde. Dieser Waffenstillstand fand übrigens in dem gleichen Waggon statt, in dem die Kapitulation Deutschlands am 11. November 1918 unterschrieben wurde. Wir sahen auch Bilder von der triumphalen Parade der deutschen Wehrmacht auf der Straße »Unter den Linden« in Berlin.

Unsere Träume vom baldigen Kriegsende platzten wie eine Seifenblase. Sogar die größten Optimisten unter uns ließen den Kopf hängen. Es wurde uns allen bewusst, dass sich der Krieg noch weiterziehen würde. Durch die Niederlage Frankreichs fühlten wir uns wie vor den Kopf gestoßen und verstanden nicht, wie dies geschehen konnte. Wo waren die heldenhaften Verteidiger der Festungen Vaux und Douaumont bei Verdun im Ersten Weltkrieg geblieben? Wo waren die Poilus, die tapferen einfachen Soldaten, die man mit Pariser Taxis direkt zum Schlachtfeld gebracht hatte? Dort zogen sie *La Madelon* singend in den blutigen Kampf an der Somme und an der Marne. Das alles konnten wir schwer begreifen!

Darüber hinaus hatte Großbritannien die Friedensbedingungen, die Hitler am 20. Juli in seiner Reichstagsrede vorschlug, abgelehnt. Uns war bereits klar, dass uns eine lange Zeit der Gefangenschaft bevorstand, auch wenn wir nicht an einen unbestreitbaren deutschen Sieg glaubten.

Unser einziger Trost war, dass uns die polnische Niederlage im Verteidigungskrieg 1939 im Vergleich zur Katastrophe im Westen in einem neuen Licht erschien. Das arme und rückständige Polen wurde vom Krieg überrascht. Das Land wurde von den Deutschen in einer gewaltigen Zangenbewegung von der Ostsee bis zu den Karpaten angegriffen. Dennoch konnte Polen stärkeren Widerstand leisten als das große, mächtige Frankreich, das von sechs Divisionen des britischen Expeditionskorps unterstützt wurde. Außerdem hatten die Franzosen acht Monate wertvolle Zeit, um sich auf einen deutschen Angriff vorzubereiten. Sie besaßen auch die mächtigen Forts aus Beton und Stahl entlang der Maginot-Linie. Angesichts der Niederlagen der Westalliierten konnten wir der Tapferkeit der polnischen Soldaten und der polnischen Armee ein gutes Zeugnis ausstellen.

Inzwischen verhielten sich die Deutschen wie von purem Größenwahn befallen. Die Lagerlautsprecher verbreiteten ständig die neuesten Siegesmeldungen. Unaufhörlich dröhnten Fanfaren und Parademärsche – die »germanische Horde« feierte ihren Sieg!

Von unseren Fenstern aus sahen wir ein Meer von roten Hakenkreuzflaggen; ein Artillerieregiment, das gerade von der Front zurückkam, wurde von den Einwohnern enthusiastisch begrüßt. Zu ihren Ehren wurde sogar ein Triumphtor errichtet! Diese beispiellose Niederlage unserer westlichen Verbündeten konnten manche von uns psychisch nicht ertragen. Berichten zufolge hatte sich sogar ein polnischer Offizier auf dem Dachboden erhängt.

Eines Tages verbreiteten sich Gerüchte, dass französische Offiziere in einigen Tagen in unserem Lager eintreffen würden. Zuerst glaubten wir ihnen nicht, bald jedoch wurden sie bestätigt.

Am Vormittag des 30. Juni kam ein Transport mit 360 französischen Offizieren und 40 französischen Schützen an.

Später erfuhren wir, dass die Franzosen von den Deutschen davor gewarnt worden waren, dass wir ihnen wegen ihres mangelnden Kampfeinsatzes feindlich gesinnt wären. Stattdessen hatten wir für die Franzosen einen gastfreundlichen Empfang vorbereitet, der die deutschen Pläne, uns gegen die Alliierten aufzuhetzen, zunichtemachte.

Die französischen Offiziere waren an der Maginot-Linie und in den Vogesen in Gefangenschaft geraten. Ihr Rangältester Obst. Gonnard hatte mehrmals seine Verwunderung zum Ausdruck gebracht, dass wir Polen moralisch und physisch nicht am Ende, sondern voller Tatkraft und gut organisiert waren.

Nach einiger Zeit merkten wir, dass unter den Franzosen viele Anhänger von Marschall Pétain, dem Staatschef des Vichy-Regimes, waren. Sie bildeten daher nicht so eine geschlossene Gruppe wie die Polen. Durch Kampfgeist zeichneten sich vor allem die Offiziere der Fremdenlegion, die sogenannten afrikanischen Spahis sowie die Offiziere der Marine und der Luftwaffe aus. Unser Verhältnis zu den Franzosen war recht gut. Es stellte sich jedoch bald heraus, dass wir in Bezug auf Unternehmergeist, Organisation und Einfallsreichtum viel besser waren als sie.

Es wurde uns jedoch nicht lange vergönnt, unser Schicksal mit ihnen zu teilen. Am 29. November 1940 fand eine Abschiedsfeier unserer französischen Verbündeten im Symbol-Theater statt.

Zu Beginn der Feier hielt der polnische Lagerkommandant Obst. Rudolf Kaleński eine Rede an die Franzosen. Er versicherte ihnen, dass die entstandene freundschaftliche Beziehung zwischen uns für immer in Erinnerung bleiben würde. Anschließend bedankte sich Obst. Gonnard im Namen aller französischen Offiziere für die erwiesene Freundschaft. Er betonte dabei, dass sie vor ihrer Ankunft in unserem Lager nicht mit einer so kameradschaftlichen Aufnahme und Herzlichkeit seitens der Polen gerechnet hätten. Das Publikum belohnte die beiden Redner mit einem herzlichen Applaus.

Einige Zeit später erfuhren wir, dass die Franzosen in das Oflag XC nach Lübeck verlegt wurden.

Rettende Entdeckung

Nach wie vor lebte ich mit ständigen Gedanken an die Flucht und ihre Vorbereitung. Wegen der Anwesenheit von Volksdeutschen im Lager musste ich bei meinen Vorbereitungen sehr vorsichtig sein und mich auch vor dem gedankenlosen Geschwätz meiner Landsleute hüten, die ohne böse Absicht etwas ausplaudern könnten, worüber sie schweigen sollten.

Die erste Flucht aus dem Lager im Februar 1940 blieb uns allen in Erinnerung. Nachdem der Winter voll ausgebrochen war, gelang es zwei jungen Infanterieoffizieren, den Unterleutnants Jan Gerstel und Felicjan Pawłak von der Offiziersschule in Ostrów Komorowski, ihren lang vorbereiteten und geheim gehaltenen Fluchtplan zu verwirklichen. Laut Augenzeugenberichten hatten sie ihre Flucht sorgfältig vorbereitet. Trotz des Mangels an Lebensmitteln zu Beginn der Gefangenschaft gelang es ihnen, Vorräte heimlich zu hamstern. Sie trainierten ihre Körper mit langen, beschwerlichen Märschen für die Flucht. Auf geheime Weise ergatterten sie Zivilkleidung, deckten sich mit deutschem Geld und wichtigen Landkarten ein.

Diese Flucht erschien uns wie ein spannender Abenteuerfilm: Mitten in der dunklen Nacht und bei dichtem Schneetreiben versteckten sich die beiden Offiziere im Schatten eines Wachturms in der Nähe des Todesstreifens, sodass sie vom Wachturm aus nicht zu sehen waren. An dieser Stelle waren die Stacheldrahtpfähle mit einem Querbalken verstärkt, der einen schrägen Steg bildete. Außer einem Wachmann auf dem Wachturm befand sich unten ein zweiter Wachsoldat, der entlang des Stacheldrahtverhaus hin und her ging, um diesen Abschnitt zu patrouillieren. Nur in dem Moment, wenn der Wachmann einem den Rücken zukehrte, konnte man blitzschnell auf die andere Seite des Stacheldrahts gelangen.

Genau diesen Moment nutzten die Flüchtlinge aus. Während ihre Kameraden den hin und her laufenden Wachposten aus ihren Lagerfenstern beobachteten, gaben sie den Flüchtlingen im geeigneten Moment ein Lichtsignal. Die beiden kletterten blitzschnell auf den Stacheldrahtzaun, rutschten über den Querbalken herunter und liefen pfeilschnell davon. Da sie in weiße Laken gehüllt waren, konnte man sie in der Ferne nicht erkennen.

Zwei Nächte lang stapften sie ohne Schlaf und durstig durch den dichten Schnee. In der Ortschaft Kreuz (Krzyż) konnten sie sich nicht mehr beherrschen und gingen in eine kleine Konditorei, um eine Tasse heißen Kaffee zu trinken.

Die Konditoreibesitzerin bediente sie zwar freundlich, aber weil ihr das Aussehen und Verhalten der Männer merkwürdig vorkam, alarmierte sie die nächste Polizeiwache. Binnen 20 Minuten wurden diese mutigen, aber unachtsamen Helden festgenommen und zum Polizeirevier abgeführt, wo sie geschlagen wurden. Am nächsten Tag brachte man sie nach Arnswalde zurück. Wegen Verletzung der Disziplinarvorschriften wurden sie zu 21 Tagen Arrest verurteilt. Danach überführte man sie in das Oflag VIII B, das ein Straflager war.

Im Frühjahr 1940 versteckten sich der Oblt. Josef Szymański und einige Kameraden nachts hinter dem Altar in der Turnhalle. Dort arbeiteten sie an einem unterirdischen Gang, der unmittelbar zu einem freien Acker hinter der Gymnastikhalle führen sollte. Die ausgegrabene Erde trugen sie in Körben auf einer Leiter auf den Dachboden, wo sie verstreut wurde.

Leider war die ganze Mühe umsonst: Der unterirdische Gang wurde unzureichend gesichert und stürzte unter den Füßen eines patrouillierenden Wachmanns ein. Als der Wachmann plötzlich in die Tiefe fiel, schlug er vor Entsetzen heftig Alarm.

Kurz danach erschien der deutsche Lagerkommandant Obst. Lebböcke vor Ort. Mitleidig schüttelte er nur den Kopf und sagte: »So viel Arbeit für die Katz.«

Nach diesem Vorfall leitete die Lagerabwehr sofort verschärfte Ermittlungen ein. Glücklicherweise konnten diese unglücklichen »Fluchtanfänger« nicht aufgespürt werden.

Oblt. Leutnant Szymański ließ sich durch diesen Misserfolg nicht entmutigen und unternahm mit seinen Kameraden an Pfingsten 1940 einen zweiten Fluchtversuch.

Diesmal gelang es fast zwanzig Personen, durch die Kanalisation auf die andere Seite des Stacheldrahts zu entkommen. Einige der Ausbrecher, die nicht richtig auf die Flucht vorbereitet waren, wurden leider am nächsten Tag gefasst. Oblt. Szymański erreichte jedoch sein Ziel mit der Mehrzahl seiner Kameraden.

Ein anderes Mal flüchteten einige Offiziere, indem sie sich im Badehaus versteckten, das sich außerhalb des Lagerzauns befand. Nachts gelang es ihnen, unbemerkt in den angrenzenden Wald zu entkommen. Ihre Abwesenheit konnte längere Zeit verborgen bleiben. Bei Morgenappellen stellten sich Köche, die nicht auf der Appellliste standen, an ihre Stelle hin. Diese Flucht war wirklich gelungen.

In der Anfangsphase der Gefangenschaft behandelten die Deutschen die Kriegsgefangenen, die auf der Flucht aufgegriffen wurden, gemäß der Genfer Konvention: Ein festgenommener Flüchtling konnte nur eine Disziplinarstrafe von 21 Tagen Arrest erhalten. Diesbezüglich brachte Oblt. von Lebböcke seine Auffassung schon bei unserer Ankunft im Lager zum Ausdruck: »Ihr seid hier, um zu fliehen, und wir sind hier, um euch zu bewachen.« Außerhalb des Lagers ging man mit den gefassten Flüchtlingen meistens rücksichtsloser um; auf der Flucht gefangen genommene Offiziere wurden oft geschlagen und misshandelt.

Nicht nur die Leutnants Gerstel und Pawłak berichteten mir darüber, auch ein anderer Offizier bestätigte diese Aussage. Er erzählte mir, dass er nach seiner Verhaftung auf der Polizeiwache geschlagen und getreten wurde. Man brachte ihn zunächst in das Lager zurück, aus dem er geflohen war, doch bald darauf wurde er unter Eskorte in das Straflager Forte VII Winiary in Poznań überführt. Dort wurde er vierzehn Tage lang täglich zu Scheinhinrichtungen abgeführt. Er musste in einer Reihe mit den zum Tode Verurteilten knien, die von einem Gestapomann mit einem

Schuss in den Hinterkopf getötet wurden. Jedes Mal, wenn der Lauf der Waffe an seinen Hinterkopf gehalten wurde, wurde ihm gesagt, dass er erst am nächsten Tag erschossen würde.

Zuerst glaubte ich ihm nicht, aber als er mir seine blauen Brandnarben an beiden Körperseiten zeigte, die durch Verbrennungen von heißen Eisenstangen herrührten, wunderte ich mich nicht mehr, dass dieser junge Mann von 24 Jahren völlig grau geworden war.

Bei der Planung einer Flucht aus dem Lager war es sehr wichtig, dass die Deutschen so spät wie möglich davon erfuhren. Denn sobald eine Flucht bekannt wurde, folgten sofort strenge Kontrollen an der Grenze, auf den Straßen und in den Zügen. Gleichzeitig wurden Razzien auf der Suche nach Geflüchteten durchgeführt. Diese Kontrollmaßnahmen schlossen die Möglichkeit einer Flucht grundsätzlich aus. Daher war der Abend die beste Zeit zur Flucht, da die Flüchtlinge im schlimmsten Fall bis zum Morgenappell genug Zeit hatten, um sich so weit wie möglich vom Lager zu entfernen.

An der Verfolgung entflohener Kriegsgefangener nahmen außer der Polizei und der Gendarmerie alle paramilitärischen Einheiten teil, vor allem die SS, die SA und die Hitlerjugend. Auch viele Stadt- und Landwachen waren bei diesen Aktionen eifrig beteiligt.

Offen gesagt, bedeutete jeder einheimische Deutsche eine Gefahr für uns. Jeder Flüchtling versuchte deshalb so schnell wie möglich aus den Gebieten herauszukommen, die von Deutschen bevölkert waren. In den Ortschaften, in denen die Polen in der Mehrheit waren, konnte man mit mehr Hilfe rechnen.

Am Ende des Sommers 1940 setzte ich meinen Fluchtplan fort. Zu meiner Enttäuschung musste ich feststellen, dass alle Eingänge zu den Abwasserkanälen, durch die bereits eine Gruppe von zwanzig Flüchtlingen geflohen war, sorgfältig zubetoniert worden waren. Damals war ich mit Kempiński, einem Oberleutnant der Reserve, befreundet, der dem Künstlerkreis angehörte. Da uns inzwischen eine aufrichtige Freundschaft verband, wagte ich es, ihm von meinem Projekt zu erzählen. Als Künstler war Oblt. Kempiński oft an der Gestaltung der Kulissen beteiligt. Eines Tages erwähnte er, dass sich in einem der Nebenräume der Garage, die zu unserem Symbol-Theater gehörten, ein behelfsmäßig verschlossener Zugang zum Kanal befinde.

Über diese für mich so wichtige Nachricht hatte ich mich sehr gefreut. Weil es mittlerweile Abend wurde, beschloss ich, diese Stelle erst am nächsten Tag heimlich zu erkunden.

Am folgenden Tag ging ich nach dem Frühstück und dem Morgenappell ins Theater, wo ich meinen Freund traf. Er führte mich gleich zu einem kleinen Ersatzlager abseits des Theaters, in dem Bühnendekorationen für Reparaturen gelagert wurden.

Wir traten vorsichtig ein. Zu meiner Freude stellte ich fest, dass es in einer abgelegenen Ecke der Garage tatsächlich einen provisorisch abgesicherten Einstiegsschacht gab, der einen idealen Zugang zum Kanal bot.

Jetzt musste ich einen Hammer und einen Meißel finden. Ohne diese Werkzeuge wäre es unmöglich gewesen, die Wand zu durchbrechen. Es genügte auch nicht, nur den Kanal zu erreichen, man musste auch die Kanalwand hinter dem Stacheldraht durchdringen. Erst dann konnte man einen Schacht nach oben graben, um an die Erdoberfläche zu gelangen.

Der nächste Schritt bestand darin, den Abstand zwischen dem Stacheldrahtzaun des Lagers und der offenen Fläche hinter der Lagerpatrouille zu berechnen.

Mir war es bewusst, dass es noch zu früh war, sich zu freuen. Werkzeuge waren im Lager selbstverständlich verboten, deshalb würde es nicht so leicht sein, in den Besitz eines Hammers und eines Meißels zu kommen.

Ich wusste, dass man diese Werkzeuge im Theater finden konnte, wo sie für die Bühnenbildgestaltung benötigt wurden. Daher beschloss ich, eine Beschäftigung im Theater zu suchen, und war sehr zufrieden, als ich die Stelle eines Bühnenbildgehilfen bekam.

Um den Eindruck eines guten Arbeiters zu erwecken, musste ich mich ins Zeug legen. Auf die Fragen meiner erstaunten Kameraden antwortete ich lakonisch: »Ich tue dies aus Langeweile.«

Nachdem ich mir den Hammer und den Meißel »ausgeliehen« hatte, versteckte ich diesen kostbaren Schatz an einem gut geschützten geheimen Ort. Das Verschwinden der Werkzeuge im Theater sorgte zwar für große Aufregung, hatte aber keine weiteren Folgen; das Werkzeug, das ich brauchte, blieb unwiderruflich mein Eigentum!

Ich nahm Kontakt zu einer Gruppe von fünf Offizieren auf, die ebenfalls entschlossen waren, zu fliehen. Manchmal überlegten wir gemeinsam, was wir nach einer gelungenen Flucht in der Zukunft machen würden. Nach vielen Diskussionen kamen wir zu dem Schluss, dass es relativ einfach wäre, auf das Gebiet der Sowjetunion durchzukommen. Wir waren fest davon überzeugt, dass es früher oder später zu einem Krieg zwischen der UdSSR und Deutschland kommen würde, und waren uns sicher, dass sich polnische Militärtruppen dort neu organisieren würden, um gemeinsam gegen den uralten Feind der slawischen Völker zu kämpfen.

Unsere Gruppe machte sich schnell daran, heimlich die ersten Vorbereitungen für die Flucht zu treffen. Wir begannen alles zu horten, was notwendig und hilfreich sein könnte. Da wir außerhalb des Lagers keine Kontakte hatten, wussten wir, dass wir uns nur auf unsere eigene Kraft verlassen konnten.

Nachdem ich den Eingang zur Kanalisation entdeckt hatte, verabredete ich mich mit meinen zukünftigen Fluchtgenossen und besprach mit ihnen den Verlauf der Flucht. Um keinen Verdacht zu erwecken, hatten wir uns eine abgelegene Ecke auf dem Appellplatz ausgesucht und gaben vor, Bridge zu spielen; ein kleiner Tisch, eine Decke, vier Stühle und Spielkarten waren die Requisite für das Bridge-Spiel. Zwei Mitgenossen, die nicht am Spiel beteiligt waren, traten als »Zuschauer« auf.

Zuerst mussten wir herausfinden, wohin der entdeckte Einstiegsschacht genau führte. Diese Aufgabe betraf mich und zwei meiner Kameraden. Einer von ihnen sollte mir helfen, in den Einstiegsschacht zu gelangen, der andere sollte Wache stehen.

Nach dem Mittagessen holte ich den Hammer und den Meißel aus dem Versteck heraus, und wir machten uns sofort auf den Weg in die Garage, den Sitz unseres Symbol-Theaters. Wir taten so, als ob wir den Lagerraum aufräumen müssten, um die Theaterutensilien zu ordnen.

Um keinen großen Lärm zu verursachen, wickelte ich den Meißel in einen robusten Lederlappen, den ich im Tausch gegen ausländische Zigaretten von unserem Lagerschuster erhalten hatte.

Vorsichtig begann ich, einen Zentimeter nach dem anderen die Betonwand, die den Schachteinstieg verdeckte, abzuklopfen. Gleich zu Beginn fiel mir auf, dass die dicken Heizungsrohre, die mit Glaswolle, Wellpappe und Jute umwickelt waren, im rechten Winkel zusammenlaufen. Deshalb fragte ich mich, ob es an dieser Stelle überhaupt einen Eingang zur Kanalisation geben könne. Vor Schweiß triefend und mit blutigen Fingern arbeitete ich weiter, bis ich es für das erste Mal endlich gut sein ließ. Nachdem ich meine Arbeitsstelle ausreichend getarnt hatte, schloss ich den Lagerraum mit einem nachgemachten Dietrich ab, und wir gingen zum Abendessen.

Danach wählte ich während des Spaziergangs einen Kameraden als meinen Vertreter aus und besprach mit ihm den weiteren Arbeitsablauf für den nächsten Tag. Wir vereinbarten, dass wir uns in zwei Gruppen aufteilen, die schichtweise arbeiten sollten: Die erste Gruppe sollte unter meiner Leitung arbeiten, die zweite unter der Aufsicht meines Vertreters.

In dieser Nacht konnte ich lange nicht einschlafen. All meine Gedanken konzentrierten sich nur auf ein einziges Ziel. Nach dem Frühstück machte ich mich mit voller Kraft an die Arbeit. Erst nach zwei Tagen Knochenarbeit gelang es uns, an die Schachtöffnung heranzukommen. Mein ursprünglicher Zweifel bestätigte sich: Es war kein richtiger Einstiegsschacht, sondern ein einfacher Gully der Zentralheizung mit einer schmalen Öffnung, die man nicht vergrößern konnte.

Ohne lange zu überlegen, zog ich mich bis zu den Unterhosen aus und versuchte, mich durch das Loch in den richtigen Kanal zu zwängen, wobei ich mir die Hüften wund rieb.

Der Kanal, in dem ich mich befand, war niedrig, dunkel und ungefähr einen Meter hoch und breit. Mit großer Sorge stellte ich fest, dass die Mauer dieses Kanals aus über 70 Zentimeter dicken, soliden Zementziegeln aus der preußischen Zeit bestand. Obwohl uns noch ein enormer Kraftakt bevorstand, fühlte ich mich so glücklich, als hätte ich die Flucht schon geschafft – die eigentliche »Himalaya-Besteigung« stand mir aber noch bevor!

Mein Vertreter und ich versuchten, die Entfernung dieses Gullys bis zum Stacheldraht mit unseren eigenen Schritten abzuschätzen. Wir gingen dann zum angrenzenden Wohnblock Nr. III und kletterten dort auf das Dach. Durch eine Dachluke erkundeten wir das Gebiet hinter dem Stacheldraht, um festzustellen, wo wir am sichersten an die Erdoberfläche gelangen könnten.

Nach unseren Schätzungen dürfte die unterirdische Strecke vom Schachteingang im Theater bis zum Aufstieg an die Oberfläche nicht über 120 Meter betragen. Zum Glück schloss dieser Kanal außerhalb des Stacheldrahtzaunes direkt an einigen Wirtschaftsgebäuden an.

Wir besorgten uns eine lange Schnur, mit der wir die 120 Meter lange Strecke im Kanal abmessen wollten. Jetzt brauchten wir nur noch eine Lampe, um unsere Grabung im Kanal zu beleuchten.

Aber wozu hat man sein Köpfchen, dachte ich. In Erinnerung an den Grafen von Monte Christo, der sich in viel schlimmeren Lebenslagen zu helfen wusste, machte ich mich mit voller Kraft an die Arbeit, um eine Öllampe herzustellen.

Zu diesem Zweck halbierte ich eine Konservendose und füllte sie mit dem schrecklich stinkenden Fett – wir nannten es Affenschmalz –, das uns zugeteilt worden war. Es roch so übel, dass man es nicht essen konnte, aber jetzt könnte es hervorragend als Petroleumersatz von Nutzen sein. Durch einen Flaschenkorken zog ich eine einfache dicke Schnur und verknotete sie an einem Ende. Den Korken schnitt ich an beiden Seiten mit einer Rasierklinge an, damit er im Fett schwimmen konnte.

Als ich meine Lampe zum ersten Mal anzündete, war ich mir nicht sicher, ob der Erfinder der Petroleumlampe, Ignacy Łukasiewicz, glücklicher war als ich.

Ihr Licht ähnelte zwar dem Schein der ersten Öllampen aus gebranntem Ton, die den gläubigen Christen in den römischen Katakomben als Beleuchtung dienten, aber für mich reichte dieses Lämpchen. Jetzt konnten wir unser Arbeitstempo im Kanal beschleunigen. Um die Arbeit ohne Unterbrechung weiterzuführen, bildete ich drei Gruppen von je zwei Personen. Jede Gruppe sollte acht Stunden täglich arbeiten. Die restlichen sechzehn Stunden standen ihnen zur freien Verfügung.

Wir machten uns sofort an die Arbeit. Die Anwesenheitspflicht während der Appelle bereitete uns auch keine großen Probleme. Für Zigaretten – das beste Zahlungsmittel, das im Umlauf war – konnten wir ohne Schwierigkeiten Ersatzmänner finden. Unsere Offiziersburschen nahmen die Aufgabe gerne an und stellten sich in den letzten Reihen auf den Appellplatz.

Während der Kanalgrabung wurde jede Gruppe von einem Wachposten bewacht, der unauffällig draußen postiert war.

Der Gedanke, dass wir in ein paar Wochen frei sein würden wie die Vögel am Himmel, beflügelte unsere Arbeit, auf die wir uns leidenschaftlich stürzten. Die Anfangsphase war jedoch besonders mühsam. Um durch die sehr enge Öffnung des Gullys zum Kanal zu gelangen, mussten wir unsere Kleidung ganz ablegen. Nachdem wir uns durch diese Luke gepresst hatten, wurden wir von Glaswolle geplagt; fast überall bohrten sich die kleinen Teilchen in unsere Haut und verursachten einen lästigen Juckreiz. Außerdem war der Kanal so niedrig, dass man sich dort nur liegend oder kniend fortbewegen konnte. Eine zusätzliche Belastung war der Gedanke, dass es in unserer unmittelbaren Umgebung Ratten gab. Manchmal huschten sie quietschend an unseren Füßen vorbei, was sehr unangenehm war. Obendrein trat an einigen Stellen Wasser aus.

Bis ich mich an die Arbeit mit dem Meißel gewöhnt hatte, lief ich mit verletzten Fingern herum. Weil ich es nicht gewohnt war, mich ständig in unbequemer Position zu bücken, tat mir mein ganzer Körper weh, und jede Bewegung verursachte Schmerzen.

Während dieser Zeit konnte ich nur wenig essen und noch weniger schlafen. Wenn ich zur Nachtschicht arbeiten ging, legte ich unter meine Decke eine Strohpuppe ins Bett. Ich fürchtete nämlich, dass die Deutschen bei uns hereinschauen könnten.

Es war klar, dass der Kommandant unseres Raumes, Rtm. Abramowicz, früher oder später meine Abwesenheit bemerken musste. Bis jetzt nahm er meine verschiedenen Erklärungen an, wie zum Beispiel einen Bridgeabend, eine Geburtstagsfeier, einen Namenstag oder eine Geisterbeschwörung. Eines Tages wurde mir zugetragen, dass nach dem Frühstück zwei Deutsche gekommen seien und nach mir suchten. Sie fragten Abramowicz, wo ich denn sei. Daraufhin soll der aufgeregte Abramowicz geantwortet haben: »Aber meine Herren, fragen sie lieber, wo es ihn nicht gibt!«

Um nicht noch länger ein Risiko einzugehen, entschloss ich mich, dem Kommandanten unserer Stube unter vier Augen zu gestehen, dass ich mit Fluchtvorbereitungen beschäftigt sei. Rtm. Abramowicz hatte mich aufmerksam angehört, dann drückte er fest meine Hand, wünschte mir viel Erfolg und versicherte mir, dass ich mit seiner Hilfe rechnen könne.

Inzwischen verlief unsere Arbeit reibungslos. Alle drei Schichten arbeiteten zügig. Obwohl es uns sehr schwerfiel, die Kanalmauer zu durchbrechen, konnte man nach einer Woche die ersten Ergebnisse sehen.

Als es uns nach vierzehn Tagen endlich gelang, die Kanalwand auf einer Seite zu durchschlagen, war unsere Freude grenzenlos.

Während wir die ersten Erdschichten mit den Händen schaufelten, freuten wir uns wie kleine Kinder. Nun mussten wir noch drei Meter nach oben graben, um an die Erdoberfläche zu gelangen. Dies war ein Kinderspiel, mit dem wir in zwei Tagen fertig waren. Um zu vermeiden, dass jemand zufälligerweise auf den Tunnelausgang treten könnte, entschied ich, den obersten Teil des Schachtes erst am Tage unserer Flucht auszugraben.

Wie geplant beschlossen wir, am Abend zu fliehen. An diesem Abend mussten wir unbemerkt unsere Sachen in den Kanal bringen, um nach Beendigung des letzten Arbeitsabschnitts mit der vollen Ausrüstung an die Oberfläche zu gelangen.

Wir hatten mit sechs Kameraden abgemacht, dass sie drei Tage lang in den letzten Reihen für uns auf dem Appellplatz stehen würden.

Zwölf Tage auf der Flucht

Der so herbeigesehnte Tag unserer Flucht brach endlich an. Die Jahreszeit war günstig, es war Ende August. Nur ein sehr enger Kreis von Freunden kannte unseren Plan. Nach dem Mittagessen gingen wir nacheinander in Richtung Theater zum vereinbarten Treffpunkt im Kanal. Ein Freund schloss die Eingangstür zum Theater hinter uns von außen mit einem Dietrich auf. Die primitiven Lämpchen aus Konservendosen funktionierten gut und beleuchteten uns den Weg.

Erst als wir alle im Kanal versammelt waren, wurde uns wirklich klar, welche Konsequenzen wir im schlimmsten Fall zu erwarten hätten. Wir lehnten uns an unsere Rucksäcke und Taschen mit unseren Habseligkeiten und begannen nüchtern, unsere Chancen abzuschätzen, wobei wir unwillkürlich auf unsere Uhren schauten.

Unsere Flucht begann in der Nacht von Samstag auf Sonntag. Das Wochenende war für uns am besten geeignet, da die Kontrollen an den Feiertagen meistens gelockert wurden. Wir beschlossen, um 22 Uhr aus dem Kanal an die Oberfläche zu kommen. Aus unserer Sicht war dies der richtige Zeitpunkt angesichts des Paragrafendschungels in den deutschen Verboten und Verordnungen.

Bis dahin mussten zwei unserer Männer mit dem Graben bis zum Ausstieg fertig werden. Als »Schiffskapitän« sollte ich als Letzter den Kanal verlassen und den Kanalausstieg zuschütten.

Nachdem wir den Ausstieg an die Erdoberfläche ausgegraben hatten, reichten wir uns auf Gedeih und Verderb die Hände. Endlich konnten wir die freie Luft hinter dem Stacheldraht atmen! Auch das Wetter meinte es gut mit uns; der Himmel war nur leicht bewölkt.

Wir hoben meinen Vertreter hoch, der als Erster den Kanal verlassen sollte; er streckte vorsichtig den Kopf heraus und prüfte die Umgebung. Als diese Prüfung positiv ausfiel, gab er uns ein Handzeichen, dass der Weg frei war. Schnell halfen wir den nächsten Kameraden hinaufzusteigen, bis nur noch ich im Kanal zurückblieb.

Hastig begann ich alle Rucksäcke, Brotbeutel und andere Bündel nach oben zu werfen. Ich tat dies mit solchem Elan, dass die Kameraden, die bereits oben waren, laut zischten, um meinen Übereifer zu beschwichtigten. Und erst als sämtliches Gepäck an der Oberfläche war, zogen mich meine Kameraden nach oben.

Jetzt mussten wir uns sehr beeilen, denn jede verlorene Minute konnte den Tod bedeuten. Blitzschnell deckte ich das Erdloch zu und streute darauf reichlich Salz und Pfeffer, damit die Hunde es nicht entdecken konnten.

Halb kriechend entfernten wir uns schnell vom Lager. Nach ungefähr 20 Meter begann ein Deutscher auf dem Wachturm die Umgebung mit Scheinwerfern zu beleuchten. In diesem Moment befanden wir uns mitten in einem Kartoffelfeld. Sofort warfen wir uns so dicht auf die Erde, dass wir beinahe mit ihr verschmolzen. Mit klopfenden Herzen warteten wir, bis der Wachmann die Scheinwerfer ausgeschaltet hatte, und entfernten uns dann wie der Blitz vom Lager.

Bald begann das Gelände leicht abzufallen und führte uns zu einem nah gelegenen, lang gestreckten See. Wir beschleunigten automatisch unser Tempo und marschierten im Gänsemarsch am Ufer entlang, wobei der Erste in der Reihe uns anführte. Das war gar nicht so einfach, denn bei dem nächtlichen Querfeldeinlauf mussten wir verschiedene Hindernisse überwinden – Bäche, Sümpfe, Flüsse, Gruben und dergleichen. Ab und zu passierte es, dass unser Anführer bis zur Hüfte in einen Tümpel fiel, sodass die anderen dem Hindernis ausweichen konnten.

In der folgenden Nacht wurde er von dem Letzten in der Reihe abgelöst. Während der Ruhepausen übernahm auch der Letzte in der Marschkolonne die Zubereitung der Mahlzeiten: Er kochte und teilte das Essen auf.

Vorwärts bewegten wir uns nur in der Nacht. Tagsüber ruhten wir uns aus und versuchten zu schlafen, sofern man einen

Schlummer mit angespannten Nerven als Schlaf bezeichnen kann.

Während der Ruhepausen hielt der Kamerad, der zuvor als Vorletzter der Gruppe marschiert war, bis zum Mittag Wache. Unmittelbar nach jedem Aufenthalt musste er die Umgebung überprüfen, um gegebenenfalls die notwendigen Vorsichtsmaßnahmen zu treffen. Ab dem Nachmittag wurde die Wache von den Kameraden in der gleichen Reihenfolge übernommen – ich hielt diese Aufgabenteilung für die beste Lösung.

Nachdem wir uns von dem See entfernt hatten, mussten wir durch Entwässerungsgräben waten, um schließlich einen großen Wald zu erreichen, der uns mit einem freundlichen Rauschen der Bäume begrüßte; wir atmeten erleichtert auf, hier fühlten wir uns sicher und gönnten uns einige Minuten Ruhe. Erst jetzt ließ die Anspannung nach, und die Nerven beruhigten sich. Nach dieser Pause machten wir uns schnell auf den weiteren Weg.

Dem Nordstern und dem Großen Wagen folgend, setzten wir unseren Marsch nach Südosten fort; das pausbäckige Mondgesicht zeigte sich am Himmel, die fernen Sterne schienen uns freundlich zuzuwinken, und ein leichter nächtlicher Windzug kühlte unsere Gesichter. Wir kamen uns unglaublich glücklich vor und fühlten uns, als ob wir die ganze Welt umarmen könnten.

Gegen Mitternacht machten wir eine fünfzehnminütige Pause. Schweigend ließen wir uns auf dem Boden nieder und schoben unsere Bündel unter den Kopf. Von dem schnellen Marschtempo waren wir sehr müde. Uns war klar, dass wir alle unsere Kräfte zusammennehmen mussten, um uns so weit wie möglich vom Lager zu entfernen, da sicherlich schon die ganze Gegend alarmiert worden war.

Nach dieser Unterbrechung legten wir mit neuer Energie ein rasantes Tempo vor. Bald verloren wir das Zeitgefühl, und erst das blasse Dämmerlicht kündigte uns an, dass die Nacht zur Neige ging; es war höchste Zeit, ein sicheres Versteck für den Tag zu finden.

Obwohl wir uns in dieser Gegend nicht auskannten, glaubten wir fest daran, dass wir in der Morgendämmerung einen Rastplatz im Wald oder im Gebüsch finden würden. Mittlerweile wurde es immer heller, der Tag kündigte sich an, aber es war weder ein Wald oder ein Hain noch ein kleiner Busch zu sehen; wir konnten es uns nicht leisten, am helllichten Tag auf den offenen Feldern »herumzustolzieren«. Als wir schließlich einen kleinen Weidenbusch in einem Torfmoor fanden, atmeten wir erleichtert auf. Wir waren so müde, dass wir wortlos wie ein aufgescheuchtes Nest von Rebhühnern auf den feuchten Boden fielen.

Wir befanden uns in einem offenen Bereich, in dem wir leicht entdeckt werden konnten, also mussten wir vorsichtig und leise sein. Auch an eine warme Mahlzeit war hier nicht zu denken. Wir hatten zwar unterwegs Kartoffeln gesammelt, die wir bei der nächsten Pause auf dem Feuer kochen oder backen wollten, aber das war diesmal nicht möglich. So mussten wir uns mit einer kalten Mahlzeit begnügen, die wir wegen unserer Müdigkeit nur mit Mühe zu uns nahmen. Das Allerschlimmste war jedoch der große Durst, den wir nach dem anstrengenden Marsch hatten, und die sengende Sonne machte uns noch mehr durstig. Es war der 28. August, ein warmer Tag im Hochsommer, und unser Weidenbusch bot wenig Schatten.

Da fiel mir plötzlich ein, dass wir auf dem Weg zu dem Weidengebüsch ein Bächlein überquert hatten, das keine 100 Meter entfernt war. Ich gab meinem Kumpel, der neben mir lag, ein Zeichen, mir Deckung zu geben, und kroch mit zwei Wasserflaschen zum Bach. Rasch füllte ich sie mit Wasser und rannte, so schnell ich konnte, zu meinen Gefährten zurück, die mich wie den wahren Messias begrüßten. Nachdem wir das Wasser aufgeteilt hatten, stillten wir unseren Durst und fielen sofort in einen tiefen Schlaf. Wir schliefen bis zum späten Nachmittag, als uns der wachhabende Kamerad zum Abendessen weckte.

Obwohl uns alle Knochen schmerzten, fühlten wir uns zufrieden und ausgeruht, und nach dem Abendessen wurde unsere

Stimmung noch besser. Um unseren Marsch fortzusetzen, warteten wir bis zu Dämmerung. In der Zwischenzeit besprachen wir unsere weitere Route und kamen überein, dass unser Endziel Warschau sein sollte.

Als die rettende Abenddämmerung die Erde zu umhüllen begann, brachen wir auf. Diesmal war ich der Gruppenleiter und bestimmte den weiteren Weg. Dank meiner guten Beobachtungsgabe gelang es mir, allen Hindernissen auf dem Weg geschickt auszuweichen. Leider dauerte dies nicht sehr lange. Nach einer Weile, als ich ein wenig geistesabwesend in die Ferne blickte, fiel ich fast bis zur Hüfte in einen sumpfigen Graben, was bei meinen Kameraden allgemeine Belustigung hervorrief. Keine Stunde später landete ich in einem stacheligen Busch, der mich überall zerkratzte. Von diesem Moment an war ich mir meiner Beobachtungsfähigkeit nicht mehr so sicher und schritt nun vorsichtiger voran, sodass unsere Marschroute ohne weitere Unterbrechungen verlief.

Gegen zwölf Uhr legten wir eine Pause von fünfzig Minuten ein, und dann weiter vorwärts! Der Himmel verdunkelte sich langsam, aber zum Glück regnete es nicht. Um Mitternacht erschien in einigen Kilometern Entfernung ein großer Lichtschein. Nach kurzer Überlegung kamen wir zu dem Schluss, dass es sich um das Oflag II C in Woldenberg (Dobiegniew) handeln musste, wo 6000 unserer Offiziere inhaftiert waren. Einen Augenblick dachte ich voller Mitgefühl an diese Kameraden, dann winkte ich ihnen zum Abschied zu: »Lebt wohl, Waffenbrüder!« Instinktiv beschleunigten wir unser Marschtempo.

Dank der Wegweiser auf unserer Route konnten wir die Namen der Ortschaften lesen und uns vergewissern, dass wir die richtige Richtung einschlugen. Unsere Marschroute stimmte! Unterwegs mieden wir jede Menschenansammlung, tagsüber ruhten wir uns nur an sicheren Orten aus.

Die Zeit verging sehr schnell. Ehe wir uns umsahen, landeten wir zu unserer Überraschung nach wenigen Tagen an dem träge dahinfließenden Fluss Netze (Noteć), wo wir anhielten. Diesmal handelte es sich nicht um einen Graben oder einen Bach, sondern um einen richtig breiten Fluss. Besorgt standen wir am Ufer und überlegten, ob und wie man ihn überqueren könnte. Als ich mich umsah, bemerkte ich am linken Ufer ein Boot, das mit einer dicken Kette an einem Pflock befestigt war. Sofort holte ich meine Kameraden zu Hilfe, und mit vereinten Kräften rissen wir den Pflock aus der Erde. Schnell heuerten wir auf dem neu erworbenen »Transatlantik-Schiff« an und setzten auf das andere Ufer zügig über. Das »rettende Boot« mitsamt den zwei Rudern, dem Pflock und der Kette überließen wir der Strömung.

Auf der anderen Uferseite der Netze mussten wir uns sofort im Busch verstecken, weil der Tag bereits anbrach. In den wenigen Tagen, seit wir das Lager verlassen hatten, waren wir gut aufeinander eingespielt. Jeder von uns wusste automatisch, was in bestimmten Situationen zu tun war.

Wir befanden uns in einer menschenleeren Gegend und beschlossen daher, tagsüber zu marschieren, um einigermaßen ausgeruht voranzukommen. Unterwegs genossen wir das schöne Wetter und eine traumhaft schöne smaragdgrüne Wiese, die sich auf einmal vor uns ausbreitete.

Ich schritt hinter unserem Gruppenleiter voran, als plötzlich einige Wildenten buchstäblich durch unsere Beine hochflogen, kräftig mit den Flügeln schlugen und mit einem lauten Flattern in der Ferne verschwanden. Als ich den abfliegenden Enten mit meinem Blick folgte, hörte ich einen wilden Schrei. Unser Gruppenleiter fuchtelte verzweifelt mit den Armen und sank langsam in die Tiefe. Bevor ich die Gefahr einschätzen konnte, machte ich unwillkürlich ein paar Schritte nach vorne und spürte, wie meine Beine in die sumpfige Erde einsanken.

Ehe uns die Kameraden Äste im Kettensystem heranreichten, waren wir bis zur Brust in dieser genauso schönen wie tückischen Wiese eingesunken. Es dauerte fast vier Stunden, um aus diesem Abgrund herauszukommen und uns ein wenig zurechtzumachen.

Fluchend gelangten wir zu einem Feldweg, auf dem wir uns glücklicherweise unbehindert bewegen konnten. Da wir an diesem Tag nicht weit gekommen waren, beschlossen wir, nachts zu marschieren, wenn es das Gelände zuließ.

Eines Tages, als wir in einem Hain lagerten und unsere nassen Kleider in der Sonne trockneten, tauchten plötzlich drei Halbwüchsige in hellbraunen Hitlerjugend-Uniformen vor uns auf.

Wir erstarrten vor Schreck. Auch die Burschen schienen unangenehm überrascht zu sein. Einer von ihnen fragte, ohne eine Miene zu verziehen, wer wir seien. Da ich die deutsche Sprache gut beherrschte, antwortete ich, dass wir Feldarbeiter seien, die von der Nachtarbeit zurückkehren. Obwohl meine Erklärung durchaus logisch klang, merkte ich, dass die Jungen nicht überzeugt waren. Scheinbar hatte uns unsere seltsam gemischte zivilmilitärische Kleidung verraten.

Die drei deutschen Fratzen begannen, leise miteinander zu flüstern und uns misstrauisch zu beäugen. Dann entfernten sie sich langsam und sahen sich noch zweimal nach uns um.

Sobald die Eindringlinge hinter einem Hügel verschwanden, schlug ich Alarm: »Jungs, macht, dass wir wegkommen! Diese Rotzbengel werden uns gleich die Polizei auf den Hals hetzen!«

Innerhalb von zehn Minuten gab es von uns an diesem Unglücksort keine Spur mehr zu finden.

Nach solchen Abenteuern machten wir am zehnten Tag der Flucht einen großen Bogen um die uralte Piasten-Hochburg, das wunderschöne Posen.

An den weiteren Tagen der Flucht meinte das Wetter es nicht so gut mit uns. Einige Male wurden wir während der Pausen im Wald vom Regen überrascht. Glücklicherweise konnten wir unter den Bäumen Schutz finden, sodass wir nicht sehr nass wurden.

Doch als uns eines Tages ein Wolkenbruch auf einem Kartoffelacker überraschte, mussten wir regungslos auf dem Boden liegen, zitternd vor Kälte und Nässe.

Jedes Mal, wenn wir an einem Kartoffelfeld vorbeigingen, sammelten wir Kartoffeln, um sie in den Pausen zu braten oder, wenn es in der Nähe Wasser gab, Kartoffelsuppe zu kochen. Die heiße Suppe schmeckte besonders gut, wenn wir hungrig, erschöpft und durchgefroren waren.

Als wir eines Morgens auf ein großes Feld mit prächtigen Kohlköpfen stießen, wurden wir das zweite Mal völlig durchnässt. Auf diesem Acker mussten wir den ganzen Tag liegend verbringen: Nachdem wir Mulden zwischen den Beeten mit den Händen vertieft hatten, legten wir uns auf den Rücken. Es war unmöglich, aufzustehen oder sich zu setzen, weil die Leute, die in der Nähe herumliefen, uns bemerken könnten. Wir konnten unseren Körper nur nach rechts oder links drehen oder uns flach auf den Bauch legen. Dazu begann es noch ohne Unterlass zu schütten. Weil wir den ganzen Tag ohne warmes Essen bewegungslos liegen mussten, spürten wir immer mehr die durchdringende Kälte. Selbst später, als die rettende Dämmerung hereinbrach und wir aufstehen konnten, konnten wir weder unsere Kleider trocknen noch ein warmes Essen zubereiten – die nassen Äste ließen sich nicht anzünden. Das Schlimme aber war, dass unser Zwieback wegen der Feuchtigkeit zu schimmeln begann.

Desto glücklicher waren wir beim nächsten Aufenthalt, als es uns gelang, ein Lagerfeuer zu entfachen. Endlich konnten wir uns etwas aufwärmen und unsere durchnässten Kleider und Schuhe, in denen das Wasser schwappte, trocknen. Vor allem aber waren wir froh, uns ein warmes Essen kochen zu können.

Während unserer Flucht aßen wir alles, was wir unterwegs auf den Feldern fanden. Jedes Mal, wenn ich Kühe auf den eingezäunten Wiesen grasen sah, nahm ich ein Kochgeschirr, um Milch zu holen; sanft die Kuh streichelnd, melkte ich zur Belustigung meiner Kameraden die »deutsche Berta«.

Nach zwölf Tagen der Flucht befanden wir uns den Wegweisern zufolge, die wir unterwegs gelesen hatten, in der Umgebung von Wreschen (Września). Wir ruhten uns in einem kleinen Wald aus. Diesmal war ich für das Kochen zuständig. Nachdem ich alle sattbekommen hatte, legten wir uns müde zum Schlafen hin. Am frühen Morgen beschlossen wir, einen anderen sicheren Ort zu suchen. Denn auf der anderen Seite des Wäldchens befand sich ein kleiner Provinzbahnhof, an dem eine asphaltierte Straße vorbeiführte, und inzwischen begann der übliche Tagesverkehr.

Wir sammelten unsere Habseligkeiten und schlenderten nach vorne. Unterwegs bemerkte ich, dass mir mein Kochgeschirr abhandengekommen war, das ich für den weiteren Marsch dringend brauchte. Während meine Kameraden dachten, ich würde ihnen folgen, liefen sie weiter. Ich konnte sie nicht mehr wiederfinden und blieb allein zurück.

Inzwischen war es heller Tag geworden. Im Nachhinein konnte ich mir nicht erklären, was für ein Teufel in mich gefahren war, dass ich unbedingt den Namen der Bahnstation erfahren wollte.

Die Straße zum Bahnhof war anfangs menschenleer, aber als ich sie erreichte, kamen plötzlich zwei Polizisten auf Fahrrädern auf mich zu, die unerwartet hinter dem Bahnhofgebäude auftauchten.

Um mich zu verstecken oder umzukehren, war es zu spät. Als die Polizisten mich nach meinen Papieren fragten, konnte mir keine Ausrede mehr helfen. Unverzüglich wurde ich zur Bahnhofspolizei abgeführt, wo ich verhaftet wurde. Denn das einzige Beweisstück, das ich vorzeigen konnte, war meine metallene Identitätsmarke des Lagers mit der Prägung des Lagernamens und meiner Gefangenennummer 464.

Rückkehr nach Arnswalde

Ungefähr eine Stunde lang, in der ich genug Zeit hatte, über meine traurige Lage nachzudenken, hockte ich auf dem Polizeirevier der Bahnstation. Letztendlich schlussfolgerte ich, dass es zu früh sei, in Verzweiflung zu geraten. Und nach dem Motto »Der Mensch denkt, und Gott lenkt« ergab ich mich meinem Schicksal und wartete auf den weiteren Verlauf der Dinge. Im Moment sah ich sowieso keine Chance, von hier zu entkommen, außerdem war ich hungrig und erschöpft.

Nach einiger Zeit erschien ein SA-Funktionär in einer hellen Uniform mit einem Hakenkreuz auf dem rechten Arm. Er wurde von einem Sudetendeutschen begleitet, der gelegentlich die Rolle eines Dolmetschers übernahm. In gebrochenem Polnisch warnte er mich, dass man mich erschießen würde, wenn ich versuchte zu fliehen.

Wir gingen zu dritt zum Bahnhof. Es war die kleine Station von Wulkau (Wólka), die sich in der Provinz Posen hinter Września in Richtung Stralkau (Strzałkowo) befand.

Auf dem Bahnhof mussten wir nicht lange warten, denn gerade als wir ankamen, fuhr ein Güterzug aus Posen ein und hielt in Wulkau. Wir stiegen in einen mit Kisten und Säcken beladenen Waggon ein, in dem auch drei polnische Eisenbahner unterwegs waren. Als der Zug sich in Bewegung setzte, stellte ich mich an eine offene Tür des Zuges. Ich wurde sofort mit festgebundenen Händen von dort entfernt. Die Eisenbahnarbeiter schauten mitleidsvoll in meine Richtung, was mein Leid etwas linderte.

Nach kurzer Zeit erreichten wir Stralkau. Dort wurde ich in die Obhut eines jungen, mit Karabiner bewaffneten Bahnwärters in schwarzer Uniform übergeben. Wie sich herausstellte, war er ein Volksdeutscher aus Lodz (Łódź). Ich wagte es, ihn zu fragen, ob ich mich irgendwo waschen könnte. Daraufhin brachte mich mein Bewacher in einen Bahnhofsraum, wo es Duschen gab.

Rasch zog ich mich aus und duschte mit warmem Wasser voller Genuss. Danach kleidete ich mich schnell wieder an und bedankte mich bei meinem Aufseher für die Dusche. Bald darauf erschienen auch meine beiden »Beschützer« und führten mich zu einem Auto.

Wir fuhren mit Vollgas los und bogen nach einer Weile nach Norden ab. Ich saß hinten in der Mitte zwischen den beiden Wachmännern. Während der Fahrt beobachtete ich die flache Landschaft. Die Bauern bestellten ihre Felder und verrichteten ihre gewöhnliche Arbeit, als ob kein Krieg herrschte. Auf einem Wegweiser bemerkte ich die Aufschrift: »Gnesen – 16 km«. Aha, man bringt mich also nach Gnesen (Gniezno) – noch ganze 16 Kilometer! Ich war zwar frisch gewaschen, aber ausgehungert.

In Gnesen, wo ich zum ersten Mal in meinem Leben war, hielten wir vor einem Gebäude an. Dort übergab man mich der SS. »Herrje, nun bin ich ganz schön in der Klemme!«, schoss es mir durch den Kopf.

Ich wurde in einen Raum geführt, in dem ein blonder Mann mittleren Alters in SS-Uniform hinter einem Schreibtisch saß. Auf seinem rechten Ringfinger glänzte ein Ehering.

Der SS-Mann sah mich gleichgültig an und neigte sich über ein Schriftstück. Nachdem er alles über mich durchgelesen hatte, rief er einen diensthabenden Wachmann, dem ich mit dem Befehl übergeben wurde, mich an die Polizei abzuführen. Offensichtlich hatte der SS-Mann keine Lust, sich meiner Angelegenheit anzunehmen. Es war nämlich Sonntag, der zweite Sonntag im September 1940. Man sah dem SS-Mann an, dass er es eilig hatte. Während er seine Schreibtischunterlagen zusammenfaltete, schaute er ständig auf die Uhr.

»Na schön, besser die Polizei als die SS«, dachte ich. Wir marschierten zum Polizeigebäude. Dort angelangt, sah ich Karabiner in Waffenständern und eine Gruppe groß gewachsener junger Polizisten, die frühstückten und laut ihren Kaffee schlürften. Bei diesem Anblick krampfte sich mein Magen zusammen. Ich war sehr hungrig: In den letzten Tagen der Flucht war unser Zwieback verschimmelt, die übrigen Essensvorräte gingen zur Neige, und auf den Feldern konnten wir nichts Essbares mehr finden.

Hungrig, müde und voller Sorgen stand ich da und wartete. Der SS-Mann verschwand mit meinen Unterlagen, kehrte aber rasch zurück und sprach die Polizisten an, scheinbar in meiner Angelegenheit. Als die Polizisten ihr Frühstück beendet hatten, gingen sie in Richtung Ausgang. Einige blieben bei mir stehen und schauten mich an, als wäre ich ein Raubvogel. Einer von denen kam auf mich zu und fragte: »Na, wie viele Deutsche hast du in Bromberg (Bydgoszcz) ermordet?«

Daraufhin zuckte ich nur mit den Schultern und sagte: »In unserer Armee ist es nicht üblich, unschuldige Zivilisten, vor allem Frauen und Kinder, zu töten.«

Dieser Zwischenfall beendete nicht nur meinen Besuch bei der deutschen Polizei, sondern auch die Unterhaltung auf Deutsch, in der Sprache Goethes.

Man führte mich aus dem Erdgeschoss hinaus. Nach einem kurzen »Spaziergang« wurde ich einem Zivilisten übergeben, der hinter seinem Schreibtisch in einem großen Raum mit einem Porträt des Führers an der Wand »residierte«. Als dieser junge Beamte mich so an der Wand stehend sah – später stellte sich heraus, dass er der Polizeiinspektor war –, wies er mich wortlos mit der Hand auf einen Stuhl hin.

Dann begann das Verhör: Name, Vorname, Geburtsdatum, Adresse, Dienstgrad, wo ich während des Krieges gekämpft hatte, meine Herkunft, Beruf der Eltern, aus welchem Lager ich geflüchtet war und warum. Ich zeigte meinen Offiziersausweis und die Identitätsmarke des Lagers von Arnswalde. Nachdem der Polizeiinspektor sich alles genau notiert hatte, stand er auf und bestellte ein dringendes Telefonat mit der Polizei in Kielce. Offensichtlich wollte er meine Personalien überprüfen. Dann setzte er sich wieder mir gegenüber hin und musterte mich aufmerksam. Zu dieser Zeit lief schöne Musik aus dem Radio, das auf einem kleinen Tisch stand. Als nach einer wohlklingenden chinesischen Serenade die nette Tanzmelodie *Stephanie-Gavotte* von Alphons Czibulka ertönte, dachte ich: »Die Deutschen haben ein gutes Gespür für Musik.«

Als wir eine Weile gemeinsam der Melodie lauschten, nickte der Deutsche verständnisvoll. Und gerade als er etwas sagen wollte, klingelte das Telefon. Er sprang auf und lief zum Apparat. Es war die Verbindung mit Kielce. Nach dem Gespräch holte er aus seiner Aktentasche leckere Butterbrote, und während ich fast vor Hunger starb, begann er in aller Seelenruhe zu essen und an einem Milchkaffee aus einer Thermoskanne zu nippen. Dann stöpselte er die Flasche sorgfältig zu und sagte, dass meine Angaben von Kielce bestätigt worden seien und dass ich keine falschen Aussagen gemacht habe.

Dann fragte er mich ganz unerwartet, ob ich heute etwas gegessen hätte. Ich antwortete wahrheitsgemäß, dass ich seit zwei Tagen nichts gegessen hatte. Daraufhin stand der Polizeiinspektor auf und sagte mir, dass er für eine halbe Stunde wegmüsse. Er klingelte nach einem Wachmann, den er beauftragte, mich zu bewachen.

Der Inspektor kam in der Tat rasch zurück und schickte den Wachmann gleich weg. Zu meinem Erstaunen holte er aus seiner Aktentasche viele Brötchen mit Butter und Wurst. Mit der Bemerkung, dass das Essen seine Frau für mich zubereitet hatte, reichte er mir Milchkaffee in einer Thermoskanne. Ich bedankte mich bei ihm und seiner Frau und begann gierig zu essen.

Mit der Zeit wurde der Deutsche redselig. Er war ein Weinhändler aus dem Neckartal in der Gegend von Viernheim, der wirtschaftlich sehr erfolgreich war. In den Krieg war er nur ungern gezogen, weil er sein florierendes Geschäft sich selbst überlassen musste.

Nach dem Essen fühlte ich mich plötzlich müde und schläfrig. Während der Deutsche mir irgendetwas weitererzählte, konnte ich mich kaum auf dem Stuhl halten. Als der Inspektor das bemerkte, machte er nur eine resignierende Handbewegung, rief einen Wachmann und befahl ihm, mich in eine nahe liegende Arrestzelle abzuführen. Nachdem man mir eine Decke auf die Holzpritsche geworfen hatte, fiel ich sofort in einen tiefen Schlaf.

Um sechs Uhr wurde ich geweckt. Ich durfte mich waschen, dann bekam ich eine Tasse schwarzen Kaffee mit einem Stück Schwarzbrot. Und wieder wurde ich dem gestrigen Polizeibeamten vorgeführt. Diesmal brachte er das Verhör schnell zu Ende.

Kurz darauf befand ich mich mit einem Polizeiwachmann am Bahnhof in Gnesen. Wir stiegen in einen Personenzug ein, der uns nach einer Stunde zur kleinen Bahnstation Schokken (Skoki) im Kreis Wongrowitz brachte.

Ich wurde in das Kriegsgefangenenlager »Stalag« gebracht, in dem französische Schützen inhaftiert waren. Am nächsten Tag auf dem Appellplatz erklärte ich den Franzosen, die mich mit erstaunter Miene begrüßten, dass ich ein polnischer Offizier sei, der versucht hatte, aus einem Oflag zu entkommen.

Vier Tage lang saß ich auf Hungerration gesetzt unter Verschluss in Schokken. Am fünften Tag wurde ich ins Lagerbüro gebracht. Dort übergab man mich einer Militärwache, die aus einem Feldwebel mit sehr aggressiver Miene und einem Gefreiten bestand. Der Erste war mit einer Parabellum-Pistole bewaffnet, der andere mit einem Karabiner mit Bajonett.

Hinter dem Tor des Stalags marschierten wir auf einem sandigen Weg, der von Kirschbäumen flankiert war. Plötzlich hielt mein strenger Feldwebel an und warnte mich mit harter Stimme, dass er bei einem Fluchtversuch von seiner Waffe Gebrauch machen würde. Um den Ernst seiner Worte zu betonen, hatte er seine Pistole geladen und mit dem Daumen gesichert. Dem harmlos wirkenden Gefreiten befahl er, das Gleiche zu tun. Erschöpft nickte ich mit dem Kopf und sagte: »Jawohl! Ich habe verstanden. Alles in Ordnung!«

Ehrlich gesagt hatte ich sowieso keine Absicht zu fliehen. Dafür war ich zu erschöpft und für eine Flucht völlig unvorbereitet.

Mein Verhalten beruhigte den Feldwebel. Zufrieden brummte er etwas vor sich hin, und wir marschierten in einer Reihe weiter: Der Feldwebel führte, ich war in der Mitte, und der Gefreite schritt hinterher.

Als wir am Bahnhof in Schokken ankamen, waren wir eine Kuriosität für die Provinzbewohner an dieser kleinen, ruhigen Station. Ein Gefangener in gemischter Zivil- und Militärkleidung, begleitet von zwei bis an die Zähne bewaffneten Vertretern der »noch siegreichen Wehrmacht« erregte großes Aufsehen.

Auf dem Bahnsteig ließ mich der Feldwebel mit dem Gefreiten alleine. Offenbar wollte er sich nach den Zügen erkundigen.

Während dieser Zeit beobachtete ich meine Umgebung sehr genau. Und nachdem ich meinem »Schutzengel« zwei englische Zigaretten angeboten hatte, flüsterte er mir zu, dass der Polizeiinspektor in Gnesen befohlen hatte, mich nach Arnswalde zurückzubringen. In Anbetracht meiner derzeitigen Situation freute ich mich auf »mein Oflag« wie ein verlorener Sohn auf die Rückkehr in den Schoß seiner Familie.

Inzwischen kehrte der Feldwebel mit schweren Schritten auf den Bahnsteig zurück, vor Anstrengung laut schnaufend und mit einem Gesicht wie eine rote Rübe. Er teilte uns mit, dass in zwanzig Minuten ein Zug nach Posen fahren würde. Als einige neugierige Reisende sahen, dass der Gefreite und ich einige Schritte vom Wachtmeister entfernt standen, nutzten sie die Gelegenheit, mit dem Feldwebel zu sprechen. Anscheinend ging es um meine Person. Ich konnte nur wahrnehmen, wie der Feldwebel den Neugierigen zuflüsterte, ich sei ein polnischer Offizier, der aus dem Oflag in Arnswalde geflohen sei.

Endlich war der Zug nach Posen angekommen. Wir stiegen in den ersten Waggon der dritten Klasse ein. Als die Reisenden mich und meine Bewacher mit den Stahlhelmen sahen, machten sie wortlos Platz für uns. Wie ein »Ehrengast« thronte ich in der Mitte zwischen dem Feldwebel, der zu meiner Rechten am Fenster saß, und dem Gefreiten, der mich von links abschirmte.

Anfangs wurde ich von den Mitreisenden misstrauisch angeschaut, doch mit der Zeit gewöhnten sie sich an meinen Anblick und ließen mich in Ruhe.

In Posen wurde ich wieder mit dem Gefreiten auf dem Bahnsteig allein gelassen. Unser »Kommandant« verschwand erneut, kehrte diesmal schnell zurück und drängte uns zur Eile. Unser nächster Zug stand schon auf einem anderen Gleis bereit. Rasch begaben wir uns dorthin. Auf einem der Waggons sah ich die Aufschrift »Posen–Stettin«. Es stimmte also, wir fuhren nach Arnswalde. Am Ende des Zuges stiegen wir in einen nicht allzu überfüllten Waggon ein; einige Minuten später fuhr der Zug ab.

Unter den Reisenden befanden sich hauptsächlich Vertreter des schönen Geschlechts, die mir und meinem martialisch aussehenden Geleit keine Beachtung schenkten. Vertieft in ihre leidenschaftlichen Frauengespräche führten sie ihr Geschnatter unbehindert fort.

Es ging auf den Mittag zu, als wir an Samter und Wronke (Szamotuły und Wronki in Großpolen) vorbeifuhren. Obwohl die Sonne immer stärker brannte, störte es die Frauen nicht, ihre Schwätzchen weiterzuführen. Die steigende Hitze schien dem Feldwebel stark zuzusetzen. Er nahm sein bauchiges »Stahlgefäß« ab und knöpfte sogar den Kragen seiner Uniform ein wenig auf. Auch der Gefreite folgte seinem Beispiel und atmete erleichtert auf. Diese Freizügigkeit ermutigte die deutschen Frauen, mit meinen »Beschützern« ins Gespräch zu kommen; ab sofort wurde das ganze Abteil redselig. Nur ich wurde außer Acht gelassen.

Nach ungefähr zwei Stunden näherten wir uns der ziemlich großen Bahnstation von Kreuz (Krzyż Wielkopolski). Kurz davor traf eine Patrouille der Feldgendarmerie mit halbmondförmigen metallenen Ringkragen auf der Brust ein und begann, die Dokumente aller Soldaten zu kontrollieren. Als die Gendarmen zu meiner Eskorte kamen, schauten sie mich prüfend an und entfernten sich beruhigt.

Wenig später sah ich einen Eisverkäufer, der seinen weißen Karren auf den Bahnsteig schleppte. Weil die Hitze unerträglich war, begrüßten ihn die Reisenden besonders freundlich. Auch ich hatte große Lust auf ein Eis. Gemäß den militärischen Vorschriften fragte ich zuerst den Feldwebel, ob ich ein Eis kaufen könnte. Daraufhin wurde mein Bewacher rot vor Wut und schrie mich an, dass ich mich nicht auf einem Ausflug ins Grüne befinde, sondern auf dem Weg ins Oflag, wo mich eine dicke Strafe für meinen Fluchtversuch erwartete.

Ich war sehr enttäuscht, dass man mir diese Leckerei verweigerte, die ich schon lange nicht mehr hatte genießen können. Ganz überraschend kam mir eine hübsche Deutsche mit einer schönen Figur zu Hilfe. In Posen hatte ich ihr und ihrer Mutter geholfen, das zahlreiche Gepäck auf die oberste Ablage zu stellen. Höflich, aber bestimmt teilte sie dem verdutzten Feldwebel mit, dass es nicht gegen die Militärvorschriften verstoße, ein Eis zu kaufen. Und ohne seine Antwort abzuwarten, kaufte sie ein Eis und gab es mir.

Der Feldwebel war so verblüfft, dass er nichts anderes tun konnte, als hilflos bei seinen Mitreisenden nach Unterstützung zu suchen. Doch die schwiegen diplomatisch. Mit der Zeit waren die Reisenden mir zugeneigt, unter anderem, weil ich einer alten Frau mit viel Gepäck in Kreuz beim Aussteigen geholfen hatte. Schließlich blickte er hilfesuchend zu seinem Untergebenen, dem Gefreiten. Dieser hatte sich jedoch von mir mit Zigaretten besänftigen lassen, die ich ihm in Posen gegeben hatte, und gab vor, eingenickt zu sein. Wohl oder übel gab der Feldwebel auf und versuchte ebenfalls zu dösen, wobei er mir immer wieder einen bösen Blick zuwarf.

Kurz vor Woldenberg war meine Eskorte im Aufbruch, die Gürtel wurden zurechtgezogen, die Uniformkragen zugeknöpft. Von hier aus waren es knapp vierzig Kilometer nah Arnswalde.

Am späten Nachmittag waren wir schließlich in Arnswalde angekommen. Unverzüglich marschierten wir in Richtung des

Lagers, das wir nach einer halben Stunde erreichten. Nachdem wir das Lagertor passiert hatten, wurde ich sofort zur Wache abgeführt. Die Nachricht von der Ankunft des flüchtigen Offiziers hatte sich bereits im Lager verbreitet. Die Deutschen freuten sich und waren geradezu stolz darauf, mich erwischt zu haben. Einige schauten mich von allen Seiten an, manche klopften mir sogar anerkennend auf die Schultern.

Ich wurde in eine gut bewachte Zelle geführt. Als es Abend wurde, hörte ich plötzlich lautes Poltern und Geräusche auf dem Flur. Die Zellentür wurde geöffnet und man führte mich wieder zur Wache. Der stellvertretende Lagerkommandant, ein kleinwüchsiger Artilleriemajor, trat herein und fragte mich sofort, ob ich Französisch spreche. Ich nickte und verstand, dass er mir etwas sagen wollte, das nicht für andere bestimmt war. Der Major riet mir, das Ende des Krieges im Lager abzuwarten. Er glaubte, dass ich unter dem Schutz der deutschen Wehrmacht einigermaßen sicher wäre, anstatt nach einem erneuten Fluchtversuch in die Hände der Gestapo zu fallen, die solche Übeltäter wie mich sofort in ein Konzentrationslager schicken würde, aus dem keiner zurückkäme. Dann wandte er sich auf Deutsch an die Wachmänner und sagte, mit dem Fluchtversuch erfüllte ich nur meine Soldatenpflicht und sie sollten mich gut behandeln. Anschließend sagte er zu mir, dass er veranlassen würde, mir ein Abendessen, zwei Decken und Bücher aus unserem Lager zu schicken. Beim Abschied reichte er mir die Hand, salutierte und verließ den Raum.

Sobald sich die Tür hinter dem stellvertretenden Kommandanten geschlossen hatte, wurde ich in eine Zelle im Erdgeschoss links vom Wachhaus geführt. Nach einer Weile kam ein polnischer Gefreiter und brachte mir ein Abendbrot, zwei Decken, einige Bücher und zwei Lebensmittelpakete, die in der Zwischenzeit für mich angekommen waren.

Fortdauer des Leidens der Gefangenen

Am nächsten Tag nach dem Frühstück fragte ich einen Wachmann, ob man mir wenigstens ein paar Minuten für einen täglichen Spaziergang gestatten würde. Meine Frage brachte ihn nur zum Lachen. Er entgegnete kaltschnäuzig, dass ich in diesen zwei Wochen genug gelaufen sei und nun eine wohlverdiente Pause bräuchte. Diese Aussage war nicht ohne eine gewisse Logik.

Meine Flucht erregte im Lager ein großes Aufsehen, sogar einige deutsche Offiziere kamen, um mich zu begrüßen oder zu »beschauen«. Einer der Offiziere, der etwas mutiger war, salutierte sogar vor mir.

Nach ein paar Tagen musste ich mich bei der deutschen Kommandantur melden, um Strafrapport abzugeben. Weil ich zu den 21 Appellen nicht erschienen war, wurde ich zu 21 Tagen Arrest verurteilt – wie hätte ich bei diesen Appellen anwesend sein können, während ich mich doch durch Sümpfe, Flüsse und Wälder durchkämpfte? So blieb mir nichts anderes übrig, als geduldig meine »Ehrenstrafe« abzusitzen.

In meiner Zelle eingesperrt, kletterte ich ab und zu auf ein hohes Fensterbrett und beobachtete meine Kollegen: Während ich in dieser Kasematte festsaß, gingen sie spazieren, lachten und spielten Fußball oder Bridge. In solchen Momenten beneidete ich sie um ihre »eingeschränkte Freiheit«, die mir im Gegensatz zu meiner düsteren Zelle mit dem hoch gelegenen vergitterten Fenster und der plagenden Einsamkeit wie eine Idylle vorkam.

Wie alle, die hier inhaftiert waren, hatte ich in den ersten beiden Nächten kein Auge zugemacht. Ein junger polnischer Offizier wurde wahnsinnig und begann in der Nacht furchtbar zu heulen – so etwas Grauenhaftes hatte ich noch nie im Leben gehört. Nach der zweiten Nacht wurde der arme Kranke abtransportiert nach einem Ort, von wo er nie zurückkam.

Das Einzige, worüber ich mich in der Haft nicht beschweren konnte, war der Hunger. Unsere Küchenjungen hatten stets an mich gedacht. Täglich brachten sie mir fast einen halben Eimer dicker Suppe, in der wie ein Wunder kleine Fleischstückchen zu finden waren – normalerweise wäre das im Lager undenkbar gewesen.

Während meiner Inhaftierung kam der schicksalhafte Tag, der 15. September 1940, der Höhepunkt des Kampfes um Großbritannien, an dem die deutsche Luftwaffe mit 500 Bombern einen massiven Angriff auf London flog.

Ein Wachmann brachte mir eine Lokalzeitung und wies mich auf einen Artikel über diesen Angriff hin. Zu seinem Erstaunen zeigte ich Freude und sagte zu ihm: »Die Engländer sollten endlich begreifen, wie ein Krieg aussieht. Die ›hochwürdigen Lords‹ mögen aufwachen, und anstatt nur Flugblätter über das Dritte Reich abzuwerfen, sollten sie einen richtigen Krieg führen.«

Ab diesem Moment genoss ich das Wohlwollen dieses Wachsoldaten. Später stellte sich heraus, dass er ein Schlesier aus Ratibor (Racibórz) war. Manchmal brachte er mir Zeitungen und erlaubte mir gelegentlich, meine Zelle zu verlassen, wofür ich mich bei ihm mit englischen Zigaretten bedankte.

Endlich waren die 21 Tage vorbei, und meine Inhaftierung ging zu Ende. Beinahe mit Freude kehrte ich zum Oflag mit seinem Leben hinter dem Stacheldraht zurück. Überall wurde ich ehrenvoll empfangen. Sogar von hochrangigen Offizieren wurde ich oft herzlich eingeladen. Bei diesen Treffen musste ich immer wieder über das Leben außerhalb des Lagers berichten. Ich war wirklich froh, als man mich endlich in Ruhe ließ.

Nach einiger Zeit wurde ich in den Raum der polnischen Obersten gerufen. Dort schlug man mir vor, das Kommando über die polnische Angriffsgruppe im Lager zu übernehmen. Es bestand nämlich die Befürchtung, dass die Deutschen uns alle im Falle einer Niederlage liquidieren würden. Aus diesem Grund wurde beschlossen, eine freiwillige Sturmeinheit der polnischen Offiziere zu gründen, die teilweise mit Waffen ausgerüstet sein sollte. Im entscheidenden Moment sollte ich mit dieser Einheit die deutsche Wache erstürmen, die Wachposten überwältigen und die Waffen übernehmen.

Wir wollten uns keinesfalls wie wehrlose Schafe abschlachten lassen. Obwohl mir diese vorgeschlagene Funktion sehr entsprach, lehnte ich sie ab. Dem Obersten erklärte ich, dass ich vorhätte, wieder zu fliehen.

In der Zwischenzeit war ich eine bekannte Persönlichkeit im Lager geworden. Immer wieder kamen Mitgefangene zu mir und erklärten, dass sie mit mir fliehen wollten. Aber nach meinem ersten Reinfall wurde ich sehr vorsichtig und sprach mit niemandem außer dem Oberst über mein Vorhaben. Zudem hatte ich das Gefühl, überwacht zu werden. Deshalb musste ich noch aufmerksamer sein und meine Umgebung noch intensiver beobachten. Bald bemerkte ich, dass ich von zwei Leutnants beschattet wurde, die Volksdeutsche aus Bielitz (Bielsko) waren. Nachdem ich sie aber ein paar Mal an der Nase herumgeführt hatte, bekamen sie mehr Respekt vor mir und gaben schließlich auf, mich ständig zu verfolgen.

Unmittelbar nach dem Ende meiner Haft nahm ich am normalen Lagerleben wieder teil. Ich spielte Bridge, besuchte verschiedene Kurse, Vorträge und Theateraufführungen, trainierte meinen Körper wieder und las Bücher. Ehe ich mich versah, stand Weihnachten 1940 vor der Tür. Gleich nach dem Neujahr 1941 begann ich heimlich Lebensmittel für die geplante Flucht zu hamstern. Ich suchte nur kalorienreiche Nahrung aus, die wenig Platz einnahm.

Von den Offizieren, die sich bereit erklärt hatten, mit mir zu fliehen, wählte ich nur diejenigen aus, denen ich wirklich vertrauen konnte. Nach sorgfältiger Auswahl hatte ich drei Fluchtgruppen gegründet: A, B und C. Nach den jüngsten Erfahrungen war ich vorsichtig. Ich handelte beinahe so, als würde ich eine konspirative Aktion initiieren; die eine neu gebildete Fluchtgruppe wusste nichts von der Existenz der anderen. Sie waren alle nicht sehr groß. Die größte bestand aus sechs Männern. Für jede

Fluchtgruppe hielt ich zweimal pro Woche Vorträge über alle Einzelheiten der Flucht. Dabei besprach ich die wichtigsten Details, zum Beispiel welche Lebensmittel benötigt werden und wie man sie vorbereitet, ferner welche Werkzeuge, welches Schuhwerk, welche Kleidung und welche Landkarten notwendig sind. Vor allem wies ich darauf hin, dass man höchste Vorsichtsmaßnahmen treffen und immer auf der Hut sein sollte. Ich besprach auch die wichtigsten Regeln, die außerhalb des Stacheldrahts befolgt werden mussten. Dazu erwähnte ich die kleinsten Details, die während der Flucht wichtig sein könnten, wie das Vorwärtskommen bei der Flucht, die Marschordnung und das regelmäßige Ablösen des Marschführers durch einen anderen Kameraden. Auch das Kochen und alle Sicherheitsmaßnahmen waren Thema dieser Treffen. Im Grunde hatte ich alle Details aufgelistet, die ich bei meinem ersten Fluchtversuch gelernt hatte.

Um unsere häufigen Treffen geheim zu halten, hatte ich einen Mundharmonika-Musikkreis gegründet. Als Treffpunkt wählte ich einen Kellerraum im zweiten Wohnblock, der an die Außenmauer des Lagers grenzte.

Dort hatte ich vor, einen unterirdischen Gang zu graben, um zum Artilleriegelände zu gelangen, das auf der anderen Straßenseite gegenüber unserer Kaserne lag. Dieses Gelände war leer und wurde nur selten von Wachen kontrolliert. Aus dem Fenster im zweiten Stock unseres »Musikblocks« konnten wir feststellen, dass die Entfernung dorthin nicht mehr als vierzig Meter betrug. Unsere »Musikstunde« sollte wie folgt ablaufen: Während zwei die Mundharmonika spielten, arbeitete der Dritte daran, die Kellerwand zu durchbrechen. Ich bestimmte zwei Kameraden als Aufseher, von denen einer das Lagerumfeld von einem Fenster im zweiten Stock aus beobachtete, während der andere vor dem Eingang zum zweiten Block auf und ab ging. Nach jeder »Musikstunde« musste das Loch in der Wand abgedeckt und der Keller wieder verschlossen werden. Der Schutt und die Erde wurden heimlich in Säcken nach draußen gebracht.

Leider hielt diese »Idylle des Musikunterrichts« nicht lange. Obwohl ich die Arbeit an Sonntagen, an denen es kaum Verkehr und wenig Lärm gibt, verboten hatte, hielten sich einige eifrige Kameraden nicht daran und hämmerten weiter an der Kellermauer. Einem deutschen Offizier, der die Straße entlangmarschierte, fielen diese verdächtigen Geräusche auf.

An einem Wochentag hätte er dem Hämmern wahrscheinlich keine Beachtung geschenkt, aber an einem Sonntag kam es ihm verdächtig vor. Er kehrte sofort zur Wache zurück, und kurz darauf marschierte eine Wachpatrouille zum zweiten Wohnblock. Glücklicherweise schlugen die Kameraden, die unten Wache hielten, rechtzeitig Alarm. In letzter Sekunde gelang es allen, sämtliche Spuren zu verwischen und zu verschwinden.

Aufgrund dieses Vorfalls bedankte ich mich bei der Gruppe A für die Zusammenarbeit. Den Gruppen B und C sagte ich, dass ich mit meinem Wissen am Ende sei und dass sie selbst eine bessere Lösung finden sollten.

Das Osterfest 1941 rückte aufgrund unserer Fluchtvorbereitungen fast unmerklich näher. Traditionsgemäß endete der Ostermontag mit einem großen Śmigus-dyngus (»gegossener Montag«): Zwei Gruppen von Gefangenen übergossen sich auf dem Korridor gegenseitig mit Eimern voller Wasser. Bei dieser »Śmigus-dyngus-Schlacht« gewann die technisch besser ausgerüstete Mannschaft. Sie kam auf die schlaue Idee, einen Feuerwehrschlauch einzusetzen, dessen starker Wasserstrahl die gegnerische Mannschaft in die Knie zwang. Diese »Wasserschlacht« artete dermaßen aus, dass die deutsche Kommandantur beim polnischen Militärstab intervenieren musste.

Zu dieser Zeit waren die Deutschen besessen davon, die Fluchtversuche zu verfolgen. Immer wieder ergriffen sie härtere Maßnahmen, um eine Flucht zu verhindern. Die Entdeckung von begonnenen Arbeiten an zwei unterirdischen Gängen verschärfte zusätzlich die schon angespannte Lage. Immer wieder fanden plötzliche Durchsuchungen statt, bei denen man die Gefangenenstuben regelrecht durchwühlte. Die deutschen Wachmänner suchten eifrig nicht nur nach unterirdischen Gängen, sondern auch nach Zivilkleidung, Werkzeugen und allen Gegenständen, die im Lager verboten waren. Lebensmittelvorräte wurden überprüft und persönliche Kontrollen durchgeführt. Zusätzliche Appelle wurden angeordnet, um Gefangene zu erwischen, die zu diesem Zeitpunkt mit Grabungsarbeiten beschäftigt sein könnten. Plötzlich und ohne jeden Grund wurden Häftlinge auch in andere Lager verlegt. Häufig wurden die Knochenarbeiten an den unterirdischen Gängen in der Endphase unterbrochen. Man drohte uns an, uns zu erschießen, falls wir nachts unsere Stube verlassen sollten. Zeitweise wurde der gesamte Lagerbereich von starken Scheinwerfern beleuchtet, deren breiter Lichtkegel jede Einzelheit in der Dunkelheit erfasste. Ohne Vorwarnung wurde auf jeden geschossen, der während eines Luftangriffs oder eines Fliegeralarms am Fenster stand.

Um Arbeiten an Tunneln und Durchbrüchen zu verhindern, wurden am Außenzaun des Lagers Geräte installiert, die die typischen Klopfgeräusche erfassen konnten.

Auch die deutsche Poststelle blieb nicht untätig. Sie tat alles, um das Hamstern von Lebensmitteln zu verhindern. Lebensmittelpakete wurden böswillig durchlöchert und der Inhalt, wie etwa Speck oder Würstchen, durchgeschnitten. Die deutsche Zensur, die jeden Brief akribisch durchforstete, trug ebenfalls dazu bei. Die Deutschen versuchten mit allen Mitteln, den Häftlingen ihre einzige verbleibende Freiheit, nämlich die Fluchtmöglichkeit, zu nehmen. Sie wussten sehr wohl, dass jeder geflohene polnische Offizier zum Ziel hatte, sich dem bewaffneten Widerstand gegen die Unterdrücker anzuschließen. All dies waren die Beweggründe der Deutschen für die oben beschriebenen Repressalien gegen die Gefangenen.

Mit Kriegslist in die Freiheit

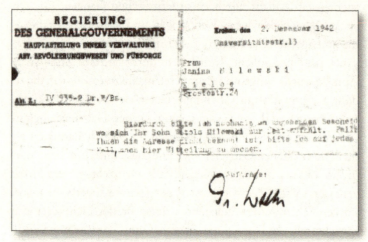

1942: Fahndung der Regierung des Generalgouvernements nach dem entflohenen Kriegsgefangenen Oberleutnant Witold Milewski

Sonntag, der 22. Juni 1941. Ich bin mir nicht ganz sicher, ob eine Bombendetonation mehr Aufregung unter den Gefangenen ausgelöst hätte als die Nachricht, auf die so viele Menschen gewartet hatten: der militärische Angriff des Deutschen Reiches auf die Sowjetunion und damit die Schaffung einer zweiten Front. Die Optimisten unter uns waren außer sich vor Freude, selbst die größten Pessimisten liefen mit erhobenem Haupt herum. Jeder von uns glaubte fest daran, dass die Niederlage Deutschlands nur noch eine Frage der Zeit sei, dass der Anfang vom Ende unmittelbar bevorstehe. Am Tag danach verkündete die offizielle NSDAP-Zeitung, der »Völkische Beobachter«, auf der Titelseite die »unfehlbare Entscheidung des Führers«, geschrieben in gebrochener Fraktur-Großschrift.

Von diesem Tag an wurden die Bewachung und weitere Sicherheitsmaßnahmen im Lager verschärft. Das Lagergelände stand unter so »scharfem Beschuss«, dass ich vorerst keine Fluchtmöglichkeiten sah. Eines Tages kam ich dann auf die Idee, über das

Krankenhaus zu fliehen, und begann sofort entsprechende Informationen einzuholen.

Das Krankenhaus für die Gefangenen befand sich in Stargard in Pommern (Stargard Szczeciński), etwa 40 Kilometer nordwestlich von Arnswalde. Das war für mich sehr ungünstig, weil ich die 40 Kilometer auf der Flucht zurücklaufen müsste. Nachteilig war auch, dass es sich um ein internationales Krankenhaus handelte, in dem sich außer Polen auch Franzosen, Jugoslawen, Belgier und Niederländer befanden, also verschiedene Nationalitäten, deren Mentalität ich nicht kannte. Hinzu kam, dass das ganze Krankenhausgelände, wie ich von früheren Patienten erfahren hatte, zweimal mit hohem Stacheldraht umzäunt war. Zwar gab es dort keine Wachtürme, aber vor dem Krankenhaus hielten bewaffnete Patrouillen Wache. Dennoch beschloss ich, den Versuch zu wagen.

Nachdem ich die Entscheidung zur Flucht endgültig getroffen hatte, fühlte ich mich voller Energie und begann sofort mit den Vorbereitungen. Zu diesem Zweck nutzte ich geschickt meinen Bekanntenkreis und besuchte weiterhin die Bridge-Abende. Dort lernte ich bald einen jungen polnischen Militärarzt kennen, mit dem ich mich später anfreundete. Mein neuer Freund war Absolvent der medizinischen Fakultät der Kadettenschule in Warschau. Als sich unsere Freundschaft gefestigt hatte, vertraute ich ihm meinen Plan an, aus dem Krankenhaus in Stargard zu fliehen.

Während eines Gesprächs über meinen Fluchtplan stellte sich heraus, dass mein Vorhaben durchaus realistisch war. Von meinem »Äskulap« erfuhr ich, dass polnische Ärzte Krankenhauseinweisungen für Gefangene ausstellten, die dann einem deutschen Arzt vorgelegt wurden, der sie in der Regel auch bestätigte.

Also entschied ich mich für »Blinddarmentzündung«. Ich fragte meinen neuen Freund nach den Symptomen und wie ich mich bei der Untersuchung durch einen deutschen Arzt verhalten solle. Um meine bescheidenen medizinischen Kenntnisse zu vertiefen, lieh ich mir ein Lehrbuch aus, in dem alle Krankheiten und ihre Symptome anschaulich behandelt wurden. Nachdem ich das

Kapitel über Blinddarmentzündung gefunden hatte, prägte ich mir alle Symptome ein.

Zu dieser Zeit nahm Janek, ein junger Leutnant der Pioniereinheit, zu mir Kontakt auf. Er ließ mich wissen, dass er mit mir aus der Gefangenschaft fliehen möchte. Ich wusste, dass er ein zuverlässiger Offizier war, auf den man rechnen konnte. Dennoch verriet ich ihm keine Einzelheiten meines Plans und sagte nur, dass ich ins Krankenhaus ginge und von dort aus mein Glück versuchen würde.

Gleichzeitig hatten zwei meiner Reitlehrer, Rtm. Łukaszewicz vom 19. Ulanen-Regiment und Rtm. Masakowski vom 1. Berittenen Schützenregiment der Kavallerieschule in Graudenz, den Wunsch geäußert, mit mir fliehen zu wollen. Weil ich mich vorerst nicht festlegen wollte, versprach ich lediglich, mich zu melden, sobald ich ins Krankenhaus kommen würde.

Da ich bereits einen festen Plan hatte, fing ich an, konkrete Vorbereitungen zu treffen. Ich besorgte mir bequeme Kleidung, die ich unter meiner Uniform tragen konnte, ergänzte meine Lebensmittelvorräte und ergatterte einen kleinen Kompass, den ich in einer Blechdose mit Schweineschmalz versteckte.

Weil ich mehr und mehr über starke Schmerzen in der Blinddarmgegend klagte, hatten meine Kameraden Mitleid mit mir. Schließlich wurde ich auf die Krankenstation im Erdgeschoss des dritten Blocks gebracht. Dort untersuchte mich ein deutscher Arzt, der meine dringende Einweisung ins Krankenhaus vorbehaltlos bestätigte.

Als ich auf dem Weg ins Krankenhaus die Wache passierte, erlebte ich einen Moment der Angst. Ich befürchtete, dass die Deutschen, die von meiner vorherigen Flucht wussten, mich einer strengen Kontrolle unterziehen würden. Stattdessen fragte mich ein Oberfeldwebel, was mir fehle, und versicherte mir nur, dass das Krankenhaus in Stargard sehr gute Ärzte habe. Dann fragte er mich erneut, warum ich so viele Lebensmittel mitnehme. Auf diese Frage war ich vorbereitet. Ohne zu zögern, erklärte ich ihm, dass ich mich nach der Operation gut ernähren sollte, um schnell gesund zu werden. Aber als der Feldwebel ein Messer nahm und die Blechdose untersuchte, erstarrte ich vor Schreck. Glücklicherweise entdeckte er den versteckten Kompass nicht. Ich war gerettet!

Zusammen mit einem Wachmann marschierten wir zum Bahnhof. Nach einer Zugfahrt von etwa einer Stunde kamen wir in Stargard an. Vom Bahnhof aus gelangten wir zum Krankenhaus, das sich in der ehemaligen Kaserne in einem zweistöckigen Backsteingebäude befand.

Die Belegung in meinem Krankenzimmer war international, überwiegend Franzosen und Jugoslawen. Besonders herzlich waren mir gegenüber Jugoslawen, genauer gesagt, Serben, mit denen ich mich angefreundet hatte. Beim Bridge-Spielen schloss ich auch Bekanntschaft mit Offizieren aus Holland und Belgien. Die meiste Zeit verbrachte ich damit, das Krankengelände gründlich zu erkunden.

Leider stellte sich heraus, dass es für mich nicht allzu gut aussah. Tatsächlich gab es auch hier einen doppelten Stacheldrahtzaun. Außerdem hielten bewaffnete Außenposten Tag und Nacht Wache vor dem Gebäude, zum Glück ohne Wachhunde!

Im Krankenhaus gab es ein Theater, das sehr beliebt war. Besonders engagierten sich dort Franzosen, die leichte Bühnenstücke und Sketche vorführten. Eines Abends, als im Theater das Licht plötzlich ausging, kam ein polnischer Elektromonteur, mit dem ich Kontakt aufnahm. Bald kamen wir ins Geschäft: Ich gab ihm vier Schachteln amerikanische Zigaretten und zwei Tafeln Schokolade und erhielt im Gegenzug eine Kombizange, die für mich von unschätzbarem Wert war. Ich hatte jetzt fast den »Sprung« geschafft, dachte ich zumindest.

Am nächsten Morgen erlebte ich jedoch eine unangenehme Überraschung. Laut meiner Krankheitskarte sollte ich noch am selben Tag operiert werden. Sofort suchte ich den französischen Chirurgen auf, der mich operieren sollte, und bat ihn, mich für eine Woche zur Beobachtung im Krankenhaus zu lassen. Er war einverstanden!

Jetzt musste ich mich wirklich beeilen. Zu allem Überfluss meldeten sich die beiden besagten Reitlehrer am nächsten Tag erneut bei mir. Ich zeigte ihnen den doppelten Stacheldrahtzaun und die Wachen und sagte ausdrücklich, dass ich unabhängig von den Konsequenzen entschlossen sei, aus dem Krankenhaus zu fliehen. Nach einer kurzen Diskussion erklärten mir meine beiden Reitlehrer, dass sie keine günstigen Bedingungen für eine Flucht sähen. Trotz unserer völlig unterschiedlichen Auffassungen trennten wir uns einvernehmlich.

Beim Herumschnüffeln entdeckte ich Keller, in die die Küchenhilfe Kartoffelschalen und andere Essensreste hinuntertrugen. Mir fiel auf, dass diese Kellerräume unbewacht waren und offensichtlich leer standen. Leider musste ich auch feststellen, dass alle Fenster mit dicken Gittern versehen waren.

Vorsichtig schlich ich mich erneut in den Keller, um mir alle Fenster genauer anzuschauen. Zu meiner großen Freude fand ich im linken Flügel einen Raum, in dem die Ziegel um ein Fenstergitter locker waren und auch die übrigen Ziegel sich nicht im besten Zustand befanden. Mit ein wenig Aufwand konnte man die Gitter mit Sicherheit leicht herausnehmen. Um die Stelle zu markieren, steckte ich ein großes Stück Holz zwischen die Gitterstäbe und verließ den Keller.

Als ich aus dem Fenster auf den ersten Stock des Gebäudes schaute, verschlug es mir den Atem. Das betreffende Kellerfenster lag direkt unter der Wache: »Nun habe ich mir ja schöne Stolpersteine in den Weg gelegt!«, dachte ich.

Mitte August 1941, als ich immer noch damit beschäftigt war, die Gitterstäbe des Fensters zu lockern, tauchte plötzlich Janek auf, mein tapferer Kamerad aus Arnswalde.

Ich führte ihn sofort in den Keller und zeigte ihm meine harte Arbeit an den Fenstergittern. Dabei fragte ich ihn, ob er immer noch vorhabe, mit mir zu fliehen.

Als er dies bestätigte, vertraute ich ihm meinen Fluchtplan an: Am ersten bewölkten oder regnerischen Tag gehen wir mit den nötigsten Sachen in den Keller, wo wir bis zum späten Abend warten. Nachdem wir das Fenster von den Gitterstäben befreit haben, gehen wir nach draußen und schleichen uns vorsichtig am Wachhaus vorbei. Dann biegen wir sofort im rechten Winkel nach rechts ab, damit wir vom Fenster des Wachhauses aus nicht gesehen werden. Wir kriechen am Stacheldraht entlang bis zu der Stelle, wo Büsche und hohes Gras wachsen. Wir verstecken uns im Gras oder Gebüsch und warten, bis die Wache vorbeikommt.

Ich hatte bereits mit der Uhr festgestellt, dass alle zehn Minuten ein Wachmann an dieser Stelle vorbeimarschiert. Meiner Meinung nach sollte die Zeit ausreichen, um an einer Stelle einen Lappen um den Stacheldraht zu wickeln und die Drähte zu durchtrennen, ohne Geräusche zu verursachen. Während einer von uns den Stacheldraht durchschneidet, wirft der andere unser Hab und Gut über den Zaun. Dann kriechen wir so schnell wie möglich durch die Öffnung auf die andere Seite der Umzäunung.

Janek nahm diesen Plan vorbehaltlos an – eine andere Lösung wäre übrigens angesichts unserer Lage nicht denkbar gewesen.

Am nächsten Tag meinte es das Schicksal gut mit uns, der Himmel bewölkte sich, und am Nachmittag nieselte es leicht – ein »Traumwetter«!

Nach dem Abendessen trugen wir unsere Habseligkeiten Stück für Stück in den Keller. Alles, was wir nicht mehr brauchten, ließen wir zurück. Einige Zeit mussten wir noch am Fenstergitter im Keller hantieren, aber gegen 23 Uhr waren wir zum Ausbrechen bereit. In der Zwischenzeit hatte sich der Himmel verdunkelt, der Mond war kaum zu sehen, und es nieselte – »Audaces fortuna iuvat timidosque repellit.« (Das Glück ist mit den Mutigen, die Feiglinge missachtet es.)

Als wir noch einmal unseren Plan, aus dem Krankenhaus zu entkommen, durchgingen, kam mir plötzlich ein Gedanke: »Janek, warum sollten sie uns beide erschießen? Wir verlosen

Streichhölzer. Derjenige, der ein Streichholz ohne Kopf zieht, ist der Erste, der sich unter dem Wachhaus hindurchschleicht und den Drahtzaun durchschneidet. Wenn er erschossen wird, bleibt wenigstens der andere am Leben.«

Wortlos holte Janek seine Streichhölzer. Ich nahm zwei davon, brach das Ende eines Streichholzes ab und gab Janek beide Streichhölzer zurück. Ich zog ein Streichholz ohne Kopf! Da konnte man nichts tun, versprochen ist versprochen.

Rasch legte ich meine Kleidung ab, zog die Schuhe aus und steckte die Kombizange in die Tasche. Einen kurzen Moment hielt ich inne, bis ich langsam den Kopf durch das Kellerfenster hinausstreckte und zur Wache hinaufblickte.

Es war kalt, und es regnete immer noch. Durch das geöffnete Fenster der Wache ertönte aus dem Grammofon das deutsche Lied *Erika*, begleitet vom lauten Gesang der Wachmänner. Auf der Wache wurde die Besetzung von Odessa und Krywyj Rih in der Ukraine gefeiert.

»Das trifft sich gut!«, dachte ich. Schnell sprang ich aus dem Kellerfenster hinaus, bog im geraden Winkel nach rechts ab und kroch am Gebäude entlang bis zum Stacheldraht, den ich schnell erreichte. Hastig schaute ich mich nach rechts und links um. Die Luft war rein! Die ganze Zeit war ich auf der Hut, schaute mich noch einmal um, holte die Kombizange aus der Hosentasche und schnitt die Drähte durch, die ich vorher mit einem Lappen umwickelt hatte. Während ich das tat, lauschte ich, ob jemand kam. Ringsherum herrschte Ruhe, nur Hundegebell und das Pfeifen einer Lokomotive vom nahen Bahnhof waren aus der Ferne zu hören.

Plötzlich hörte ich Schritte – ein Wachmann näherte sich! Sofort verkroch ich mich im hohen Gras und legte mich so dicht wie möglich auf den Boden. Der Wachmann in einem Regencape mit Kapuze schritt langsam in meine Richtung. Etwa zwanzig Meter vor mir blieb er stehen, zündete sich eine Zigarette an und entfernte sich wieder.

Mir blieben noch etwa zehn Minuten Zeit. Schon mutiger schnitt ich die übrigen Drähte schnell durch. Inzwischen waren fast zehn Minuten vergangen, und ich musste mich wieder verstecken. Rundherum war es still und es nieselte ununterbrochen. Ich legte mich ins Gras und wartete geduldig auf den Wachmann, der aber nicht zu sehen war. Nach langem Warten war er endlich »gnädig« genug, um zu erscheinen. Er blieb noch einmal kurz stehen, zündete sich eine Zigarette an, lauschte kurz der Melodie von *Lili Marleen*, die von der Wache ertönte, und entfernte sich mit schweren Schritten.

Es war höchste Zeit, auf die andere Seite des Zauns zu gelangen. Ich gab Janek, der schon ungeduldig wartete, grünes Licht. Schnell warf er mir unsere Sachen über den Zaun und schlüpfte durch die Lücke. Wir waren frei!

In größter Eile zogen wir Socken und Schuhe an, nahmen unsere Ausrüstung und rannten so schnell wie möglich weg.

Am Anfang lief alles reibungslos. Aber dann kamen wir zu einer Schrebergartenkolonie, die von einem Drahtzaun umgeben war. Weil uns der Umweg sonst viel Zeit gekostet hätte, brachen wir querfeldein auf. Fluchend liefen wir »Slalom« durch die Drahtzäune.

Schließlich landeten wir auf einem freien Gelände und marschierten an einigen Häusern vorbei. Zum Glück war zu Beginn des Krieges Verdunkelung angeordnet worden, und da die Deutschen ein diszipliniertes Volk sind, kam uns dieser Umstand sehr gelegen.

Plötzlich landeten wir am Ufer eines etwa sechs Meter breiten Kanals. Der Kanal lag auf unserer Marschroute, daher blieb uns nichts anderes übrig, als ihn zu durchqueren. Kurzerhand zogen wir uns bis auf die Unterhosen aus. Es war bereits der 19. September, und das Wasser war kalt. Ich rutschte die Kanalwand hinunter und tauchte in das Wasser, das mir bis zur Brust reichte. Schnell erreichte ich die andere Seite, kehrte aber gleich zurück, um meine Sachen zu holen. Zusammen mit Janek watete ich auf die andere Uferseite – diesmal wurde das Wasserhindernis überwunden!

Es war sehr kalt. Wir zogen uns schnell an und machten uns auf den Weg. Unterwegs richteten wir uns nach dem Kompass, den ich aus der Schmalzdose herausgefischt hatte. Die Sterne waren kaum zu sehen, sodass er sich als sehr nützlich erwies. Wir marschierten die ganze Zeit nach Osten, mit einer leichten Abweichung nach Süden. Um uns so weit wie möglich von der Welt des Stacheldrahts zu entfernen, legten wir keine Pausen ein. Die zurückgelegten Kilometer konnten wir nicht zählen, aber an unseren Beinen spürten wir den langen Gewaltmarsch. Obwohl wir dringend eine Pause benötigten, um uns wenigstens ein paar Minuten hinzusetzen oder auf dem Boden auszustrecken und die Augen kurz zu schließen, marschierten wir weiter, getrieben von unserer inneren Stimme.

Das Gelände war einfach, sodass wir bald ein gutes Marschtempo vorlegten. Es war fast Mitternacht, als wir auf die Uhr schauten; ein leichter Regen rieselte, der bald aufhörte. Übermüdet und schweißgebadet warfen wir uns wie zwei schwere Strohbündel auf die Erde. Ein Weitermarsch war nicht mehr möglich, wir gönnten uns eine kleine Erholungspause, die wir so nötig hatten.

Nach dieser Pause brachten wir unser Aussehen wieder in Ordnung und setzten den Marsch fort. Als wir ungefähr 50 Kilometer von Stettin entfernt waren, hörten wir plötzlich dumpfe, gewaltige Detonationen, die sich allmählich verstärkten. Offensichtlich waren diese Detonationen auf eine schwere Bombardierung zurückzuführen.

Wir legten den Kopf auf die Erde und saugten mit den Ohren das Getöse der Detonationen auf. Unsere Freude war riesengroß. Nach einer Weile sahen wir in der Ferne den Widerschein eines Feuers, der verblasste und dann erneut gewaltig aufloderte. Wir ahnten, dass die Luftstreitkräfte der Royal Air Force Stettin bombardierten.

Mit neuen Kräften setzten wir unseren Marsch voller Hoffnung fort. Ich führte weiterhin.

Die Anspannung ließ allmählich nach; mit gleichmäßigen Schritten durchquerten wir das unbekannte Gelände. Ab und zu landete ich in einem Graben, manchmal stolperte ich auf unebenem Boden. Dann verfing ich mich wieder in einem unsichtbaren Stacheldraht, mit dem die Bauern in der Gegend ihre Felder umzäunten, und riss mir die Haut blutig. Dies war nicht verwunderlich, denn wir mussten querfeldein laufen und uns nach dem Nordstern oder dem Kompass orientieren. Dazu war es Nacht, und wir hatten ein unbekanntes Gelände vor uns. Und alles, was uns auf dem Weg begegnete, konnte Gefahr bedeuten.

Ehe wir uns versahen, färbte sich der Himmel blassrosa und kündigte das Ende der Nacht an. Die Stunde der Morgendämmerung nahte, und wir befanden uns auf einem Kartoffelacker in einer weiten, baumlosen Ebene. Schnell liefen wir bis zur Mitte des Feldes, gruben tiefe Mulden zwischen den Kartoffelreihen und legten uns in den Schatten des grünen Kartoffelkrautes hin.

Nachdem wir hastig etwas gegessen hatten, fielen wir sofort in einen tiefen Schlaf. Als ich aufwachte, war es schon spät am Nachmittag. Es regnete ununterbrochen, und wir waren völlig durchnässt; ich zitterte von der durchdringenden Nässe und der Kälte. Das Schlimmste daran war, dass der Regen immer heftiger wurde. In unserem »Versteck« konnten wir uns weder aufrichten noch hinsetzen, denn ungefähr 300 Meter vor uns verlief ein Weg, auf dem sich Menschen bewegten, die uns entdecken könnten. Daher blieb uns nichts anderes übrig, als geduldig und fröstelnd liegen zu bleiben und bis zur Dämmerung auszuharren.

Endlich wurde es dunkler. Vorsichtig hob ich den Kopf und schaute mich um. Wegen des Regens gab es keinen Verkehr auf der Straße, und kein Mensch war in Sicht. Schnell sprangen wir hoch, verließen den »gastfreundlichen Kartoffelacker« und verkrochen uns in Büschen am Straßenrand. Mit klappernden Zähnen warteten wir auf die rettende Nacht.

Als die Dunkelheit hereinbrach, konnten wir weitermarschieren und uns auf diese Weise aufwärmen. Nachdem ich Janek einige Hinweise gegeben hatte, übernahm er die Führung. Es war zwar nicht angenehm, in nassen Kleidern zu laufen, aber wir spürten die Kälte nicht. An eine warme Mahlzeit war sowieso nicht zu denken.

Überraschenderweise führte Janek sehr gut. Nur einmal landete er in einem kleinen Tümpel und beschmierte sich derartig, dass es mir leidtat.

Als wir in ein sumpfiges Gelände gerieten, beschlossen wir, auf Feldwegen weiterzumarschieren, auch wenn dies einen längeren Weg bedeutete. Ich hatte auch das Gefühl, dass wir uns zu weit nach Norden bewegten. Das konnten wir jetzt nicht ändern; wir würden die Kilometer aufholen müssen, sobald wir uns auf einem günstigeren Terrain befanden.

Inzwischen hatte es aufgehört zu regnen. Wir fühlten uns körperlich besser, und auch unsere Stimmung hatte sich wieder gehoben. Dennoch konnten wir unsere geplanten Marsch- und Ruhezeiten nicht einhalten. Wir waren von dem unbekannten Gelände, vom Wetter und anderen unvorhersehbaren Umständen abhängig.

Ohne allzu große Schwierigkeiten erreichten wir einen großen Fichtenwald im Norden und liefen an dessen Rand entlang. Um so weit wie möglich nach Süden zu gelangen, bogen wir nach rechts ab und drangen immer tiefer in den Wald hinein; die Äste der Laubbäume fegten über unsere Köpfe hinweg, die Zweige der Nadelbäume stachen auf der Haut, aber zumindest halfen sie, die Müdigkeit zu überwinden. Nach einer Weile fanden wir eine Waldlichtung. Hier beschlossen wir uns tagsüber auszuruhen und breiteten unsere nassen Sachen unter einer uralten Fichte aus.

Die Sonne ging auf, ihre ersten Strahlen spendeten uns Wärme. Wir freuten uns, jetzt konnten wir unsere nassen Sachen endlich trocknen lassen und uns in der Sonne aufwärmen.

Mit großer Mühe gelang es uns, ein Lagerfeuer zu entfachen. Den Rauch, der uns verraten konnte, wedelten wir mit einem Handtuch beiseite. Nachdem wir genug Ästen und Reisig gefunden hatten, um das Feuer am Brennen zu halten, machte ich mich auf den Weg, um die Gegend zu erkunden. Als ich so herumlief, entdeckte ich hinter der Lichtung einen Kartoffelacker. Vollgestopft mit Kartoffeln kehrte ich zum Lagerfeuer zurück.

Während die Kartoffeln in der Glut rösteten, wärmten wir uns ein wenig am Lagerfeuer auf. Nachdem wir uns gewaschen und unsere Sachen sortiert hatten, nahmen wir ein warmes Frühstück zu uns. Wir deckten die brennenden Flammen mit Ästen ab und versteckten uns in einem nahe gelegenen Busch, wo wir sofort einschliefen.

Als wir mittags aufwachten, breiteten wir unsere Lebensmittelvorräte auf einer Decke zum Trocknen aus. Ich kochte eine Kartoffelsuppe, die ich mit Maggi-Würfeln und mit ein paar Scheiben getrocknetem Speck zubereitete. Nach diesem köstlichen Mittagessen legten wir uns hin, um den Abend abzuwarten und Kräfte für die weitere »Wanderung« zu sammeln.

In der Abenddämmerung schulterten wir die Rucksäcke und brachen auf. Bald verließen wir den rettenden Wald und kamen auf ein Feld.

Es war ein warmer Abend, wir fühlten uns ausgeruht: Während der leichte Wind unsere Gesichter wohltuend umwehte, atmeten wir die milde Luft ein und marschierten zufrieden weiter. In Kürze gelangten wir an Eisenbahnschienen, die wir vorsichtig überquerten. Leider breitete sich hinter den Gleisen eine sumpfige Wiese aus, sodass wir auf unseren ursprünglichen Weg zurückkehren mussten, der nach Norden in Richtung Falkenburg (Złocieniec) führte. Wir beschlossen, zunächst weiter nach Norden zu marschieren und erst dann nach Osten abzubiegen.

Nach einiger Zeit erreichten wir eine Abzweigung, die uns in die gewünschte Richtung führte. Wir landeten auf einem offenen Gelände und marschierten inmitten von Feldern weiter.

In einem weiten Bogen mussten wir noch zweimal vom Weg abbiegen, um die Orte Rückenwald und Sossnitza (Wierzbowo und Sośnica) zu umgehen.

Leider endete unser Weg in einer Sackgasse an einer Schmalspurbahnlinie, die nicht in unsere Richtung führte. Daher mussten wir eine andere Richtung einschlagen und gerieten immer tiefer in einen großen Wald.

Da es hier keine Waldwege gab, liefen wir querfeldein und versuchten, uns östlich zu halten. Schließlich erreichten wir einen riesigen Waldkomplex, der sich im Dreieck Falkenburg–Jastrow–Deutsch Krone (Złocieniec–Jastrowie–Wałcz) befand.

Am nächsten Morgen schaute ich mich in der Umgebung um, während Janek unsere Sachen in Ordnung brachte und das Frühstück zubereitete. Etwa 50 Meter von unserem Lager entfernt fand ich einen verdeckten Graben, in dem ein winziges Wasserrinnsal floss. Es gab nicht viel davon, aber genug Wasser zum Waschen und Trinken.

Wir nutzten die Sicherheit der riesigen Waldfläche und setzten unseren Marsch tagsüber fort. So drangen wir immer tiefer in den Urwald hinein: Das wilde Walddickicht mit seinem Unterholz und den entwurzelten Bäumen versetzte uns in Staunen. Es herrschte hier Stille; im Zwielicht wirkten die dicken Baumstämme und hohen Bäume wie verzaubert in ihrer Schönheit und Pracht. Es war ein Mischwald mit feuchtem Boden, sodass riesengroße Farne wuchsen, die uns bis zur Hüfte reichten.

Plötzlich rannten mit lautem Grunzen und Fauchen Wildschweine über unseren Weg. Ich war erstaunt, dass diese schwerfälligen Tiere sich so flink bewegen konnten. Von Zeit zu Zeit huschten graubraune Waldhasen an unseren Füßen vorbei, und Rehe überquerten anmutig den Weg.

Je tiefer wir in den Mischwald vordrangen, desto sumpfiger wurde das Feuchtgebiet. Vorsichtig staksten wir weiter und sprangen dann von Grasbüschel zu Grasbüschel, wodurch unser Marsch erheblich erschwert wurde.

Zu unserer Erleichterung erreichten wir bald wieder festen Boden und konnten unser Tempo steigern. Als ich mich einem zu Boden gefallenen morschen Riesenbaum näherte, schrie ich unwillkürlich vor Erstaunen auf. Vor mir lagen im Umkreis des Baumes gut erhaltene Tierknochen oder vielmehr ganze Skelette verschiedener Tiere. Eines der Skelette war zwar durch den Zahn der Zeit stark verwest, hatte aber noch ein vollständiges Hirschgeweih.

Längere Zeit blieben wir auf diesem Massenfriedhof der Wildtiere stumm stehen. Es war ein Anblick, der sich uns zum ersten Mal im Leben bot. Einmal hatte ich gelesen, dass Wildtiere, die ihr bevorstehendes Ende spüren, sich mit letzter Kraft an einen einsamen Ort schleppen, um in dieser Einöde zu sterben. Und ebendiese Stelle war ein Beispiel dafür. Mich wunderte jedoch, dass fast alle Knochen stark verwest und keine frischen Kadaver zu sehen waren.

Unweit dieser Stelle legten wir auf einer Anhöhe eine kurze Pause ein und brachen wieder auf. Es war sehr mühsam vorwärtszukommen, da wir immer wieder auf Tümpel und kleine Sümpfe stießen. Dabei hatte ich noch den Eindruck, dass wir die Orientierung verloren hatten und uns im Kreis bewegten. Allerdings vertraute ich meine Bedenken Janek nicht an, der sich ganz auf meine Erfahrung verließ.

Leider lag ich mit meiner Vermutung nicht falsch. Nach vier Stunden anstrengenden Marsches landeten wir an der gleichen Stelle, von der wir zuvor aufgebrochen waren. Dennoch gönnten wir uns eine kurze Pause, bevor wir den Marsch fortsetzten, diesmal eindeutig in südöstlicher Richtung. Jetzt hatte ich eine richtige Entscheidung getroffen. Der Wald, in den wir eindrangen, war nicht so wild und leichter zugänglich. Es war zwar ein alter Hochwald, aber mit festem Boden. Trotz unserer Müdigkeit beschleunigten wir das Tempo, um die verlorenen vier Stunden aufzuholen.

Als die Abenddämmerung anbrach, schleppten wir uns mit letzter Kraft vorwärts. Wir kletterten einen leichten Hang hinauf, der glücklicherweise allmählich wieder abfiel.

Vor uns breitete sich im Tal die dunkle Fläche eines Sees aus, dessen Ufer mit Schilf und Kalmus bewachsen war. Ohne ein Wort zu wechseln, wussten wir, dass wir an dieser Stelle übernachten würden.

Obwohl sich der Tag dem Ende zuneigte, pulsierte der kleine Waldsee voller Leben; im Schilf hörte man Geschnatter, Balzrufe und Laute von verschiedenen Wasservögeln.

Wir waren so erschöpft, dass wir trotz des Hungers auf eine Mahlzeit verzichteten. Schnell legten wir unsere Ausrüstung ab, fielen auf den Boden und schliefen sofort ein.

Während ich schlief, fühlte ich etwas Seltsames auf meinem Gesicht. Als ich meine Augen öffnete, sah ich die feuchten, aufgeblasenen Nüstern eines Hirsches, der fast mein Gesicht berührte. Zuerst dachte ich, ich würde träumen, aber es war Wirklichkeit! Unwillkürlich sprang ich vom Boden auf. Der Hirsch, übrigens ein Prachtexemplar, ergriff blitzschnell die Flucht. Nach einer Weile hörte ich schweres Schwappen von einer am Seeufer fliehenden Herde. Offensichtlich waren es Hirschkühe, die zum Rudel des Hirsches gehörten.

Als wir morgens aufwachten, zog Kälte vom See heran, und weiße Dunstwolken breiteten sich über dem Wasserspiegel aus. Das weiche Moos und die völlige Stille erfüllten uns mit Freude. Wir atmeten die frische Morgenluft tief ein. Das wunderbare Gefühl der Freiheit spornte uns an, unseren anstrengenden Marsch fortzusetzen.

Nach dem Frühstück machten wir uns in zügigem Tempo auf den Weg, um die fehlenden Kilometer vom Vortag aufzuholen. Am späten Nachmittag stießen wir auf einen Waldweg, der nach Osten führte. Nach kurzer Überlegung entschlossen wir uns, eine Weile auf diesem Weg zu laufen.

Um nicht leicht entdeckt zu werden, marschierten wir entlang des Waldrandes. Als ich in der Ferne einen Wegweiser sah, schlich ich vorsichtig heran, denn es war bereits hell. Auf dem Schild stand der Name der Stadt Jastrow (Jastrowie).

Schnell entfernten wir uns von diesem Weg, überquerten eine Eisenbahnlinie und drangen tiefer in einen Wald ein. Diesmal marschierten wir am Ufer eines kleinen Flusses entlang und landeten an einer weiteren Bahnlinie, die für uns insofern interessant war, als sie nach Südosten führte. Nach einer kleinen Verschnaufpause beschlossen wir, unseren Fluchtweg mit der Eisenbahn abzukürzen. Zweifellos war unser Vorhaben äußerst gefährlich, aber mit den richtigen Vorsichtsmaßnahmen könnten wir Erfolg haben. Zu unserer Entscheidung trug zudem der erschöpfende Marsch durch die wilden, sumpfigen Wälder der letzten Tage bei.

Plötzlich hörten wir irgendwo links von uns das Pfeifen einer Lokomotive, was darauf hindeutete, dass sich in der Nähe ein Bahnhof befinden musste! Wir kehrten um und liefen in nordwestlicher Richtung durch den Wald entlang der Bahngleise. Nach einiger Zeit erreichten wir das Ende des Waldes.

Etwa anderthalb Kilometer vor uns sahen wir das Bahnhofsgebäude von Jastrow. Wir versteckten uns im hohen Gras und beobachteten das vor uns liegende Gebiet. Es war ein schwüler Tag, und wir fielen in einen leichten Schlummer. Erst der laute Pfiff einer Lokomotive brachte uns wieder auf die Beine. Ich schaute in Richtung Bahnhof. Ein Güterzug hatte zwischen uns und dem Bahnhof angehalten, um die Lokomotive mit Wasser zu versorgen. Nach einer Weile fuhr der Zug nach Südosten ab.

Wir vereinbarten, dass wir uns bis zum Abend im Gras versteckten und erst dann zur Wasserpumpe gehen würden, um auf einen haltenden Zug aufzuspringen.

In der Abenddämmerung schlichen wir uns nah an die Wasserpumpe heran. Nach langem Warten wurde unsere Geduld belohnt: Schwer schnaufend fuhr ein langer Güterzug direkt vor die Wasserpumpe. Schweigend schnellten wir in die Höhe, sprangen auf den vorletzten Waggon auf und setzten uns auf eine schmale Bank im Schaffnerabteil.

Mit zwei kurzen Pfiffen kündigte der Lokführer die Wasseraufnahme an, und der Zug setzte sich langsam in Bewegung. Die späte Tageszeit und das gleichmäßige Rattern des Zuges machten uns schläfrig. Wir konnten uns aber nicht erlauben einzuschlafen und mussten wach bleiben. Deshalb beschränkten wir uns auf ein kleines Nickerchen. Nach einer Weile hörten wir das dumpfe, rhythmische Klappern der Zugräder, das anscheinend von den Weichen herrührte und darauf hindeutete, dass wir uns einer Bahnstation näherten. Kurz danach hielt der Zug vor einer geschlossenen Schranke an.

An jedem Bahnhof hätten wir von einem Eisenbahner oder Wachmann entdeckt und an die zuständigen deutschen Behörden übergeben werden können. Also verließen wir leise den Waggon und schlichen uns vorsichtig an der Feldseite des Zuges entlang in Richtung Lokomotive. Wir hielten an einem schwereren Postwaggon hinter der Lokomotive an. Schnell kletterten wir auf dessen Dach und legten uns flach hin.

An der nächsten Station lasen wir auf der Bahnhofstafel Flatow (Złotów). Auf dem Bahnhof herrschte viel Betrieb und Hektik. Von den abgehackten Sätzen, die ich verstehen konnte, erfuhr ich, dass der Zug Verspätung hatte. Es bestand also die Hoffnung, dass wir bald weiterfahren würden.

Nach einer Weile brachen wir endlich zu unserer weiteren unbekannten Reise auf. Das dumpfe Rollen der Eisenbahnräder klang wie eine bezaubernde Melodie in unseren Ohren. Als der Zug allmählich an Geschwindigkeit gewann, fielen uns vor Müdigkeit die Augen zu. Aber wir durften nicht einnicken, ein Moment der Unachtsamkeit, und wir konnten herunterrollen.

Während der Fahrt bewunderten wir das tiefblaue, sternenklare Firmament mit Millionen von Sternen, deren Funken mit dem langen, dichten Rauchschleier der Lokomotive verschmolzen.

In Flatow wurden aus irgendwelchem Grund alle Waggons geöffnet. Ich segnete meine Idee, von dem Schaffnerabteil auf das Dach des Postwaggons gewechselt zu haben.

In der Zwischenzeit hatten wir jedoch ein neues großes Problem. Unser Zug, der zunächst in unsere südöstliche Richtung fuhr, raste nun nach Nordwesten dahin. Wir mussten also an einer der nächsten Stationen herunterspringen, um zu Fuß wieder die Strecke nach Süden zurückzulegen.

Spät in der Nacht kamen wir an der großen Bahnstation Konitz (Chojnice) an. Wir legten uns so flach wie möglich auf das Dach des Waggons und warteten voller Spannung auf weitere Ereignisse. Und als der Bahnhofsvorsteher mit der Kelle ein Signal zur Abfahrt gab, wünschte ich ihm im Stillen viele glückliche Ehejahre.

Der Zug fuhr nach zwei Pfiffen los und brachte uns langsam von dem Bahnhof weg. Kurz nach der Abfahrt erlebten wir eine positive Überraschung, unser Zug bog eindeutig in Richtung Südwesten ab! Trotz unserer Freude darüber überkam uns eine schreckliche Müdigkeit, die wir kaum überwinden konnten.

Knapp eine Stunde später hielt der Zug vor einem Signalmast: Es war ein grauer, kühler Morgen, silberne Tautropfen glitzerten im Gras am Bahndamm.

Als ich mich vorsichtig umsah, entdeckte ich im Nebel des Morgengrauens ein kleines Bahnhofsgebäude. Es herrschte dort ungestörte Ruhe und Stille. An der Wand des Bahnlagers sah ich den Namen Tuchel (Tuchola). Wir waren also in Tuchel!

Sofort sprangen wir herunter. Als Erstes beschlossen wir, uns durch die Tucheler Heide (Bory Tucholskie) durchzuschlagen und sie in Richtung Süden zu durchqueren, dann würden wir weitersehen.

Schnell marschierten wir in Richtung Bromberg (Bydgoszcz). Es wurde ein heller, sonniger Tag, dem wir mit wahrer Freude entgegensahen. Wir drangen tiefer und tiefer in den mächtigen, freundlich raschelnden Wald ein.

Die Tucheler Heide – was für eine Schönheit der Natur! Die uralten, noch erhaltenen Reste des Pommerschen Urwaldes, Kiefernwälder mit einer Beimischung von Laubbäumen, vor allem Eichen, Hainbuchen und Ahorn. Angeblich befindet sich hier das größte Vorkommen an Eiben.

Der Anblick des uralten Walddickichts mit seiner von der Zivilisation unberührten Natur war ein beeindruckendes Erlebnis. In der Tucheler Heide fühlten wir uns so unbeschwert wie normale Touristen und wagten es, uns tagsüber zu bewegen. Erst nach fast zwei Tagen Marsch verbrachten wir die erste Nacht an einem Bach im Wald, wo wir endlich ruhig und entspannt schlafen konnten.

Am nächsten Tag, als wir unbeschwert weiterliefen, hörte ich plötzlich dumpfe Hackgeräusche einer Axt. Im Schutz der jungen Kiefern schlichen wir uns an das Geräusch heran. Nach einer Weile hörten wir ein entferntes Gespräch und sahen bald zwei Holzfäller, die sich gerade zum Frühstück hinsetzten. Zu unserer großen Freude sprachen sie Polnisch.

Wir gingen auf sie zu und begrüßten sie. Nach ein paar Höflichkeitsfloskeln sagten wir, wer wir sind, und fragten gleichzeitig, ob wir auf ihre Hilfe rechnen konnten.

Der ältere Holzfäller stand auf und sagte, dass er uns helfen wolle. Als Erstes würde er uns mit Essen versorgen. Dann setzte er sich auf sein Fahrrad und ließ uns mit seinem Sohn zurück. Eine Stunde später kam er wieder und brachte uns einen Korb mit Lebensmitteln und eine Kanne mit schwarzem Kaffee, der heiß und süß war.

Ohne zu zaudern, stürzten wir uns auf den Inhalt des Korbes. Anschließend schlossen wir mit den Holzfällern ein Tauschgeschäft ab: Für unsere Militäruniformen, die wir unter unserer Sportkleidung trugen, und für die ausländischen Zigaretten bekamen wir Zivilkleidung und zwei abgetragene Radmützen.

Wir waren froh darüber, denn unsere sogenannte Sportkleidung roch schon von Weitem nach Militär und war vom Marsch ziemlich verschlissen. Für unterwegs bekamen wir noch einen Laib Brot, gekochte Eier und zwei Kannen Kaffee.

Zufrieden verabschiedeten wir uns von den Holzfällern und marschierten weiter, dieses Mal direkt nach Bromberg. Am Vormittag des zweiten Tages sahen wir auf einem Wegweiser, dass wir gerade am Ortsrand von Krone (Koronowo) vorbeigingen. Wir waren selig, weil wir bereits einen langen Weg zurückgelegt hatten.

Bald erreichten wir den südlichen Teil der Tucheler Heide und verbrachten die Nacht in der Nähe von Bromberg. Am nächsten Tag hatten wir vor, uns einer Gruppe von Landarbeitern anzuschließen, um auf die andere Seite des Kanals zu gelangen, der für uns ein großes Hindernis war.

Vor dem Tagesanbruch brachen wir auf. Obwohl uns nicht ganz wohl zumute war – wir hatten keinerlei Dokumente dabei –, gingen wir im Schutz der grauen Morgendämmerung mutig weiter. Wir schlossen uns der ersten Gruppe von Arbeitern an, die wir unterwegs trafen, und erreichten die andere Seite des Kanals, ohne angehalten zu werden.

Sie sagten uns, dass es ein paar Kilometer weiter im Wald einen kleinen Bahnhof gebe, an dem der Zug nach Inowrazlaw (Inowrocław) halte.

Nach einer kurzen Verschnaufpause machten wir uns auf den Weg zu dieser Bahnstation; es war bewölkt und nieselte. Obwohl es das Wetter nicht gut mit uns meinte, war es uns doch recht, dass wir weniger Aufmerksamkeit von Passanten auf uns zogen.

Wir marschierten am Waldrand entlang und kamen nach ein paar Kilometern tatsächlich an einem kleinen Bahnhofsgebäude an. Versteckt im Busch warteten wir geduldig auf den Zug in Richtung Süden. Offenbar war uns Mars, der Kriegsgott, wohlgesonnen – dessen Vertreter wir immer noch waren, wenn auch ohne Waffen –, denn nach kurzer Zeit gelang es uns, auf einen Zug aufzuspringen. Auf den Stufen des Eisenbahnwaggons kauernd, kamen wir Blut und Wasser schwitzend in Inowrazlaw an.

Kurz vor dem Bahnhof fuhr der Zug langsamer, und wir konnten herunterspringen. Wir waren überglücklich, denn wir hätten zwei volle Tage gebraucht, um diese Strecke zu Fuß zurückzulegen.

An Inowrazlaw gingen wir in einem großen Bogen vorbei. Mithilfe einer kleinen Landkarte und des Kompasses schlugen wir den Weg in Richtung Süden ein, mit einer kleinen Abweichung nach Osten. Unser Ziel war der Bahnhof von Kutno.

Offensichtlich hatte unser Kompass ein wenig versagt, denn nach einem Marsch von vier Nächten waren wir in der Gegend von Warthbrücken (Koło) angekommen, im Dorf Grabine (Grabina), unweit der Bahnstation Barłogi. Todmüde und hungrig beschlossen wir, uns hier aufzuhalten und nach einer warmen Mahlzeit Ausschau zu halten. Wir hatten uns lange Zeit nur von dem ernährt, was wir auf den Feldern finden konnten.

Die ersten Gebäude von Grabine erreichten wir erst nach Einbruch der Dunkelheit. Um die Lage zu erkunden, machte ich mich auf den Weg zu einer abseits gelegenen Bauernhütte mit einer Scheune.

Nachdem ich Janek auf der Straße zurückgelassen hatte, ging ich zu dieser alten Hütte. Dort lebte eine alte Frau mit ihrer zwanzigjährigen Tochter. Ich begrüßte sie und legte gleich die Karten offen auf den Tisch. Daraufhin lud uns die Bäuerin herzlich ein, hereinzukommen. Man kann kaum beschreiben, wie sehr wir ein warmes Abendbrot genossen, zu dem wir frisch gekochte Milch tranken.

Im Laufe der Unterhaltung erfuhren wir von der Tochter, dass ihre zwei Brüder in den Krieg gezogen waren und sich nun in deutscher Gefangenschaft befanden. Wir vereinbarten mit der Bäuerin, dass wir in der Scheune übernachten und auch am nächsten Tag dort bleiben könnten, ohne jedoch vor die Tür zu treten. Erst nach dem Abendessen am folgenden Tag würden wir aufbrechen. Wir planten den weiteren Weg nach Kutno, um dort einen Zug nach Warschau zu erwischen.

Von der Bäuerin bekamen wir noch zwei Decken zum Schlafen. Wir bedankten uns für das Abendbrot und gingen in die Scheune, um zum ersten Mal seit vielen Tagen gesättigt und unter normalen Bedingungen die Nacht zu verbringen. Auf dem duftenden Heu richteten wir uns einen Schlafplatz ein, zogen unsere Schuhe aus und legten uns hin. Inzwischen hatte es angefangen zu regnen: Schwere Tropfen trommelten rhythmisch auf das Holzdach, aus der Ferne hörte man Rufe einer Eule oder eines Waldkauzes. Wir lagen warm, trocken und fühlten uns geborgen – was für ein herrliches Gefühl!

Am nächsten Tag wachten wir spät auf. Offensichtlich hatte sich das Gefühl der Sicherheit positiv auf unseren Schlaf ausgewirkt. Nach dem Aufstehen lugten wir durch eine Wandspalte hinaus. Es versprach ein schöner, sonniger Tag zu werden. Leider mussten wir, wie vereinbart, den ganzen Tag in der Scheune ausharren. Wir nutzten diese Zeit, um unsere Sachen gründlich in Ordnung zu bringen.

Die Bäuerin brachte uns Frühstück und Mittagessen in die Scheune. Erst am Abend verließen wir den Schuppen und gingen in die Hütte zum Abendbrot. Nach dem Essen bedankten wir uns herzlich bei unseren Landfrauen für ihre Hilfe. Beim Abschied wurden wir mit einem Kreuzzeichen für den weiteren Weg gesegnet. Mit Achtung küsste ich die abgearbeitete Hand dieser Bäuerin, die zwei ihrer Söhne in den Krieg geschickt hatte, schüttelte dem Mädchen die Hand zum Abschied, und schnell gingen wir hinaus. Während die Bäuerin sich nach uns umschaute und eine Träne aus ihrem Gesicht wischte, rannte das Mädchen aus der Hütte und drückte uns ein Bündel mit Lebensmitteln in die Hand.

Nach Kutno zogen wir in östlicher Richtung und marschierten jetzt nur nachts weiter. Vor dem Morgengrauen liefen wir südlich an Tonningen (Kłodawa) vorbei. Nach einigen Kilometern legten wir eine Pause ein, um uns unter einem dichten Erlenbaum an einem größeren Bach auszuruhen und eine Mahlzeit einzunehmen. Nachdem wir uns im kühlen Wasser gewaschen hatten, legten wir uns unter die Decken und schliefen sofort ein.

Am Nachmittag unternahm ich wie gewohnt eine kleine Erkundungstour, die ich wie schon immer mit Freude und Routine durchführte. In der Zwischenzeit bereitete Janek etwas zum Essen vor.

Bei Einbruch der Abenddämmerung machten wir uns auf den Weg, um unsere »Wanderung« entlang der Bahnlinie von Poznań nach Warschau fortzusetzen. Wir schritten entlang der Gleise und beobachteten wachsam unsere Umgebung nach allen Seiten. Ich wusste, dass alle Bahnhöfe, Eisenbahnlinien und Brücken von den Deutschen streng kontrolliert wurden. Nach einiger Zeit entdeckten wir einen kleinen Pfad, der parallel zu den Gleisen verlief. Im Schutz der Nacht marschierten wir auf diesem Weg vorwärts.

Nach Einbruch der Dunkelheit erreichten wir die ersten Gebäude von Kutno. Nachdem wir uns bis zum Bahnhof durchgeschlagen hatten, suchten wir sofort Deckung unter einem Güterwaggon, zwischen dessen Rädern wir die Lage gut beobachten konnten.

Trotz der frühen Morgenstunden herrschte auf dem Bahnhof ein reger Verkehr: Bahnangestellte, Bahnwachleute und Militär liefen auf den Gleisen hin und her: »Es wird nicht einfach sein, schnell und unbemerkt von hier herauszukommen«, dachte ich. Zum Glück wurden die Bahnhofswachen nicht von Hunden begleitet.

Von unserem Versteck aus entdeckten wir einen großen, weit ausgebreiteten Busch, der dicht am Bahnhof neben einem Vorratslager für Arbeitsgeräte stand. Die Gleisarbeiter gingen von Zeit zu Zeit zu diesem Vorratslager, um verschiedene Arbeitsgeräte wie Schaufeln oder Keilhauen zu holen. Danach brachten andere Arbeiter die zuvor abgeholten Geräte zurück und stellten sie an die Tür des Vorratslagers.

In Windeseile fassten wir einen Entschluss, den wir sofort umsetzten: Wir schlichen uns vom hinteren Teil des Bahnhofs auf die andere Seite der Gleise und versteckten uns in dem riesigen Busch. Dort warteten wir auf einen günstigen Moment, um unser Versteck zu verlassen, zwei Spaten zu ergreifen und mutig durch das Bahnhofsgelände zu marschieren. Als wir das geschafft hatten, gingen wir mit gelassenen Schritten zum leeren Güterzug, der bald nach Osten abfahren sollte. Wir sprangen hinein und fuhren sofort fröhlich pfeifend von Kutno weg.

Ein tolles Gefühl, das leider schnell einer bitteren Enttäuschung weichen musste. Es stellte sich heraus, dass unser »Express« eindeutig rechts abbog – also nach Süden. »Was zum Teufel soll das!« Zuerst hofften wir, dass es sich nur um eine größere Kurve handelte. Aber von wegen! Unser Zug sauste in Richtung Süden. Die leeren Waggons holperten und rüttelten, begleitet von metallischen Geräuschen der rollenden Räder auf den Schienen. Kaum waren zwei Stunden vergangen, als wir einen größeren Bahnhof erreichten. Ich schaute hinaus, um zu sehen, in welcher Stadt wir gelandet waren?

In großen, fetten Buchstaben stand die Inschrift »Litzmannstadt« (Łódź). Entgegen all unseren Erwartungen waren wir also in Lodz. Nun wurde mir alles klar. Ich hatte nicht berücksichtigt, dass es neben der Hauptbahnlinie Posen–Kutno–Warschau noch eine weitere Eisenbahnlinie gab, die in den Süden nach Lodz führte.

Dagegen konnten wir nichts mehr machen. Auf dem Bahnhof von Lodz stiegen wir schnellstmöglich in eine abgetakelte Dampflok ein, die weit entfernt auf stillgelegten Bahngleisen stand. Wir mussten bis zum Abend versteckt bleiben, denn der Bahnhof von Lodz war nicht dasselbe wie die kleine, ruhige Station von Kutno; es herrschte hier reger Verkehr. Immer wieder hörte man Schreie der Deutschen, die wie besessen herumliefen.

Inzwischen begann die Sonne unbarmherzig zu brennen. Bewegungslos und zusammengekauert in unserer Dampflok sitzend, konnten wir es kaum aushalten. Ungeduldig warteten wir auf den rettenden Abend. Als die Dämmerung anbrach, konnten wir endlich unsere steifen, schmerzenden Knochen ausstrecken. Da wir sehr durstig waren, mussten wir unser Versteck verlassen, um Wasser zu suchen.

Bei einem Bahngebäude stießen wir auf einen jungen Eisenbahner in deutscher Uniform, der uns auf Polnisch fragte, was wir hier eigentlich täten. Darauf antwortete ich, dass wir Arbeit bei der Eisenbahn suchen, und fragte ihn gleichzeitig nach etwas Wasser. Der Eisenbahner schaute uns durchdringend an, lachte und sagte: »Ich ahne, wer ihr seid, aber keine Angst. Obwohl ich eine deutsche Uniform trage, werde ich euch helfen, meine Mutter ist Polin.«

Dann brachte er uns in einen separaten Raum, verschloss die Tür und sagte, er sei gleich wieder da. Voller Ungewissheit saßen wir dort und ärgerten uns darüber, dass wir uns auf so naive Weise hatten einsperren lassen, wie Glucken in einem Hühnerkäfig. Doch nach einer Weile kam der Eisenbahner mit hellem Brot und einem Eimer zurück, der halb mit sauberem, klarem Wasser gefüllt war. Nachdem wir unseren Durst und Hunger gestillt hatten, überlegten wir, was wir als Nächstes tun sollten.

In der Zwischenzeit war es bereits dunkel geworden, und unser Betreuer gab uns zu verstehen, dass er uns von hier wegbringen müsse. Da er in Pabianitz (Pabianice) wohnte, schlug er vor, uns mit seinem Lkw in diese Richtung mitzunehmen. Wir bedankten uns herzlich für seine Hilfe und fragten noch, ob wir vor Pabianitz aussteigen könnten, was für ihn und uns besser wäre.

Kurz nachdem das Auto die Stadt verlassen hatte, hielt der Eisenbahner plötzlich auf einer Landstraße an. Schnell sprangen wir aus dem Auto und entfernten uns von der Fahrbahn.

Wegen des sumpfigen Geländes konnten wir nicht nach Osten ausweichen und mussten dem Weg nach Nordwesten folgen. Später fanden wir heraus, dass wir in den sumpfigen Bereich des Flusses Ner geraten waren, der an dieser Stelle unpassierbar war.

Nach einem Tagesmarsch nach Norden stießen wir auf eine eingleisige Bahnlinie, die eindeutig von Zduńska Wola nach Norden führte. In der Hoffnung, auf die andere Uferseite des Ner zu gelangen, beschlossen wir, entlang dieser Gleise zu marschieren. Von dort aus wollten wir die Bahnlinie von Posen nach Kutno erreichen und unser Glück ein zweites Mal von Kutno aus versuchen.

Es war uns bewusst, dass ein kleiner Fehlgriff und die zweistündige Fahrt von Kutno nach Łódź uns einen Fußmarsch von zwei Tagen und einer Nacht kosten würde. Hinzu kam noch das Hindernis, den Fluss Ner zu überqueren.

Am zweiten Marschtag erreichten wir schließlich die Bahnbrücke über den Ner. Allzu gut wusste ich, dass sie von den Deutschen mit Sicherheit streng bewacht wurde. Also gingen wir am Abend zu einer am Rande gelegenen Bauernhütte, um etwas herauszufinden.

Bevor wir aber eintraten, horchten wir, in welcher Sprache man sich im Hause unterhielt. Zum Glück war es Polnisch!

Während Janek im Hof wartete, trat ich in die Stube ein. Nach wenigen Minuten saßen wir bereits zusammen am Tisch und genossen heißen Żurek (saure Mehlsuppe) und einheimisches Schwarzbrot.

Wir waren bei einer armen Bauernfamilie angelangt, die uns sehr herzlich empfing, und wir konnten unsere Lage ganz ehrlich schildern. Als sie erfuhren, dass wir auf der Flucht aus einem

Die Familie, die dem Verfasser nach der Flucht aus dem Oflag Arnswalde Unterschlupf gewährte, auf ihrem Gut nahe Krakau 1942

Oflag waren, taten sie ihr Bestes, um uns in jeder Hinsicht zu helfen. So ist das im Leben – je ärmer man ist, desto mehr Verständnis hat man für menschliches Leid!

Von den Bauern erfuhren wir, dass es in der unmittelbaren Umgebung keine andere Möglichkeit gab, den Fluss zu überqueren, als über die Eisenbahnbrücke, die ohne Unterbrechung von Militärposten streng bewacht wurde. Trotz dieser Gefahr waren wir fest entschlossen, uns über die Brücke durchzukämpfen. Ich fragte unsere Gastgeber nach dem Namen des Dorfes, in dem wir uns befanden, und nach dem Namen des Dorfes auf der anderen Seite der Brücke.

Mit Brot beschenkt, verabschiedeten wir uns herzlich und gingen in Richtung Brücke. Unterwegs wichen wir von der Strecke ab. Ich tauchte bis auf die Knie in den Schlamm ein und riet meinem erstaunten Kameraden, dasselbe zu tun. Zögernd und mit starkem Widerwillen trat er in den Matsch.

So verdreckt kehrten wir auf unseren Weg zurück und rückten in die Nähe der Brücke vor, die uns mit Dunkelheit und Stille empfing. Weil es nieselte, fassten wir mehr Mut und glaubten, dass niemand die Brücke bei so schlechtem Wetter kontrollieren würde. Mutig liefen wir vorwärts, doch als wir an den letzten Brückenabschnitt gelangten, hörten wir plötzlich: »Halt!«

Gehorsam blieben wir stehen und warteten. Wir vernahmen Schritte, die sich uns näherten, und kurz danach blendete uns das starke Licht einer Taschenlampe. Ohne Fragen abzuwarten, begann ich mich zu rechtfertigen und erklärte, dass wir gerade den Geburtstag eines Freundes gefeiert und dabei ein wenig zu viel getrunken hätten. Unterwegs seien wir in einen Sumpf gefallen und bäten um Erlaubnis, die Brücke passieren zu dürfen. Dann nannte ich den Namen des Dorfes, aus dem wir kamen, und in das wir gehen wollten.

Ohne ein Wort zu erwidern, leuchtete uns der Wachmann mit seiner Taschenlampe vom Kopf bis Fuß ab. Als er sah, dass wir mit Schlamm beschmiert waren, winkte er zustimmend mit der Hand.

Mit langsamen Schritten und voller Anspannung entfernten wir uns und gingen über die Brücke.

Wir marschierten zurück nach Kutno. In der Ortschaft Drzewce bogen wir scharf nach Osten ab und rasteten im nächsten Wald. Dort legten wir uns auf den Boden und schliefen gleich ein. Nach den Strapazen der letzten Tage benötigten wir nun viel mehr Schlaf als Essen.

Am späten Abend machten wir uns auf den weiteren Weg und marschierten über Stock und Stein. Bald erreichten wir einen kleinen See, an dessen Ufer wir längere Zeit weiterliefen. Hinter dem See überquerten wir Gleise einer Schmalspurbahn und danach eine Straße, die von Lentschitza (Łęczyca) nach Kroßwitz (Krośniewice) führte. Nach einem kurzen Zwischenstopp beschlossen wir, den Bahnhof von Kutno noch vor Sonnenaufgang zu erreichen, wo wir auch bald ankamen.

In Kutno versteckte sich Janek unter dem erstbesten Zugwaggon, und ich ging alleine weiter, um die Lage zu erkunden. Direkt vor mir fuhr gerade ein Zug in Richtung Osten vorbei. Auf dem Nebengleis stand jedoch ein anderer Zug, der ebenfalls in diese Richtung fahren sollte. Belehrt durch die letzte unangenehme Erfahrung las ich auch das Schild mit dem Namen der Zielstation auf dem vorletzten Waggon: Terespol! Der Zug musste also durch Warschau fahren!

Bei dem Zug handelte es sich um einen Militärtransportzug. In einigen Personenwaggons reiste eine Militäreinheit von Pionieren oder Vorreitern. Um die Waggons liefen Wehrmachtsoldaten herum. Auf einmal fragte mich ein Feldwebel, der sich waschen wollte, nach Wasser. Kurzerhand nahm ich seinen faltbaren Militäreimer und sagte, ich würde es sofort holen. Als ich schnell mit dem Wasser zurückkam, bedankte sich der zufriedene Unteroffizier und schenkte mir zwei Juno-Zigaretten, die ich für Janek einsteckte. Von diesem Feldwebel erfuhr ich – darum ging es mir nur –, dass der Zug in Richtung Warschau in einer halben Stunde abfahren würde.

Da sah ich plötzlich einen bewaffneten Wachmann mit Stahl-
helm, der entlang des Militärtransportes hin und her marschierte.
Ich musste jetzt vorsichtig sein. Hastig verabschiedete ich mich
von dem Feldwebel, wünschte ihm eine gute Reise und rannte
schnell zu Janek, der hinter den Rädern eines daneben stehenden
Zuges versteckt war.

Es war noch nicht ganz hell und es nieselte – ein Traumwetter
für uns!

In der Zwischenzeit feuerte der Wachmann die Soldaten schrei-
end zum Einsteigen an, dann sprang er schnell in den Zug. In
diesem Moment waren wir ebenfalls zum Hineinspringen bereit.
Wir wählten den vorletzten Transportwaggon, der mit Schlauch-
booten und entsprechender Ausrüstung beladen war, und
versteckten uns sofort unter einem Pontonboot in der Mitte des
Waggons. Die Tatsache, dass wir mit einem deutschen
Militärtransport weiterfuhren, brachte uns zum Lachen. Obwohl
wir uns auf eine große Gefahr einließen, waren wir hier vorerst
relativ sicher.

Wir fuhren nacheinander durch Lowitsch (Łowicz), Sochaczew
und Błonie. Kurz vor Warschau schlug ich Alarm, wir mussten aus
dem Zug verschwinden. Als er vor einem geschlossenen Signal anhielt, nutzten wir den Moment und sprangen hinaus.

Nach kurzer Beratung beschlossen wir, uns hier zu trennen.
Wir gaben uns das Ehrenwort, uns in einem Monat um zwölf
Uhr vor der Kirche des Heiligen Kreuzes (Kościół Świętego
Krzyża) auf Krakowskie Przedmieście in Warschau zu treffen.
Dann reichten wir uns die Hände und gingen getrennte Wege.

Der Stacheldraht von Arnswalde blieb weit hinter mir, vor mir
lag die Pflicht, den Befreiungskampf fortzusetzen und meiner
Bestimmung zu folgen.

Voller Unsicherheit ging ich durch die Straßen von Warschau.
Mein Aufenthalt im Lager hatte mich jedes Gefühls für ein nor-
males Leben beraubt. Insbesondere das Leben unter deutscher
Besatzung war mir vollkommen fremd. Ich musste aufpassen,

dass mir kein Missgeschick passierte. Mit dem wenigen Geld, das ich noch hatte, gönnte ich mir eine Straßenbahn nach Praga, einen Stadtteil von Warschau. Unterwegs beobachtete ich neugierig das normale Straßenleben.

Nachdem ich in der Wohnung meines Onkels angekommen war, brauchte ich fünf große Schüsseln mit warmem Wasser, um mich gründlich zu waschen. In den ersten Tagen schlief ich bis zum Mittag, ruhte mich aus und verbrachte die Zeit mit Lesen und Essen. Ich verfolgte eifrig alle Nachrichten über das Leben unter deutscher Besatzung. Da ich keinerlei Identifikationspapiere besaß, konnte ich zuerst nicht hinausgehen. Schließlich erhielt ich eine Art Mitarbeiterausweis auf den Namen Kowalski, mit dem Beruf des Tischlers.

Am darauffolgenden Sonntag wurde mir ein Spaziergang im Otwock-Wald angeboten, um etwas frische Luft zu schnappen. Während des Spaziergangs wurde mir plötzlich derart schlecht, dass ich mich auf den Stumpf einer gefällten Kiefer setzen musste. Ich war so benommen und wusste nicht, was mit mir los war. Obwohl ich ziemlich lange brauchte, um wieder zu Kräften zu kommen, fiel es mir schwer, nach Warschau zurückzukommen.

Zu Hause musste ich mich sofort ins Bett legen. Ein Vertrauensarzt, den meine Tante am nächsten Tag gerufen hatte, untersuchte mich.

Nachdem er meine ganze Geschichte erfahren hatte, lachte er nur und sagte, dass es sich um eine typische Reaktion auf erlebte schwere Ereignisse handele, die sogenannte posttraumatische Belastungsstörung (PTBS). Dann klopfte er mir freundlich auf die Schulter und gratulierte mir zu meiner eisernen Gesundheit. Zum Trost sagte er nur, dass es mir bald besser gehen würde.

Mein Körper hatte mich nicht enttäuscht, nach zwei Tagen im Bett kam ich zu Kräften und fühlte mich wieder gesund. Einen Monat später traf ich mich wie vereinbart mit Janek. Von ihm erfuhr ich, dass sein Körper ähnliche Reaktionen zeigte, mit dem Unterschied, dass er zwei Wochen lang im Bett verbracht hatte.

Weiterhin verfolgte ich genau das Leben unter der deutschen Besatzung. Im Laufe der Zeit wurde mir klar, dass ich im Oflag eine völlig falsche Vorstellung von den Verhältnissen im besetzten Polen hatte: Während ich hinter Stacheldraht festsaß, hatte ich nicht geahnt, dass die Deutschen mit der polnischen Bevölkerung auf so brutale Art umgingen und einen so weitgehenden Terror verbreiteten. Ich dachte auch, dass in Polen Hunger herrschte, aber obwohl die Ernährungssituation nicht gerade gut aussah, konnte man für Bargeld vieles kaufen.

Nachdem ich mich nach einiger Zeit an das neue Leben gewöhnt hatte und wieder in guter Verfassung war, meldete ich mich bei einer Zelle des Radiosenders der Heimatarmee.

Mehrmals transportierte ich Ersatzteile für Funk- und Abhörgeräte von der Kirche des heiligen Florian (Kościół św. Floriana) über die Kierbedzia-Brücke nach Praga in die Dluga-Straße.

Auf diese Art und Weise erreichte ich das neue Jahr 1942. Anfang 1942 arbeitete ich in der Sprengstoffabteilung eines konspirativen Betriebes für die Herstellung von Munition in Warschau. Diese Tätigkeit befriedigte mich jedoch nicht völlig, zudem widersprach sie meiner kämpferischen Natur. So beschloss ich, mich dem Befreiungskampf Polens gegen die Deutschen anzuschließen.

Hochzeitsreise nach Wien

Bevor ich mich dem Befreiungskampf Polens anschließen konnte, musste ich zuerst mein Privatleben in Ordnung bringen. Im Landkreis Blachownia gelang es mir, die Grenze zwischen dem Generalgouvernement und dem Reichsgebiet zu überqueren. Sofort machte ich mich auf dem Weg nach Tarnowitz (Tarnowskie Góry), wo ich meine Braut wiederfand. Kurz danach heirateten wir in Tschenstochau (Częstochowa).

Während der ganzen Zeit in Tarnowitz hielt ich mich in der Wohnung meiner Frau versteckt, weil ich sie, mich und meine nähere Umgebung nicht in Gefahr bringen wollte.

Eines Tages sagte mir meine Frau, dass es eine Möglichkeit gebe, für mich Dokumente zu besorgen und unsere Hochzeitsreise nach Wien zu unternehmen.

Zu diesem Zeitpunkt wurde Schlesien dem Deutschen Reich angegliedert, daher konnten sich Schlesier bis zum Erhalt der beantragten neuen Dokumente mit einem behelfsmäßigen Personalausweis, dem so genannten »Fingerabdruck«, ausweisen. Da ich mit einer Schlesierin verheiratet war, kam ich auch in die Gunst dieser Verordnung und erhielt bald das »Fingerabdruck-Dokument«, natürlich auf einen falschen Namen.

Auf dem Bahnhof von Kattowitz ging meine Frau zum Schalter, um zwei Fahrkarten nach Wien für uns zu besorgen. Ich blieb stehen, lehnte mich an eine Absperrung und wartete in lässiger Haltung, mit dem Mantel über dem Arm. Nach einiger Zeit hatte ich das Gefühl, von jemandem beobachtet zu werden. Ich tat so, als ob ich die Fahrplantafel aufmerksam lese. Aus dem Augenwinkel sah ich, dass ein Schupo am Bahnhofseingang stand und mich zu fixieren schien. »Na und!«, dachte ich, »er steht doch hier, um alles im Auge zu behalten.«

Als ich mich dann umdrehte, sah ich deutlich, dass seine volle Aufmerksamkeit mir gewidmet war. Nach einiger Zeit schritt der Gendarm langsam auf mich zu. Mir blieb also nichts anderes übrig, als ruhig stehen zu bleiben und mich meinem Schicksal zu ergeben.

Der Polizist blieb vor mir stehen, salutierte und sagte: »Dobry wieczór!«

»Guten Abend!«, antwortete ich freundlich auf Deutsch und sah gleichzeitig, dass meine Frau kreideweiß wurde. »Czy mogę Pana prosić o papiery?« (Dürfte ich Ihren Ausweis sehen?), sagte der Schupo höflich auf Polnisch. »Proszę bardzo«, antwortete ich, holte mein »Fingerabdruck-Dokument« aus meiner Brieftasche und reichte es dem Gendarmen, der es sorgfältig kontrollierte. Nach einer Weile fragte er: »Czy to Pańskie papiery?« (Sind das Ihre Papiere?) »Naturalnie« (selbstverständlich), antwortete ich und begann zu lachen. Der Schupo schaute mich kurz an, lächelte, gab mir meine Papiere zurück, salutierte und entfernte sich. Kurze Zeit blieb ich regungslos stehen, dann, mit langsamen Schritten, näherte ich mich der Fahrplantafel und tat wieder so, als ob ich sie weiter aufmerksam lesen würde. Als ich merkte, dass der Gendarm mich nicht mehr beobachtete, kehrte ich um. Inzwischen hatte meine Frau zwei Fahrkarten gekauft. Um sie nicht in Gefahr zu bringen, ging ich hinter ihr her. Erst auf dem Bahnsteig atmete ich erleichtert auf. In den Zug stiegen wir vorsichtshalber nacheinander ein und nahmen schließlich unsere Plätze im Abteil. Als die Anspannung von mir abließ, merkte ich, wie durchgeschwitzt mein Hemd war. Denn mir war bewusst, dass der Schupo, der vor Kurzem noch vor mir gestanden war, meinen Tod hätte bedeuten können. Nur dank meinem Deutsch, meinem ruhigen Verhalten, meiner eleganten Kleidung und natürlich meinem »Fingerabdruck« gelang es mir, mich dieser Gefahr zu entziehen.

Wer war dieser Gendarm? Sein Gesicht kam mir irgendwie bekannt vor. Ich strengte mein Gedächtnis an. Schließlich fiel mir ein: Das war ein Feldwebel in Reserve, der in unserem Regiment Militärdienst abgeleistet hatte, und ein deutscher Uhrmacher aus Chorzów. Vor einigen Jahren hatte er an Manövern unseres Regiments teilgenommen und musste mich in Offiziers-uniform gesehen haben. Zum Glück hatten die Manöver nur eine kurze Zeit gedauert, daher war er sich scheinbar nicht sicher, ob ich ein polnischer Offizier sei ...

Endlich setzte sich unser Nachtzug langsam in Bewegung und beschleunigte nach und nach seine Geschwindigkeit. Während der Nacht hatten wir eine Fahrkartenkontrolle und zwei weitere Kontrollen durch die Feldgendarmerie mit ihren halbmond-förmigen Metallbrustschildern.

Den Ostbahnhof von Wien erreichten wir frühmorgens. Gleich machten wir uns auf die Suche nach einem geeigneten Hotel. Weil Krieg herrschte, standen viele Hotels leer. Bald

Diese Karte schickte der Verfasser aus
Wien an seine Mutter – und die gleiche
an den Kommandanten des Oflag
Arnswalde!

fanden wir daher ein kleines Zimmer im Hotel »Goldene Spinne« gegenüber dem Stadtpark. Aus dem Hotelfester konnten wir eine wunderschöne Bronzestatue von Josef Strauss, dem Walzerkönig, bewundern. Das Essen bekamen wir auf Lebensmittelkarten, und im Restaurant konnte man außer Kartoffelsalat nichts Essbares bekommen.

In der Stadt sah ich viele Krüppel und Kriegsinvaliden. Trotz des Krieges konnte man den berühmten »Wiener Chic« beobachten, vor allem bei den Frauen. Sie waren zwar schlicht, aber mit gewisser Eleganz gekleidet. In den Kaffeehäusern gab es zwar nur Malzkaffee, der jedoch gut zubereitet war und gut schmeckte.

Ich war begeistert vom Stephansdom mit seiner wunderschönen gotischen Architektur aus dem 13. Jahrhundert, dem Habsburgerpalast, der Hofburg und dem Schloss Belvedere. Wir besuchten auch das Schloss Schönbrunn mit seiner großartigen Gloriette und den Zoologischen Garten. Und bevor ich Zeit hatte, mich genauer umzusehen, mussten wir Wien auch schon wieder verlassen.

Um meiner Familie und Papa Löbbecke gegenüber aufrichtig zu sein, kaufte ich vor meiner Abreise zwei wunderschöne Postkarten mit der Fassade des Wiener Parlaments. Eine schrieb ich an meine Mutter in Kielce und die andere an Papa Löbbecke, den Kommandanten des Oflag in Arnswalde.

Nachdem ich nach Tarnowitz zurückgekehrt war, ging der Sommer zu Ende, und für mich war es höchste Zeit, meine privaten Angelegenheiten zu beenden und meinem Schicksal zu folgen. Deshalb musste ich die grüne Grenze in Blachownia überschreiten, um mich dem Widerstand anzuschließen.

Konspiration und Widerstandskampf

Kurz vor Kriegsende befreite der Verfasser mit seiner Kompanie ein KZ in Tschechien und erhielt dafür die Ehrenurkunde der Stadt Neuměře; hier die Kompanie vor dem Hauptquartier, Mai 1945

Mein Ziel war die Hauptstadt. Um nach Warschau zu kommen, musste ich die Grenzen des Reichs und des Generalgouvernements überqueren, die schwer bewacht waren. In der Nähe von Blachownia erreichte ich im Morgengrauen die Grenze des Reiches. Von einem Bauern erfuhr ich, dass an dieser Stelle fünf Personen von den Deutschen erschossen wurden – ich hatte also Glück!

Von Blachownia aus machte ich mich auf den Weg nach Warschau. Hier nahm ich dank meines Cousins Kontakt zu einem AK-Oberst auf. Als er begann, eifrig meine persönlichen Daten in sein Notizbuch zu schreiben, sah ich, dass bereits viele Namen notiert waren. Offenbar waren es Personen wie ich, die von der Gestapo gesucht wurden. Aus diesem Grund gab ich in letzter Sekunde eine falsche Adresse an.

Meine Vorsicht zahlte sich aus, denn einige Zeit später wurde der Oberst verhaftet. Aufgrund seiner Aufzeichnungen konnte die Gestapo viele Personen festnehmen und schließlich hinrichten. Ich musste also gewisse Vorsichtsmaßnahmen treffen und wurde daher als Karzimierz Truszkowski in Żoliborz in der Słowackiego-Straße gemeldet. Schlafen und frühstücken konnte ich bei meinem Onkel in der Miodowa-Straße. Die Abende verbrachte ich bei Familie Kubarewski, mit der ich befreundet war.

Zu dieser Zeit arbeitete ich als Nachtwächter in einer Abteilung des Gesundheitsamtes, ebenfalls in der Miodowa-Straße. Jadwiga, die Tochter der Kubarewskis, arbeitete in derselben Abteilung und würde mich sofort benachrichtigen, falls die Gestapo nach mir suchte. Bis zu meiner Nachtschicht hatte ich also genug Zeit, mich in Sicherheit zu bringen.

Obwohl alle Hausbewohner in der Miodowa-Straße wussten, wer ich vor dem Krieg gewesen bin, haben sie mich nicht verraten.

Während dieser ganzen Zeit wurde ich von den Deutschen gesucht. Meine Mutter erhielt auch einen offiziellen Brief vom Generalgouvernement in Kielce mit der Frage, wo ich sei.

Als ich im Herbst 1942 als Nachtwächter in Warschau arbeitete, wurde mir gesagt, dass der Direktor meinte, ich sähe eher wie ein Offizier aus als wie ein Hausmeister. Das war ein Alarmsignal für mich. Ich packte meine Siebensachen und fuhr mit einem Zug über Radom nach Kielce, nachdem ich mich von allen verabschiedet hatte.

Es wurde bekannt, dass die Deutschen auf dem Bahnhof in Radom alle Züge geleert hatten und die Menschen nach Auschwitz oder in andere Konzentrationslager deportierten.

Abends saß ich im Waggon neben dem mit der Aufschrift: »Nur für Deutsche«. Kurz vor Radom war ich in Alarmbereitschaft und schaute die ganze Zeit aus dem Fenster. Entlang der Gleise sah ich eine Reihe von Gendarmen. Auf der Nebenstraße warteten gedeckte Lastwagen auf uns.

Sofort rannte ich zum Waggon für die Deutschen, versteckte mich auf der Toilette und schloss die Tür. Ich konnte die Deutschen brüllen, Hunde bellen und Schüsse hören. Nach einer halben Stunde herrschte Stille – ich hörte nur noch die Lastwagen wegfahren. Ich wischte mir unwillkürlich die schweren Schweißtropfen von der Stirn; mehrmals klopfte jemand an die Toilettentür, jedes Mal antwortete ich auf Deutsch: »Besetzt!«

Bei der ersten Gelegenheit begab ich mich in den polnischen Waggon und kam bald glücklich nach Hause. Später erfuhr ich, dass nur zwei Personen die Razzia überstanden hatten: eine junge Frau, die sich bei dem Lokführer versteckt hatte, und ich.

Nach einer kurzen Zeit zu Hause nahm ich Kontakt mit Jadwiga und Wiesław Żakowski, meiner Regimentsfamilie, auf. Sie besaßen ein großes Landgut in Szarbia bei Skalbmierz und boten mir Unterschlupf.

Als ich am Abend in Szarbia ankam, wurde ich herzlich empfangen und an einer eleganten Tafel voller Köstlichkeiten mit polnischer Gastfreundschaft sehr verwöhnt.

Die Familie Żakowski zeichnete sich nicht nur durch große Gastfreundlichkeit, sondern auch durch Patriotismus aus. Ihre Türen standen allen Verfolgten offen, auch den Juden, die sich verstecken mussten und nachts mit Essen versorgt wurden.

Während ich auf dem Gut half, wo ich nur konnte, schloss ich mich dem Widerstand an. Dort wurde ich mit dem Posten des stellvertretenden Kommandanten der Einheit »Walbron« betraut, deren Kommandant mein Gastgeber Wiesław war. Zur gleichen Zeit war er Stabschef der 106. D.P. der Heimatarmee (Armia Krajowa, AK) mit den Befugnissen eines Divisionskommandeurs. Ich erhielt den Decknamen »Włodek«, und mein Kommandant Wiesław wurde »Zagraj« genannt.

Eines Tages, als wir im Garten waren, wurde Wiesław verhaftet, weil er angeblich Flugblätter verteilt hatte. Dank seiner Frau und ihrem Charme gelang es, ihn aus dem Gefängnis rauszuholen.

Weil mein weiterer Aufenthalt in Szarbia nicht mehr sicher war, wurde ich nach Boronice im Kreis Kościelec versetzt und kam in das gastfreundliche Haus von Zofia und Zbyszek Czarny. Dort bekam ich ein eigenes Zimmer und freie Hand. In Boronice versteckten sich noch einige Menschen, die von Frau Zofia liebevoll umsorgt wurden.

In der Zwischenzeit hätte ich nach Szarbia zurückkehren können, aber es zog mich zu den Partisanen und in den Wald. Also bat ich Wiesław, mich zu den Partisanen zu versetzen.

Und so wurde ich einer Partisaneneinheit in den Chrobierskie-Wäldern unter dem Decknamen »Hubert« zugeteilt. Sie war ein Bestandteil des unabhängigen Krakauer Partisanenbataillons. Außer unserer Einheit gab es noch die Partisanentruppen »Grom«, »Błyskawica« und »Huragan«, insgesamt etwa 450 Männer.

Die anstrengenden Nachtmärsche und die Zeit, die wir gemeinsam am Lagerfeuer im Wald verbrachten, werden mir immer in Erinnerung bleiben.

Im August 1944 war unser Partisanenbataillon an der Grenze zwischen Kielce und Krakau im Einsatz. Der Kampfgeist unserer Jungs war sehr groß. Die Frage, die uns beschäftigte, war jedoch, warum uns die Deutschen weiterhin gezielt hartnäckig verfolgten; deutsche »Storchy«-Informationsflugzeuge kreisten verdächtig oft über uns. Einmal wurden wir von einem Piloten auf einem Feld beschossen, und nur Heuhaufen retteten uns das Leben.

Uns wurde klar, dass sich ein Spion unter uns befand, der die Deutschen mit Informationen versorgte. Aber alles hat sein Ende!

Eines Nachmittags, als ich unsere Einheit und die Waffen überprüfte, lief einer meiner Jungs auf mich zu und sagte, er hätte einen oder zwei Spione erkannt. Ich musste mich beeilen, weil wir jede Sekunde mit einem weiteren deutschen Angriff rechneten. Als ich die beiden Verdächtigen festgenommen hatte, lief ich zu meinem Kommandeur, um ihm den Vorfall zu melden. Im Schulgebäude wurde eilig ein Feldgericht eingerichtet, dem auch ich angehörte. Vor der Anhörung wurde berichtet, dass einer der Gefangenen etwas in die Brennnesseln vor dem Gebäude geworfen habe. Wir suchten vorsichtig in den Brennnesseln und fluchten, als wir uns die Hände verbrannten. Schließlich fanden wir eine goldene Taschenuhr mit Kette. Ich muss zugeben, dass wir von diesem Fund sehr enttäuscht waren. Die Verhafteten waren: Alfred Malina, 35, laut Militärausweis Gefreiter des 2. Zuges der Panzerdivision in Niepołomice bei Krakau, und Jerzy Makowicz, 16, Malinas Neffe. Die Angeklagten bekannten sich nicht schuldig und stritten alles ab. Obwohl es keine konkreten Beweise gab und Fehler vorkommen können, wurden sie doch verprügelt. Dafür meldeten sich geflohene Häftlinge aus dem Konzentrationslager Auschwitz bereitwillig. Wenngleich sie ziemlich schlimm massakriert worden waren, gaben sie ihre Schuld nicht zu.

Es wurde beschlossen, den Fall gründlich zu untersuchen. Auf meinen Rat hin sollte jeder persönlich befragt werden. Der Jüngere, Makowicz, der schließlich zusammenbrach und den Spionageakt gestand, wurde zuerst verhört. Dann ließ man ihn in Ruhe. Bei der Konfrontation mit Malina sagte man ihm, Makowicz habe alles ausgesagt und die Tat gestanden. Malina erkannte, dass sein Leben auf dem Spiel stand, sein Gesicht wurde aschgrau und sein Kopf sank langsam herab.

Der Fall der goldenen Uhr, die in die Brennnesseln geworfen wurde, beschäftigte uns noch immer. Das wurde bald geklärt. Makowicz sagte aus, dass sie von den Deutschen mit dem Auftrag geschickt worden seien, uns zu liquidieren. Als Köche unter dem Vorwand, nach Lebensmitteln zu suchen, entfernten sie sich während der Aufenthalte, um die Deutschen über unseren Standort zu informieren.

Die goldene Uhr wurde sorgfältig untersucht; unter dem Deckel fanden wir ein weißes Pulver mit stechendem Geruch, eingewickelt in weiches Papier. Es war Zyankali, das stärkste Gift der Welt neben dem indischen Kurare.

Der Plan der Verräter war ganz einfach: Bei einem ihrer Aufenthalte sollten sie uns als Köche am Abend Zyankali-Kaffee servieren. Das sollte bei uns Panik auslösen. Diejenigen, die überlebt hätten, wollten die Deutschen im Morgengrauen umzingeln und liquidieren. Übrigens war die Beseitigung unserer Einheit schon in greifbarer Nähe, aber unser Schicksal verlief anders.

Korporal Alfred Malina wurde sorgfältig entkleidet. Sein Ausweis wurde in einer Ecke seiner Jacke eingenäht gefunden, dieses Mal in seiner NSDAP-Uniform.

»Er sieht toll aus in dieser Hitler-Uniform«, rief ich impulsiv aus. Major Skała steckte dem Verräter eine Zigarette in den Mund, jemand an der Seite zündete sie an – wie üblich vor einer Hinrichtung.

Wir mussten uns beeilen. Unser Verbindungsoffizier meldete, dass verdächtige deutsche Bewegungen in unserer Region beobachtet würden. Gerade als ich zu meiner Einheit zurückkehren wollte, hörte ich eine Reihe kurzer Maschinengewehrschüsse. Ich öffnete mein Pistolenhalfter, rannte in die Richtung der Schüsse und erreichte den Wald.

Dort traf ich meine Leute, von denen ich den Verlauf der Ereignisse erfuhr: Als die Verräter zur Hinrichtung entlang der Schlucht in den Wald geführt wurden, sprang der junge Makowicz, obwohl er so verprügelt wurde, dass er seine Beine kaum bewegen konnte, in die Schlucht, um sein Leben zu retten.

Mit kurzen Pistolenschüssen erschossen sie Malina und rannten dann hinter dem Flüchtigen her, der inzwischen verschwunden war. Nach einiger Zeit fanden sie ihn hinter einem Hügel, als er auf einen Heuhaufen in einem Feld zulief. Während seines Überlebenskampfes wurde Markowicz am Fuß verwundet; am Boden liegend, wurde er wie ein tollwütiger Hund erschossen. So starben die Verräter an der polnischen Nation, die ihren Namen entehrt hatten.

Beim nächsten Halt machten wir eine längere Pause auf einer großen Waldwiese. Als ich die Funktion eines Dienstoffiziers innehatte, erhielt ich von Major Skała eine Meldung, dass sich angeblich Deutsche in einem nahe liegenden Dorf befänden.

Bevor ich meinen Zug für die Erkundung dorthin schickte, fragte ich meinen Kommandanten, ob ich mit dem Zug gehen oder in unserem Lager bleiben sollte. Major Skała empfahl mir zu bleiben. An meiner Stelle wurde mein Stellvertreter, Unterleutnant Jerzy, geschickt. Er war ein junger, gutaussehender Mann, der kürzlich zum Fähnrich befördert worden war. Weil ich ein ungutes Gefühl dabei hatte, ging ich zu ihm und riet ihm, vorsichtig vorzugehen und sich vor allem von allen Seiten abzusichern. Ich wünschte ihm viel Glück und verabschiedete mich salutierend von allen. Einen Augenblick später hörten wir schweren Beschuss.

Bevor ich Zeit hatte, einige Männer zur Erkundung zu schicken, teilte mir Rolf aus meinem Zug atemlos mit, dass Unterleutnant Jerzy gefallen sei, ebenso wie mehrere meiner Männer. Unter ihnen war auch Unterleutnant Błysk, der am Vortag seine Verlobte getroffen hatte.

Es stellte sich heraus, dass es Unterleutnant Jerzy gelungen war, mit seinen Männern den Rand des Dorfes zu erreichen. Dort wurde er von einer unbekannten Einheit auf Polnisch angesprochen.

Der arme Jerzy trat, ohne sich zu vergewissern, mit wem er es zu tun hatte, mit ein paar Männern auf das Vorgelände und wurde auf der Stelle mit Maschinengewehrfeuer erschossen.

Wahrscheinlich waren das polnisch sprechende Ukrainer.

Wir erfüllten unsere traurige Pflicht und begruben unsere Kameraden, nachdem wir Ehrensalven abgefeuert hatten.

Unser Ziel war nun Warschau. Wir machten uns auf den Weg in Richtung Książ Wielkopolski über die Dörfer Wola Knyszyńska und Zaryszyn und kamen bis zu den Krzelowski-Wäldern. In diesem Gebiet stieß unsere Patrouille auf deutsche Piloten, die nach dem Verlust von drei Kameraden geflohen waren.

Trotz dieses Erfolgs waren wir dadurch leider entlarvt, und nachdem man uns gemeldet hatte, dass die Deutschen uns umzingeln, brachen wir auf und marschierten mehrere Nächte ununterbrochen Richtung Norden. Wir legten durchschnittlich vierzig Kilometer pro Nacht zurück, was auf dem feuchten

Waldboden sehr schwierig war. Die Nächte waren mittlerweile kalt und feucht, ab und zu gab es sogar Frost. Wir waren sehr erschöpft und müde und schliefen während des Marsches fast ein. Jeden Aufenthalt nutzten wir, um uns irgendwo auf den Boden zu schmeißen. Da die Deutschen vom Morgengrauen bis zum Mittag militärisch tätig waren, konnten wir nur drei Stunden pro Nacht schlafen. In der Nacht vom 10. auf den 11. September hatten wir aufgrund des nassen Bodens einen besonders anstrengenden Marsch. Jedes Mal wurden wir von Einheimischen der örtlichen AK-Zelle geführt.

Bevor wir unseren Lagerplatz erreichten, hörten wir aus der Ferne dumpfe Explosionen und Detonationen. Dort angekommen, stellten wir fest, dass es sich um ein Partisanenlager handelte. Wir sahen mehrere mit grünen Blättern bedeckte Hütten, einen Karabiner, der noch an einem Ast hing, und daneben einen Kessel voller Suppe sowie Handgranaten.

Ach! Wenn ein Partisan seine Waffe und einen Kessel mit Suppe zurücklässt, verheißt das nichts Gutes. Es gab auch einige Zettel an den Bäumen mit der Anschrift »Achtung, Gestank!« Dabei stellte sich heraus, dass der Standort den A.L.-Einheiten (Armia Ludowa-Volksarmee) gehörte. Sie hatten einen Zug überfallen und in die Luft gesprengt. Darauf waren die dumpfen Explosionen zurückzuführen.

Gegen sechs Uhr morgens waren wir in den Wäldern von Złoty Potok. Wir mussten Richtung Tschenstochau abbiegen, weil die Deutschen eine starke militärische Präsenz in der Nähe von Pilica und Nida zeigten. Es war offensichtlich, dass nach der Sprengung des Munitionszuges durch die A.L.-Partisanen mit einem deutschen Vergeltungsschlag zu rechnen war.

Hauptmann Koral, Leutnant Szczerba und ich gingen zu Skała und erklärten, dass unser weiterer Aufenthalt in diesem Gebiet zu gefährlich sei und wir schnell verschwinden müssten. Da es aber schon hell wurde und der Wald nur über offenes Gelände zu erreichen war, beschlossen wir, noch hier zu bleiben. Wir sicherten uns entsprechend ab und warfen uns unter die Bäume zum Schlafen.

Kurz vor Mittag wurden wir geweckt. Nach vielen Tagen konnten wir uns in einem nahe gelegenen Bach endlich waschen. Kaum zur Ruhe gekommen, hörten wir Maschinengewehrfeuer. Es stellte sich heraus, dass Major Skała auf dem Weg zu einem Treffen mit dem Kommandanten von Tschenstochau auf Soldaten der aufseiten der Deutschen kämpfenden Wlassow-Armee in polnischen Uniformen traf. Es kam zu einem Schusswechsel, bei dem Leutnant Piotr und Lew, der Sicherheitsoffizier des Kommandanten Skała, getötet wurden. Skała und sein Begleiter Leutnant Spokojny überlebten. Schüsse aus der Ferne alarmierten uns, ich schickte eine Patrouille, um die Lage zu erkunden. Da meine Patrouille aus sehr jungen Männern bestand, beschloss ich, sie zu begleiten, Es war mir klar, dass die Deutschen mögliche Durchgänge mit einem Stacheldrahtzaun schützten, der unter schwerem Maschinengewehrfeuer stand. Vor dem Stacheldraht hielt ich die Patrouille an und kroch alleine untendurch. In etwa 800 Meter Entfernung sah ich Maschinengewehrstellungen. Ich war mir sicher, dass es unsere Männer waren, denn die Entfernung von ihrem Standort zu unserem Hauptquartier betrug weniger als 150 Meter. Ich trug eine Uniform, ein Fernglas an der Brust und eine Pistole am Gürtel, sodass man mich für einen normalen Soldaten halten konnte. Vorsichtig kam ich an den Rand des Stacheldrahts und sah durch das Fernglas, dass es Deutsche waren. Einer von ihnen rief mir zu, ich solle näher kommen. Mit meiner Hand und meinem Kopf gab ich ein Zeichen, dass ich kommen würde, rannte zurück zur Patrouille und informierte die Kommandantur des Bataillons. Wir nahmen sofort Verteidigungspositionen ein. In der Zwischenzeit tauchten auf der Straße nach Janowska deutsche Kolonnen mit mehr als 4500 für den Partisanenkampf ausgebildeten Soldaten auf. Von Osten her wurden wir von einer Division der 2. Kosakenschwadron, die in Hitlers Diensten stand, mit insgesamt 5000 Mann umzingelt.

Der erste starke deutsche Angriff kam aus Südwesten. Der Feind griff uns in einer breiten Linie mit Maschinengewehrfeuer an. Nachdem wir sie näher hatten herankommen lassen, begrüßten wir den Feind mit einer Feuersalve. Da wir an Waffen und Männern unterlegen waren, mussten wir uns nach hinten zurückziehen. Das Feuer war so massiv, dass wir mit Holzsplittern und Blättern übersät wurden. In meinem Abschnitt herrschte Ruhe, aber jemand teilte mir mit, dass sich unser Südwest-Flügel zurückziehen würde. Ich schickte daher einen Boten in die Kommandantur mit der Frage, was ich tun solle. Der Bote kehrte nicht zurück. Als ich daraufhin dorthin lief, war ich sehr überrascht, dort niemanden anzutreffen, nur einen Fallschirmjäger aus England, der unter einer Tanne saß. Er teilte mir mit, dass sich die Kommandantur zurückgezogen hatte, worüber ich nicht informiert worden war. Gleichzeitig wies er mich an, mit Skała Kontakt aufzunehmen, den ich nach einiger Zeit fand.

In dieser Zeit kam es auf meinem Abschnitt zu einer großen Schießerei, also bat ich Skała, zu meiner Einheit zurückzukehren. Der Major teilte mir mit, dass er bereits einen Boten dorthin geschickt habe mit dem Befehl, sich in den Norden der Sümpfe zurückzuziehen. Kurz darauf traf mein tapferer und unerschrockener Buńca mit zwei Verwundeten ein.

Die Deutschen drangen weiter vor und umzingelten uns: Feuer- und Stahllawinen fielen auf uns herab, Handgranaten explodierten mit ohrenbetäubendem Knall. Uns blieb nichts anderes übrig, als uns durch die Sümpfe zurückzuziehen.

Wir ließen in aller Eile unseren Bestand, Pferde und unsere Ausstattung zurück und nahmen nur das Nötigste mit. Nachdem wir uns durch die Sümpfe durchgekämpft hatten, wurden wir auf einer offenen Fläche durch die Kosaken mit Maschinengewehren beschossen. Zugfeldwebel Dunaj wurde neben mir getroffen und starb kurz darauf. Plötzlich kam ein Zug mit Verpflegung für die Deutschen. Wir versteckten uns so gut es ging, denn wir wussten, wenn wir von beiden Seiten beschossen würden, könnten wir uns von unseren Seelen verabschieden. Die Kosaken-Kugeln, die für uns bestimmt waren, trafen die Lokomotive. Zu unserem Glück hielt der Zug nicht an und setzte seine Fahrt auf der Höhe des Dorfes Staropole fort. Wir waren also nur einen Schritt vor der Vernichtung.

Kapitän Powolny sammelte uns ein, und wir sprangen schnell über die unglücklichen Eisenbahnschienen. Mit voller Kraft ging es durch die offene Landschaft. Hinter dem Dorf Wiernice erreichten wir ein Waldgebiet. Wir wuschen uns in einem Bach und brachten unser Aussehen auf Vordermann.

Im Vergleich zu uns verloren die Deutschen bei dieser Aktion 70 Soldaten und hatten 120 Verwundete, während wir zwölf Tote und drei Verwundete hatten.

Im Januar 1945 wurde die Heimatarmee aufgelöst. Ich wusste, dass die Beziehungen zwischen der AK, der Volksarmee und den aus dem Osten vorrückenden sowjetischen Truppen nicht die besten waren – meine Existenz war gefährdet ...

Zeugnis eines Massenmords: Schild am Eingang zur Gaskammer des KZ

Dienst im Westen

Die deutsche Front brach langsam zusammen, insbesondere nach der gescheiterten Ardennenoffensive im Dezember 1944.

Am 12. Januar 1945 begann die mächtige sowjetische Offensive, die die verschiedenen Nazi-Gruppierungen hinwegfegte.

Im Dezember 1945 befand ich mich an einem Scheideweg, und mein Aufenthaltsort war nicht sicher. Die Gestapo war mir ständig auf den Fersen. Es schien, dass die Deutschen sehr an mir interessiert waren. Ich wusste, dass es in unseren Einheiten, die in Italien kämpften, und in der 1. Panzerdivision von General Mączka meine Kollegen und Bekannten gab, zu denen ich erst nach der deutschen Auflösung problemlos überlaufen konnte. Dieser gordische Knoten löste sich irgendwie von alleine auf.

Einmal traf ich in Warschau meinen treuen Fluchtkameraden Janek. Unsere Freude war grenzenlos. Wort für Wort vertraute ich ihm meine Sorgen an. Janek sagte daraufhin, was für ein Trottel ich sei. »Dein Problem ist einfach zu lösen: Melde dich für eine Arbeit in Deutschland an, von da wäre es einfacher zu fliehen, zudem hättest du kostenlose und sichere Fahrt.«

Janeks einfache Lösung meines Problems hat mich überzeugt und begeistert. Seitdem dachte ich an nichts anderes mehr.

Ich hatte auch erfahren, dass solche Sammeltransporte meist von Krakau aus starten. Schließlich fand ich in Krakau in der Grodzka-Straße 60 ein Informationsbüro für Arbeiter und Angestellte, die sich freiwillig zum Dienst im Reich gemeldet hatten.

In der zweiten Januarhälfte 1945 erfuhr ich, dass ein Transport für Erdarbeiten nach Deutschland gehen sollte. Ich hatte mich als Freiwilliger für einfache Arbeiten gemeldet und wählte Bayern als Arbeitsort, weil ich von dort nicht weit nach Italien hatte, wo das II. Polnische Korps in blutigen Schlachten kämpfte.

Nachdem unser Transport Krakau verlassen hatte, kamen wir in Kempten im Allgäu an. Auf dem Platz hinter dem Bahnhof befand sich die Verwaltung unseres Arbeitsamtes. Dank meiner

Deutschkenntnisse wurde ich Dolmetscher und hatte dadurch bessere Voraussetzungen für meine geplante Flucht.

Bayern ist ein wunderschönes Land mit sehr religiösen Menschen, die sogar bei Begrüßung nicht »Heil Hitler«, sondern »Grüß Gott« sagten.

Als die Deutschen das unvermeidliche Ende Deutschlands sahen, waren sie nicht mehr so brutal und selbstbewusst.

Nach der Besetzung durch die Amerikaner verblieben in den deutschen Gebieten riesige Mengen an Munition, Lebensmitteln, militärischer Ausrüstung und Waffen, auch viele Ämter, Büros und Wohnungen. Es war daher notwendig, die Güter und Bestände auf feindlichem Gebiet sofort zu sichern.

Aufgrund des Mangels an amerikanischen Soldaten begann die Suche nach Kriegsflüchtlingen und Zivilpersonen in Lagern.

Nach entsprechender Werbung wurde mit der Bildung von Wachkompanien begonnen, die dem Kommando der US-Armee unterstellt waren, sodass es neben dem polnischen Kompaniekommandanten einen amerikanischen Kommandeur gab, der natürlich alles bestimmte. Die Ausbildungszeit betrug im Durchschnitt sechs bis acht Wochen. Die Ausbildungskader setzten sich aus Offizieren und Unteroffizieren aus den Gefangenenlagern zusammen. Am Anfang gab es polnische und jugoslawische Wachkompanien. 1947 entstanden die ersten Kompanien, die sich aus Litauern, Letten und Esten zusammensetzten.

Das polnische Kommando griff eher selten ein, um im Bedarfsfall für den polnischen Soldaten zu intervenieren.

Das Essen in den Kompanien war gar nicht so schlecht, obwohl uns das Dosenfutter schnell langweilig wurde. Alle vierzehn Tage erhielt jeder eine sogenannte »PX«-Ration: Zigaretten, Tabak, Schokolade, Süßigkeiten, Hygieneartikel und andere Kleinigkeiten.

Die Uniformen bestanden aus Uniformen zweiter Klasse, die marineblau oder schwarz gefärbt waren, und es fehlte die Winterausstattung. Die Rangabzeichen waren ähnlich wie die amerikanischen. Jeder Soldat sollte monatlich fünf Dollar und 180 Mark erhalten. In der Praxis wurde das Geld im dritten oder vierten Monat ausgezahlt, und wenn jemand versetzt oder krank wurde, war es wahrscheinlicher, dass er sich von dem ausstehenden Sold verabschieden musste.

Als ich mich anfangs im polnischen Kommando der Wachkompanie befand, waren alle Kompanien bereits besetzt. In Ingolstadt an der Donau gab es nur eine einzige Rebellenkompanie, aber niemand wollte das Kommando über sie übernehmen, weil das vorherige Kommando von den Soldaten ausgepfiffen und beleidigt wurde. Ich dachte mir, ich gehe aufs Ganze und übernehme die Jungs. Mir war völlig klar, worauf ich mich einließ, aber für mich war es die Mühe wert. Zum Erstaunen aller meldete ich mich freiwillig, um das Kommando zu übernehmen.

In Ingolstadt stellte ich fest, dass der vorherige Kommandant, der keine Ahnung hatte, wie er seine Männer befehligen sollte, viele Fehler gemacht hatte, für die er bestraft wurde. Von diesem Moment an krempelte ich die Ärmel hoch und trainierte tagaus, tagein Disziplin, Exerzieren und den Umgang mit Waffen.

Ich war der Erste, der vor dem Weckruf aufstand, und der Letzte, der ins Bett ging. Ich führte das Allwetterturnen ohne Oberteil, Leichtathletik und Sportspiele ein. Natürlich trainierte ich selbst auch mit meinen Männern. Dabei führte meine unbeschwerte und humorvolle Art schnell zu guten Ergebnissen. Nach drei Monaten meldete ich mich mit meinen Schäfchen in Käfertal. Man gab mir noch eine Woche Zeit, um der Kompanie den letzten Schliff geben.

Als der Tag der Überprüfung kam, inspizierte Oberst Filipkowski mit seinen und den amerikanischen Offizieren meine Kompanie. Nachdem ich mit meinen Burschen den Umgang mit der Waffe und den Drill in verschiedenen Marschkommandos demonstriert hatte, erhielt ich sehr viel Lob. Infolge dieser Lobeshymnen behielt der Oberst meine Truppe für mehr als zwei Monate als repräsentative Kompanie.

Gegen Ende meines Aufenthalts in Käfertal erfuhr ich, dass ein sehr strenger amerikanischer General kommen würde, um meine Kompanie zu inspizieren. Also beauftragte ich den Kompaniechef, die Sorten zu eleganten Würfeln zusammenzusetzen und sie in einer vollkommen geraden Linie anzuordnen. Die Inspektion verlief außerordentlich gut. Der General war begeistert und klopfte mir anerkennend auf die Schulter. Bald darauf fuhren wir zum Dienst nach Herzogenaurach bei Nürnberg, wo es einen großen Flugplatz gab.

Im Laufe der Zeit kehrten die amerikanischen Frontsoldaten, mit denen wir sehr gut zusammengearbeitet hatten, in die Heimat zurück. Sie wurden durch einen Zustrom einfacher Amerikaner ersetzt, die von uns profitieren wollten, weil wir ihnen praktisch ausgeliefert waren.

Die Männer meiner Kompanie in Nürnberg erhielten zum Beispiel zwei Monate lang keine Seife. Mein Kommandant, Leutnant Goodsall, hatte eine Deutsche als »Sekretärin«, die die Schlüssel zum Waffenlager hatte und meinen Soldaten persönlich Waffen ausgab. Dann wollte sie bestimmen, zu welcher Zeit man die Waffen bekommen sollte. Darüber hinaus versuchte sie,

Der Verfasser mit seiner Kompanie in Käfertal 1946

Befehle und Anweisungen zu erteilen, mit denen ich kategorisch nicht einverstanden war. Bedauerlich war auch, dass uns der Zutritt zu amerikanischen Militärrestaurants und Kinos untersagt wurde.

Einmal war meine Geduld schneller zu Ende, als ich dachte: Bei einem Soldatenfest packte der amerikanische Kommandant meinen Untergebenen an der Krawatte, hielt ihm eine Pistole vor die Nase und schrie auf Deutsch: »Glaubt nicht, ich wüsste nicht, wer in den deutschen Konzentrationslagern war – polnische Prostituierte und Hurensöhne!«

Ich reichte sofort einen entsprechenden Rapport ein. Das Ergebnis war, dass ich nach Bamberg zu einer anderen Kompanie versetzt wurde.

In meiner Kompanie in der Panzerkaserne gab es folgenden Vorfall: Ein junger Soldat wurde verhaftet und zum Tode verurteilt, weil er zwei Menschen – deutsche Bauern – ermordet hatte. Ich beschloss, den Fall genau zu untersuchen. Es stellte sich heraus, dass die Deutschen bereits zu Beginn der Besatzung seine gesamte Familie, Mutter, Vater, Bruder und Schwester, vor seinen Augen ermordet hatten. Also engagierte ich einen polnischen Anwalt, und es gelang uns, den Jungen vor dem Tod zu bewahren.

Auch die Beziehungen zwischen Polen und der deutschen Bevölkerung verschlechterten sich, was teilweise auf die oben beschriebenen Ereignisse zurückzuführen war. Auch die polnischen Lager wurden von den Amerikanern, oft ohne Grund, in offenen Lastwagen von einem Ort zum anderen verlegt.

Anständige Menschen waren unter den Besatzungsbehörden immer seltener zu finden – natürlich gab es sie, aber hauptsächlich nach dem Krieg, als die Frontsoldaten die Polen anders behandelten.

Von zu Hause kamen Briefe, in denen meine kranke Mutter und meine Schwester mich baten, zurückzukehren, da sie völlig allein und ohne jegliche Unterstützung waren.

Ich regelte schnell meine Angelegenheiten im Ausland und kehrte 1947 mit einem Transport aus Augsburg nach Polen zurück, um am Wiederaufbau meiner Heimat mitzuwirken.

Der Verfasser mit seiner Frau vor der Rückkehr in die Heimat

Weitere Bücher in der Edition Förg

Flucht auf dem Todesmarsch
320 Seiten
ISBN: 978-3-96600-006-2

Jack Hersch erfährt von seiner Cousine von einem Foto seines Vaters auf der Website des KZ Mauthausen. Laut der Gedenkseite ist David Hersch der einzige Mensch, der von zwei Todesmärschen der Nationalsozialisten fliehen konnte. Jack ist erschüttert und will mehr über die Vergangenheit seines Vaters herausfinden. Warum ist David Jahre später zu den Gedenkstätten zurückgekehrt, wo er so viel Grausamkeit erfahren hatte? Und warum hat er seinem Sohn nie davon erzählt?

Weg des Gewissens

336 Seiten
ISBN: 978-3-475-96600-031-4

Harald Rüster ist mit der ganzen Gläubigkeit eines Hitlerjungen Soldat geworden. Der Krieg gegen Russland ist für ihn ein Kreuzzug gegen die Barbarei. Es ist ihm unbegreiflich, dass nicht jeder Kamerad von der gleichen heiligen Glut beseelt ist. Nach einer Verwundung wird er als frontuntauglich zum Lager FX 72 nach Polen in Marsch gesetzt. Der Umgang mit den dort inhaftierten Frauen bringt seine Überzeugungen ins Wanken.

Dem Wahnsinn entkommen
288 Seiten
ISBN: 978-3-96600-026-0

Vier ehemalige Soldaten des Zweiten Weltkriegs erzählen in diesem
Buch ihre atemberaubende Geschichte. Heinz Polke war als Fahrer eines Oberleutnants beim Aufstand im Warschauer Ghetto, Erich Men-
zel wurde als Radarspezialist auf dem berühmten letzten U-Boot Hitlers, der U 234, eingesetzt, Josef Hamberger spazierte regelrecht allein
als „Schweijk" in der unendlichen Weite Russlands und die Schwester
eines jungen Soldaten berichtet, dass ihr Bruder direkt nach Kriegsende von der Waffen-SS hingerichtet worden ist. Dazu konnte Michael
Strasser unglaubliche Fotos für seinen Beitrag gewinnen, die aus einem
russischen Gefangenenlager herausgeschmuggelt worden sind.

**Informationen zu unserem Verlagsprogramm finden Sie
unter www.rosenheimer.com**